# Mitarbeiterbefragungen

Schriftenreihe
**Wirtschaftspsychologie**
herausgegeben von
**Prof. Dr. Heinz Schuler**

---

# Mitarbeiterbefragungen

von

Ingwer Borg

**Verlag für Angewandte Psychologie**
**Göttingen**

# Mitarbeiter-befragungen

Strategisches Auftau- und Einbindungsmanagement

von

Ingwer Borg

Verlag für Angewandte Psychologie
Göttingen

*Prof. Dr. Ingwer Borg, geb. 1945.* Studium der Experimentellen, Angewandten und Mathematischen Psychologie und der Betriebswirtschaftslehre in New Orleans, München und Ann Arbor. 1971 M.S. in Experimenteller Psychologie an der Tulane University, New Orleans; 1972 Diplom-Psychologe und 1975 Promotion an der Universität München. 1981 Habilitation an der Technischen Hochschule Aachen. Seit 1983 Professor für Psychologie an der Universität Gießen. 1982-83 Gastprofessor an der Purdue University (USA), 1983 der University of Chicago (USA) und 1991 der Hebrew University (Israel). Seit 1990 Wissenschaftlicher Leiter am Zentrum für Umfragen, Methoden und Analysen (ZUMA), Mannheim.
Arbeitsschwerpunkte: Psychologische Methodik, Skalierung, Facettentheorie, Einstellungen und Werte, Produktivitätsmanagement, Mitarbeiterbefragungen, Organisationsentwicklung.



---

Druck: Hubert & Co, Göttingen
Printed in Germany
Auf säurefreiem Papier gedruckt

ISBN 3-87844-108-8

# Inhaltsverzeichnis


Vorwort ........ 5

**1. Die Schwerpunkte dieses Buches** ........ 9
*Mitarbeiterbefragungen als Interventionen* ........ 9
*Zum Begriff der Mitarbeiterbefragung* ........ 10

**2. Entwicklung und Typen von Mitarbeiterbefragungen** ........ 12
2.1 Modelle des Mitarbeiters ........ 13
*Der Mitarbeiter als Maschine* ........ 13
*Der Mitarbeiter als Kind* ........ 14
*Der Mitarbeiter als Roboter* ........ 14
*Der Mitarbeiter als Individuum* ........ 15
*Der Mitarbeiter als Geschäftspartner* ........ 16
*Welches Modell ist gültig?* ........ 16
2.2 Mitarbeiterbefragungen als Spiegel von Modellen des Mitarbeiters ........ 17
*Mitarbeiterbefragungen unter dem Maschine-Modell* ........ 17
*Mitarbeiterbefragungen unter dem Kind-Modell* ........ 17
*Mitarbeiterbefragungen unter dem Roboter-Modell* ........ 19
*Mitarbeiterbefragungen unter dem Modell des Individuums* ........ 20
*Mitarbeiterbefragungen unter dem Modell des Geschäftspartners* ........ 21
2.3 Mitarbeiterbefragungen und ihre Funktionen: Gegenüberstellung verschiedener Typen ........ 23
*Inhalt, Zweck, Methode und Prozeß von Mitarbeiterbefragungen* ........ 23
*Das AE-Management Programm* ........ 25
*Rolle von Mitarbeitern bei Mitarbeiterbefragungen* ........ 27
2.4 Mitarbeiterbefragungen in der Praxis ........ 29
*Welche Effekte können in der Praxis von einer Mitarbeiterbefragung erwartet werden?* ........ 30
*Welche Voraussetzungen müssen gegeben sein?* ........ 32

**3. AEMP: Vorbereitungs- und Planungsphase** ........ 33
3.1 Vorbereitung mit der Geschäftsleitung ........ 33
*Vorgespräche mit dem Kontaktkunden des AEMP* ........ 33
*Präsentation vor der Geschäftsleitung* ........ 35
*Die Geschäftsleitung als Kunde* ........ 36
*Zielexplikation* ........ 37
3.2 Rollendefinitionen im AEMP ........ 40
*Rolle der Geschäftsleitung* ........ 40
*Externe Berater* ........ 40
*Rolle des Koordinationsteams* ........ 41

*Rolle des Betriebsrats* ........ 42
*Rolle der Mitarbeiter* ........ 43
*Mittlere Führungskräfte* ........ 46
3.3 AEMP-Projektplanung ........ 47
3.4 Fragebogen ........ 51
*Traditionelle Standardthemen und -inhalte* ........ 51
*Entstehende und vergehende Standardthemen und -inhalte* ........ 53
*Neuere psychologische Themen* ........ 53
*Ungeeignete Themen für ein AEMP* ........ 54
*Beurteilungskriterien* ........ 55
*Typen von Items* ........ 56
*Allgemeine Gesichtspunkte der Itemformulierung* ........ 58
*Items mit „pick-n" Antwortkategorien* ........ 59
*Items mit skalierten Antworten* ........ 61
*Demographische Items* ........ 64
*Zusammenstellung und Organisation des Fragebogens* ........ 66
*Drei Beispielseiten aus Fragebögen* ........ 67
*Total Design Methode* ........ 72
*Pretest* ........ 72
*Ein spezieller Fragebogen: Voraussagen der Geschäftsleitung* ........ 73

**4. Umfragedurchführung und -auswertung** ........ 76
4.1 Umfragedurchführung ........ 76
*Teilnahme und Teilnehmer* ........ 77
*Stichprobe versus Vollbefragung* ........ 78
*Art der Umfragedurchführung* ........ 79
*Die Wahllokal-Methode* ........ 80
*Organisatorische Vorbereitung* ........ 84
*Fragebogenzusendung per Post* ........ 84
*Rücklaufcontrolling und Nachfassen* ........ 84
4.2 Datenanalyse ........ 85
*Datenerfassung* ........ 85
*Berichte* ........ 86
*Statistische Datenaufbereitung* ........ 87
*Globalbericht* ........ 88
*Bereichsberichte* ........ 91
*Abteilungs- und Spezialberichte* ........ 94
*Kommentarband* ........ 95
*Kreuztabellenband* ........ 96
*Software* ........ 96
*Präsentationen* ........ 97
*Erstmitteilung für die Mitarbeiter* ........ 100

**5. Feedback und Gruppengespräche** ........ 102
5.1 Feedback allgemein ........ 102

*Informationspolitik* 102
*Feedback und Verhalten der Zuhörer* 103
5.2 Präsentationen 105
5.3 Gruppengespräche 107
*Allgemeines Format der Gruppengespräche* 108
*Psychologische Bedingungen der Gruppengespräche* 112
*Organisatorische Vorbereitung der Gruppengespräche* 112
*Inhaltliche Vorbereitung der Gruppengespräche* 114
*Ablauf der Gruppengespräche* 114
*Einige allgemeine Tips für die Moderation* 119
5.4 Gruppengespräche für mittlere Hierarchiestufen 121

**6. Problemstromanalyse** 123
6.1 Grundideen der Problemstromanalyse 123
*Fischgräten-Diagramme* 123
*Problemnetzwerke* 124
*Problemströme* 125
*Problemströme und PSA-Diagramme* 128
*Verschleifungen* 128
*Problemgeschichten* 131
6.2 Praktische Durchführung der PSA 132
6.3 Tips und Hinweise zur PSA 134
*Vorbereitung* 134
*Durchführung* 134

**7. Strategische Handlungsbedarfsanalyse** 136
7.1 Prinzipien der strategischen Stärken- und Schwächenanalyse 137
*SWOT-Analyse* 137
*Voraussetzungen einer SWOT-Analyse* 137
*Strategische Stärken- und Schwächenanalyse* 138
7.2 Vorgehensweise bei der 3SA 138
*Chancen und Risiken* 138
*Stärken und Schwächen* 139
*Chancen/Risiken versus Stärken/Schwächen* 141
*Handlungsbedarfsermittlung* 144
*Zeitplan* 145

**8. Aktionsplanung** 148
8.1 Allgemeines zur Aktionsplanung 148
*Aktionen* 148
*Koordination der Aktionsplanung* 149
*Aufgaben von Aktionsplanungsteams* 152
*Aktionsrahmenplan* 155
*Aktionsziele und strategische Passung* 158
8.2 Aktionsplanung auf Abteilungsebene 159

*Allgemeine Aufgaben des Moderators* 159
*Einstieg* 160
*Entwurf des Aktionsrahmenplans* 160
*Ausformulierung von Aktionen* 161
*Iterationen: Aktionsrahmenplan und Aktionsskizzen* 161
*Vor der Umsetzung* 162
*Zur Rolle der Aktionsverantwortlichen* 163
8.3 Komplexe Aktionen und Projekte 165
*Hierarchische Planung* 165
*Planung von Meilensteinen* 167
*Verantwortlichkeiten und Rollen im Projekt* 168
*Ein besonderer Meilenstein: Projektstart* 171
*Vorgänge* 172
*Iterationen* 173

**9. Umsetzung und Vermarktung der Aktionen** 175
9.1 Monitoring 175
*Allgemeines* 175
*Monitoring von Vorgängeplänen* 176
*Monitoring von Meilensteinplänen* 179
*Monitoring von Aktionsrahmenplänen* 179
9.2 Controlling 180
*Allgemeines* 180
9.3 Vermarktungsteam 181

**10. Evaluation** 185
10.1 Allgemeine Überlegungen zur Evaluation 185
*Ziele der Evaluation* 185
*Evaluator* 186
*Entwicklungsstufen von Evaluationen* 187
*Evaluationen in der Praxis* 188
10.2 Evaluationen durch Befragungen 188
*Fragestellungen bei der Evaluation* 189
*Beurteilungskriterien* 190
*Interviews* 190
*Schriftliche Befragungen* 191
10.3 Items und Fragebogen 192
10.4 Datenauswertung und Präsentation 195

**Literaturangaben** 199
**Namenverzeichnis** 206
**Stichwortverzeichnis** 209

# Vorwort

Die in diesem Buch berichteten Methoden, Befunde und Erfahrungen aus dem Bereich von Mitarbeiterbefragungen sind das Ergebnis eines Ping-Pong-Prozesses zwischen akademischer Forschung und konkreter Anwendung. Dabei haben die Mitarbeiter und Führungskräfte in mehr als 40 Firmen durch viele Anregungen, vor allem aber durch Fragen und auch durch oft nicht erwartete Hilflosigkeit bei der Lösung von Management-Problemen, die von außen her betrachtet eher trivial erscheinen, erheblich zur Entwicklung der hier berichteten Konzepte beigetragen. Die Praxis zeigte zudem, daß viele Rezepte, die in der Literatur berichtet werden, nicht umsetzbar, nicht mehr zeitgemäß oder nicht zu Ende gedacht waren. Andererseits mußten Erfahrungen aus der Praxis immer wieder kritisch hinterfragt, begründet und systematisiert werden. Auf jeden Fall hat sich die Kombination von Praxis und Forschung als sehr fruchtbar erwiesen, wie der Leser nach Lektüre dieses Buches, so hoffe ich, bestätigen wird.

Seit den Anfängen systematischer Mitarbeiterbefragungen in den fünfziger Jahren haben sich ihre Methodik und ihre Inhalte stark verändert. Die ersten Befragungen waren eher traditionelle Umfragen, die ihre Schwerpunkte im Bereich von Arbeitszufriedenheit und Betriebsklima hatten. Über die Jahre ist hieraus ein Ansatz der Organisationsentwicklung geworden, bei dem das, was der eigentlichen Befragung nachfolgt, also die Konfrontation der Mitarbeiter mit ihren eigenen Daten und den Daten der Kolleginnen/Kollegen ("Feedback") und die anschließenden Verbesserungsmaßnahmen ("Aktionen") immer mehr in den Vordergrund getreten sind.

Mit dem Begriff "Auftau- und Einbindungsmanagement-Programm" (AEMP) soll der mittlerweile in vieler Beziehung zu engen Bezeichnung "Mitarbeiterbefragung" eine Überschrift gegeben werden, die die Absicht und Rolle von Mitarbeiterbefragungen in der organisatorischen Praxis adäquat beschreibt. In einem AEMP ist die eigentliche Umfrage nur noch einer von vielen Schritten eines integrierten Programms, dessen Zielsetzung stark ausgerichtet ist auf betriebswirtschaftliche Ziele, vor allem auf Produktivität in jeglicher Hinsicht. Arbeitszufriedenheit und Betriebsklima spielen nur noch eine sekundäre Rolle, u.a. deshalb, weil sich die alte Theorie, daß allgemeine Arbeitszufriedenheit oder ein gutes Betriebsklima zu höherer Leistung - gar noch zu bestimmten, gewollten Leistungen - führt, als falsch erwiesen hat.

Das Buch beschäftigt sich nur am Rande mit "reinen" Mitarbeiterbefragungen. Seine Ausrichtung betont vielmehr stark die AEMP-Perspektive. Das entspricht der Einordnung von Mitarbeiterbefragungen in der Literatur, die dort meist unter dem Stichwort "Organisationsentwicklung" zu finden sind. Dabei wird allerdings nirgends im Detail ausgeführt, wie die Verbesserungsmaßnahmen im Anschluß an Befragung und Feedback systematisch konzipiert, geplant, umgesetzt und evaluiert werden können. Die Erfahrungen in der Praxis haben jedenfalls gezeigt, daß selbst die "excellent companies", die sich meist bevorzugt und z.T. schon seit vielen Jahren des Instrumentes der Mitarbeiterbefragung bedienen, in dieser Hinsicht Schwächen haben und das vorhandene Potential dieses Ansatzes bei weitem nicht ausschöpfen. Ähnliches gilt, mit Abstrichen, für die Vorbereitungsphase.

Hat man sich als Führungskraft erst einmal von der engen Vorstellung einer Mitarbeiterbefragung i.S. einer Meinungsumfrage gelöst und versteht diese mehr i.S. eines AEMP, dann sollte es leicht fallen zu erkennen, daß man damit über ein mächtiges Instrument verfügt, mit dem sich neben einer Reihe wichtiger allgemeiner Ziele (wie z.B. Produktivitäts-, Klima-, Motivations- und Kommunikationsverbesserung) auch die vielfältigsten speziellen Ziele verfolgen lassen. Betrachten wir hierzu vier Beispiele aus der Praxis.

Fall 1. Ein Topmanager übernahm ein Traditionsunternehmen, das jahrzehntelang Marktführer in seiner Branche war. Für die Produkte dieser Firma war jedoch vorauszusehen, daß sie dem sich abzeichnenden Technologiesprung nicht standhalten würden. Zudem war Kundenorientierung in dieser Firma ein Fremdwort. Infolge der seit jeher praktizierten patriarchalischen Führung war die Firma zudem schwerfällig: Die Kompetenz der Mitarbeiter wurde zu wenig genutzt, Verantwortung wurde ungern übernommen, Risiko gescheut. Ein radikaler Umbau der Organisationskultur war also erforderlich. Ein AEMP wurde konzipiert, das besonders auf die bisherigen Schwachpunkte fokussiert war. Ganz allgemein entstand schon vor der Umfrage eine breite Diskussion, weil die Mitarbeiter noch nie in größeren Umfang in irgendeine Aktion eingebunden worden waren. Die Umfrage selbst brachte eine fast 100%-ige Beteiligung und transportierte viele für Mitarbeiter und Führungskräfte neue Themen in die Firma. Die Konfrontation mit ihren eigenen Umfragedaten führte zu einer weiteren und tieferen Auseinandersetzung mit diesen Themen und erzeugte - ausgedrückt in den Worten der Mitarbeiter dieser Firma - eine allgemeine "Aufbruchstimmung". Zum ersten Mal wurden die Mitarbeiter befragt, wurde mit ihnen "über alles" gesprochen, wurden zusammen Aktionspläne konzipiert und umgesetzt. Das führte u.a. dazu, daß die Mitarbeiter viel stärker das Gesamtbild sahen und so verstanden, was machbar und auch was *nicht* machbar ist und welche Prioritäten gesetzt werden müssen. Damit war der Übergang vom "ich" zum "wir" geschaffen. Das AEMP wurde jährlich wiederholt. Dadurch, daß nun bestimmte Dinge (wie Führung oder Kundenorientierung) gemessen und bewertet wurden, bekamen sie die nötige Aufmerksamkeit, die zu der gewünschten Veränderung "in den Köpfen" führte ("You get what you measure").

Fall 2. Der Chef einer Division eines großen HighTech-Unternehmens wollte die Veränderungsbereitschaft seines mittleren Managements erhöhen. Die Manager waren allesamt Ingenieure, die stark in Kategorien von 'Hardware', nicht 'Software' und 'Kunde' dachten. Ein AEMP wurde aufgesetzt, das viele eher zukunftsorientierte Themen ansprach (Wettbewerbsfähigkeit, Kostenentwicklung, Konkurrenz, neue Märkte, Chancen, Risiken usw.), aber ansonsten keinen Aspekt der Arbeit ausklammerte. Die Befunde zeigten, daß es im Logistik-Bereich konkrete Probleme gab, die beseitigt werden mußten, bevor man den mittleren Managern neue Aufgaben zumuten konnte. Die mittleren Manager hatten ihrerseits durch Umfrage und Gruppengespräche erkannt und akzeptiert, daß ein akuter Handlungsbedarf in Bezug auf "Zukunftsthemen" bestand. Offen war nur, was die relativ abstrakten Zielvorstellungen für die Arbeit jedes

Einzelnen bedeuten sollten. Das Top-Management setzte sich daraufhin mit den mittleren Managern zusammen und übersetzte die Ziele im Bereich 'Software' und 'Kunde' in konkrete Leistungskriterien. Diese Übersetzungsarbeit erzeugte einerseits natürliche Akzeptanz und Besitzgefühle für diese Kriterien auf Seiten des mittleren Managements und brachte andererseits für das Top-Management neue Einsichten über Detail-Zusammenhänge und die praktische Umsetzbarkeit der strategischen Ziele.

Fall 3. Die Geschäftsleitung einer Firma im Dienstleistungsbereich wollte ein Leistungsbeurteilungssystem einführen, schreckte aber vor einer top-down Verordnung eines solchen Systems zurück, weil sie Widerstände und Ängste auf Seiten der Mitarbeiter und des Betriebsrats befürchtete. Eine Mitarbeiterbefragung wurde durchgeführt, in der u.a. gefragt wurde nach der Klarheit der Ziele, der Gerechtigkeit der Bezahlung, der Leistungsbezogenheit von Aufstieg und Beförderung, der Anerkennung für gute Arbeit usw.. Es war erwartet worden, daß die Mitarbeiter in bezug auf diese Fragen eher kritische Anworten geben, wie dies in den meisten Firmen der Fall ist. Genau dieser Fall trat auch ein. Damit hatten die Mitarbeiter aber einen Auftrag an das Management formuliert, in diesen Fragen zu einer Lösung zu kommen. Der Vorschlag des Managements war dann, ein Leistungsbeurteilungssystem einzuführen, mit entsprechenden Trainings und unter starker Einbeziehung der Mitarbeiter bei der Formulierung der Leistungsdimensionen und -bewertungen. Dieser Vorschlag stieß auf große Resonanz und konnte zügig umgesetzt werden.

Fall 4. Eine große Vertriebsfirma mußte aus betriebswirtschaftlichen Gründen ihre Außenorganisation stark umstrukturieren. Die Mitarbeiter, die davon betroffen waren, fühlten sich übergangen und alleine gelassen damit, die Folgen dieser Maßnahme ausbaden zu müssen. Es kam zu allgemeinem Jammern und zu der Forderung nach Rückkehr zum alten System. Eine AEMP wurde konzipiert als Optimierungsprogramm, das die Schwachstellen der Reorganisation identifizieren und diese dann zusammen mit den Mitarbeitern eliminieren sollte. Nachdem dieses Programm einmal zum Laufen kam, wurde die larmoyante Haltung schnell durch konstruktive Arbeit verdrängt, die viele Probleme beseitigte. Zudem wurden Selbstwertgefühl und Wirksamkeitsüberzeugungen der Mitarbeiter bestärkt mit der Konsequenz, daß diese weitere Herausforderungen von sich aus aktiv angingen statt nur, wie zuvor, passiv darauf zu warten, daß "die da oben was machen". Die Mitarbeiterbefragung im Rahmen dieses AEMP konzentrierte sich hier natürlich auf viele Aspekte der Reorganisation, klammerte aber letztlich keinen Aspekt der Arbeitssituation aus, weil (siehe auch Fall 2) Probleme oft relativ vernetzt sind und oft nicht von vornherein ganz klar ist, daß ein bestimmter Aspekt nichts mit der interessierenden Thematik zu hat. Zudem kann durch das Ausklammern eines Aspektes (wie z.B. Bezahlung) dieser gerade thematisiert werden.

Diese Beispiele sollten genügen, um den Charakter des Kommenden zu illustrieren. Mitarbeiterbefragungen und AE-Management werden hier verstanden als umfassendes Programm mit vielen Modulen (u.a. einer Umfrage), das strategische Ziele von oben her in die Organisation trägt, um diese dort mit Leben und Inhalt zu füllen, sie zu präzisieren oder zu modifizieren, und die Mitarbeiter dazu zu bringen, sie zu verstehen und sich mit ihnen zu identifizieren. Die strategischen Ziele selbst sind dabei immer ein Mix aus allgemeinen Zielen (wie Verbesserung der Kommunikation, Führung, Effizienz, Produktivität) und besonderen Zielen, die zusammen die Theorie des Top-Managements darüber darstellt, wie die Firma unter den absehbaren Bedingungen Erfolg haben sollte.

Von Managementseite wird nicht selten gefragt, ob man an Hand "harter" Kennzahlen nachweisen kann, welche Auswirkung AEMP's auf die Produktivität von Unternehmen haben. Eine einfache Antwort auf diese Frage erweist sich jedoch als schwieriger als dies zunächst erscheinen mag. Zunächst läßt sich natürlich ein monokausaler Zusammenhang zwischen AEMP und Produktivität grundsätzlich nicht nachweisen, weil ja neben der planmäßigen Intervention eines AEMP viele weitere Prozesse innerhalb und außerhalb der Firma ablaufen, die alle direkten oder indirekten Einfluß auf die Produktivität haben können. Zum anderen erweist sich die Frage nach der Produktivität bei genauerem Hinsehen als äußerst facettenreich. Borg (1992a, 1993) hat einige Definitionen dieses Begriffes zusammengetragen und systematisiert: Dabei kommt er auf über 20.000 Varianten. [Eine der Facetten unterscheidet betriebswirtschaftliche (z.B. Ausbringung in Tonnen relativ zu Faktorinput), kostenrechnerische (z.B. Umsatz in DM pro Mitarbeiter), ingenieurwissenschaftliche (z.B. Lagerumschlag pro Tag), psychosoziale (z.B. die "japanische" Geisteshaltung, ständige danach zu fragen, wie man das, was man macht, verbessern kann), politische (z.B. Return-of-Investment) und normative (z.B. Einhalten gesetzlicher Vorschriften) Kriterien; eine andere Facette differenziert zwischen einer kurz-, mittel- bzw. langfristigen Zeitperspektive.] Klärt man zunächst, welche dieser Produktivitätsformen ins Auge gefaßt wird oder werden soll, dann ist man nicht nur in der Beantwortung der Frage nach der Effektivität eines AEMP erheblich weiter gekommen, sondern hat damit auch gleich die Voraussetzung für ein erfolgreiches AEMP verbessert, weil die präzise Festlegung des Erfolgskriteriums für ein AEMP die Schwerpunkte des AEMP selbst definiert. Wird also z.B. festgelegt, daß die "Kundenzufriedenheit" ein solches Erfolgskriterium ist, dann läßt sich nicht nur eine relevante *Richtung* für die Evaluation des AEMP angeben - viele Fragen wie die nach dem zeitlichen Rahmen der Kundenzufriedenheitsveränderung, nach Art und Größe der Kunden, nach Branche, Produktgruppe, Region usw. sowie natürlich nach der Trennbarkeit von AEMP- und Kontext-Effekten bleiben hierbei natürlich noch offen - , sondern es wird vor allem auch deutlich gemacht, daß das AEMP Themen betonen soll wie die Qualität von Produkten und Dienstleistungen, die Liefertreue, die Preisgünstigkeit von Produkten und Dienstleistungen, die Kompetenz und Freundlichkeit der Mitarbeiter bei der Beratung des Kunden, die Flexibilität der Firma gegenüber den Kundenwünschen usw. Eine pauschalierende Antwort wie z.B. "ein AEMP führt i.allg. zu einer Produktivitätserhöhung von 10%-30%" wird deshalb in diesem Buch erst gar nicht versucht, obwohl aus vielen praktischen Anwendungen derartige Zahlen zur Verfügung stünden.

An dieser Stelle möchte ich noch Dipl.-Psych. Andreas Benkowitz, Dipl.-Psych. Hiltrut Coqui und Dipl.-Psych. Silke Doench (Human Resources Consulting, München) danken, die die Entwicklungen im Bereich des AEMP immer in die Praxis umgesetzt haben und durch ihre Rückmeldungen wichtige Beiträge für seine Verbesserung geliefert haben. Wertvolle Anregungen hat auch Dr. Thomas Staufenbiel (Universität Marburg) gegeben. Last but not least möchte ich hier auch nochmals die besondere Rolle meines Kollegen Dr. René Bergermaier, Managing Director von Human Resources Consulting, herausheben, mit dem zusammen ich über viele Jahre hinweg die wesentlichen Elemente des AEMP entwickelt und erprobt habe.

# 1. Die Schwerpunkte dieses Buchs

Das Thema Mitarbeiterbefragungen ist breit, facettenreich und unscharf. Wir werden im folgenden einige Abgrenzungen vornehmen, die einerseits recht eng sind (z.B. beschränken wir uns weitgehend auf die schriftliche Umfrage in der Datenerhebung), andererseits gehen wir aber ausführlicher auf eine Reihe von Methoden ein, auf die in der Literatur meist nur als "verwandte" oder "ergänzende" Verfahren hingewiesen wird (Aktionsplanungsverfahren, cause-and-effect Analyse, SWOT usw.). Diese Organisation der Thematik entspricht damit dem, was sich heute in der Praxis durchzusetzen beginnt. Reine Befragungen ohne zumindest ansatzweise integrierte Nachfolgeprogramme werden in Industriebetrieben, auf die wir uns in diesem Buch konzentrieren, zunehmend seltener durchgeführt.

*Mitarbeiterbefragungen als Interventionen*

Mitarbeiterbefragungen werden in der Literatur meist unter der Rubrik 'Organisationsentwicklung' (Moorehead & Griffin, 1989; Nadler, 1977) oder 'Veränderungsmanagement' (Hellriegel et al., 1992) behandelt. Diese Klassifikation ist selbst dann sinnvoll, wenn eine Mitarbeiterbefragung vordergründig nur der Diagnose dient. Stets ist nämlich die Absicht gegeben, auf Probleme ggf. korrigierend zu reagieren oder zumindest die ermittelten Kennwerte in die Planungen einzubeziehen. Auch Mitarbeiterbefragungen, die vom Betriebsrat durchgeführt werden, sollen entsprechend Argumente für Veränderungsmaßnahmen liefern (Pauli, 1992).

Da Mitarbeiterbefragungen stets mit Kosten verbunden sind, muß für die, die diese Kosten zu verantworten haben, die Erwartung gegeben sein, daß der mögliche Nutzen die Kosten übersteigt. Aus betriebswirtschaftlicher Sicht entstehen auf der Kostenseite Ausgaben für externe Berater und Opportunitätskosten für die Arbeitszeit, die bei der Datenerhebung, den Präsentationen, den anschließenden Diskussionen usw. "verloren" geht. Dem stehen auf der Nutzenseite die durch Beseitigung von Schwachstellen möglichen Produktivitätsgewinne, eine allgemein verbesserte Kommunikation, eine tiefe strategische Ausrichtung der Organisation auf allseits akzeptierte Ziele u.ä. gegenüber. Dieser mögliche Nutzen unterliegt aber einem gewissen Risiko. Die erwarteten oder erhofften Effekte können z.B. deshalb ausbleiben, weil die Ausarbeitung und Umsetzung von Aktionsplänen im Anschluß an eine Mitarbeiterbefragung ineffizient war, weil Widerstände der Mitarbeiter und des mittleren Managements nicht überwunden wurden, weil sich die verschiedenen Aktionspläne gegenseitig blockierten usw..

Auch für die Mitarbeiter entstehen bei einer Mitarbeiterbefragung Kosten-Nutzen-Abwägungen. Ihre Kosten sind vorwiegend psychologischer Art. Sie umfassen die Anstrengung, sich differenziert äußern zu sollen; die damit eingegangene Festlegung zu einer bestimmten Aussage; das Überwinden möglicher Bedenken dahingehend, daß die Mitarbeiterbefragung zu keinen positiven Ergebnissen führt; usw. Dabei geht der Mitarbeiter vor allem das Risiko ein, daß seine Aussagen nicht vertraulich behandelt werden. Der mögliche Nutzen der Mitarbeiterbefragung liegt für ihn ganz allgemein darin, daß seine Aussagen tatsächlich zu Verbesserungen seiner Arbeitssituation führen. In dieser Ausgangssituation ist es natürlich, daß im Verlauf der Planung und Durchführung einer Mitarbeiterbefragung Diskussionen unter den Mitarbeitern darüber entstehen, was der eigentliche Sinn der Befragung ist, warum diese Fragen und nicht andere gestellt werden, ob die Befunde tatsächlich unzensiert auf den Tisch kommen, welche Befunde die Befragung im einzelnen aufzeigen wird, ob und wie anschließend gehandelt wird usw. Diese Diskussionen verursachen eine erhebliche Bewegung in der Organisation. Insofern verändert eine Mitarbeiterbefragung also den Gegenstand ihrer Messung, d.h. das "Medium" reagiert auf den Eingriff. Das vielfach gebrauchte Bild einer Mitarbeiterbefragung als "Temperaturmessung" (Schieman, 1992) ist also im allgemeinen eher irreführend.

Es ist somit sowohl aus Sicht des Managements als auch aus der Perspektive der Mitarbeiter sinnvoll, die Mitarbeiterbefragung vor vornherein als eine Intervention mit potentiell erheblichen Auswirkungen zu konzipieren, zu planen und durchzuführen. Wir werden aus diesem Grund im folgenden die Thematik der Mitarbeiterbefragung nicht auf Befragung und Datenanalyse beschränken, sondern ausführlich auf den Gesamtprozeß eingehen und dabei insbesondere auch auf die Schritte, die der eigentlichen Befragung nachfolgen.

### *Zum Begriff der Mitarbeiterbefragung*

Unter einer Mitarbeiterbefragung wollen wir im folgenden jede Form einer systematischen Erhebung von Meinungen und Einstellungen von Mitarbeitern einer Organisation zu arbeitsbezogenen Themen verstehen. Diese Datenerhebung dient dem Zweck, Informationen bereitzustellen, auf die Aktionen aufgebaut werden können, die der Erreichung von Zielen des Auftraggebers der Mitarbeiterbefragung dienen.

Da der Auftraggeber einer Mitarbeiterbefragung fast immer die Geschäftsleitung ist, stehen meist allgemeine Unternehmensziele im Vordergrund (Überleben, Gewinne, Produktivität usw.) und solche Ziele, die von der Interessensgruppe der Unternehmensleitung formuliert werden. Ziele der Mitarbeiter werden i.d.R. nur in dem Umfang berücksichtigt, wie sie den übergeordneten Unternehmenszielen dienen.

Mitarbeiterbefragungen ließen sich nach vielen Facetten typologisieren. So wie wir bei den Zielen fast durchgehend Unternehmensziele betonen, so werden wir uns auch bei vielen anderen Facetten darauf beschränken, die für die Praxis wichtigsten Typen zu verfolgen, statt jede mögliche Variante auszuführen. Als Beispiel sei hier die Form der Datenerhebung genannt, die entweder schriftlich per Fragebogen oder face-to-face per Interview erfolgen kann. In der Praxis sind Interviews nur von geringer Bedeutung. Sie werden entweder im Rahmen der Vorbereitung einer schriftlichen Umfrage geführt (z.B. um besondere Themen zu klären) oder können bei der üblichen Vorgehensweise, bei der nur wenige Personen interviewt werden, als Extremfall einer Stichprobenbefragung verstanden werden (Harrison, 1987). Interviews sind meist eher unsystematische Datenerhebungen, die einen ausgesprochenen ad-hoc Projektcharakter haben und sich nur an besondere Teilgruppen der Mitarbeiter (wie z.B. die Geschäftsleitung) wenden. Aus praktischer Sicht haben sie den Nachteil, nur eingeschränkt vergleichbare Informationen zu liefern und dies mit vergleichsweise hohem Aufwand. Schließlich ist es auch theoretisch schwer, allgemeines über Mitarbeiterbefragungen per Interview auszusagen. Aus diesen Gründen werden wir über Interviews im Rahmen dieses Buches nur am Rande eingehen und uns statt dessen auf die Hauptform der Mitarbeiterbefragung, die auf schriftlichen Umfragen basiert, konzentrieren.

# 2. Entwicklung und Typen von Mitarbeiterbefragungen

In den letzten Jahren hat sich das Interesse der Industrie an Mitarbeiterbefragungen beträchtlich erhöht, wie zahlreiche Publikationen von betont praktischer Ausrichtung zu dieser Thematik belegen (Domsch & Schneble, 1991; Freimuth & Kiefer, im Druck; Töpfer & Zander, 1985; Schwerpunktthema in Personalführung, 12/88 und 2/92). Summers (1993) kommt zu dem Ergebnis, daß es der "employee attitude survey industry" noch nie besser ging. Die Gründe dafür sind vielfältig und zumindest zum Teil aus den heute gängigen Schlagworten der Managementsprache ('Überzeugen', 'Kommunikation', 'Zuhören', 'soziale Kompetenz' u.ä.) zu entnehmen: In einem schärfer werdenden Konkurrenzkampf mit beschleunigten Produktzyklen, erhöhtem Kostendruck, neuen Anforderungen an Qualität, Flexibilität, Innovativität usw. wird verstärkte Hoffnung auf die Mitarbeiter als bisher vom Management wenig beachteter Ressource der Produktivität gesetzt (Plumlee, 1990). Die Vorstellungen allerdings, wie der Mitarbeiter zur Produktivität beitragen kann, sind recht verschieden. Sie verweisen letztlich auf das Bild, das Manager von "dem" Mitarbeiter haben.

Diese Bilder selbst drücken sich in Äußerungen aus - oft eher beiläufig gemacht - wie z.B. der, daß "die Leute im Grunde doch nur Geld wollen", "daß letztlich nur zufriedene Arbeiter gute Arbeiter sind", oder daß "der Mitarbeiter nur dann wirklich etwas leistet, wenn man ihm viel Freiraum gibt". Hierbei verweisen Worte wie 'im Grunde', 'letztlich' und 'wirklich' auf den theoretischen Gehalt der Aussage. Der jeweilige Manager äußert hiermit eine Vermutung, die sich seiner Meinung nach in der Praxis so häufig bestätigt hat, daß sie nunmehr den Status einer Gesetzmäßigkeit besitzt: "So ist es" oder "so tickt der Mitarbeiter".

Naive Theorien dieser Art (Hofer, 1985) entstehen gewissermaßen nebenbei, ohne gezielte Absicht und unvermeidbar. Sie sind nicht auf die Beziehung Manager-Mitarbeiter begrenzt, sondern umfassen alle Bereiche des Lebens. Ihr Nutzen liegt darin, die Komplexität der Welt auf wenige Prinzipien zu reduzieren, die Dinge verstehbar und - wenn die Theorien empirisch valide sind - auch einigermaßen vorhersagbar zu machen. Die Theorien sind im allgemeinen recht einfach, so daß man sie verschiedenen Prototypen, die wir als "Modelle" bezeichnen, zuordnen kann.

Bestimmte Modelle sind für verschiedene Zeiträume kennzeichnend, ganz so wie Moden oder andere Erscheinungen der Kultur. Über die letzten Jahrzehnte betrachtet kann man bei Modellen des Mitarbeiters einen deutlichen Trend ausmachen: Er begann mit dem Modell des Mitarbeiters als mechanischer Maschine und führte über einige Zwischenformen zum Modell des Geschäftspartners. Diese Entwicklung reflektiert die Veränderungen der Umwelt, in der die Unternehmen operieren. Sie hat den Managern neue Modelle des Mitarbeiters gleichsam aufgezwungen als Folge veränderter Anforderungen und Rahmenbedingungen. Miles bemerkt hierzu entsprechend für die heutige Situation: "... you cannot run an organization that's lean, highly adaptive, both deep and flexible if your theories of management are traditional or human relations" (Plumlee, 1990, p. 7). Der Mitarbeiter wird demnach in gewisser Weise so gesehen, wie er aus ökonomischen Zwängen heraus sein sollte.

## 2.1 Modelle des Mitarbeiters

Modelle des Mitarbeiters sind in der Managementliteratur nicht unbekannt. Das vielleicht bekannteste ist McGregors "Theorie X-Y" (1960). Ein Manager, der an Theorie X glaubt, nimmt an, daß der Mitarbeiter prinzipiell passiv ist und nur durch äußere Anreize und Kontrollen motiviert werden kann. Nach Theorie Y ist er dagegen von sich aus aktiv, arbeitet gerne, will Erfolg haben.

Wir unterscheiden im folgenden fünf ähnliche Modelle, die aber stärker die faktischen Veränderungen in der gesellschaftlichen, ökonomischen und technischen Umwelt der Unternehmen reflektieren als die Theorie X-Y.

### *Der Mitarbeiter als Maschine*

Das in den ersten Jahrzehnten dieses Jahrhunderts vorherrschende Modell des Mitarbeiters war das einer Maschine. Danach ist das Verhalten des Mitarbeiters mechanisch-deterministisch. Es kann zerlegt werden in Teile und Abläufe, die sich nach der Lehre des "scientific management" (Taylor, 1912, 1947) ingenieurwissenschaftlich optimieren lassen. Einmal optimiert, soll das Verhalten in immer gleicher Weise ablaufen. Rigidität - im Maschinen-Modell als "Zuverlässigkeit" bezeichnet - ist also nachgerade erwünscht. Das Thema der Motivation der Mitarbeiter spielt keine besondere Rolle. Es wird unterstellt, daß der Mitarbeiter an der Optimierung seiner Tätigkeiten mitarbeitet, wenn es sich für ihn materiell auszahlt.

Ein entsprechendes Modell entwarf die klassische Organisationslehre für die Firma. In ihrer Sprache funktionieren die Mitarbeiter in einem mechanischen Zusammenwirken von Teilen wie Rädchen im Getriebe. Der Laden "läuft", möglicherweise "wie geschmiert", oder es gibt "Pannen", die "repariert" werden müssen. Entsprechend sah Weber (1922) in der bürokratischen Organisation mit ihrer Disziplin, Ordnung, Planung, Hierarchie, funktionellen Klarheit, Spezialisierung, Rigidität-Routine und ihrem unpersönlich-sachlichem Management (keine Affekte, kein individuelles Lob etc.) nicht nur eine gute, sondern schlicht die allgemein beste Organisationsform.

Dieses Modell war für seine Zeit erfolgreich, weil Werte wie Disziplin und Ordnung allgemein akzeptiert waren und weil die ökonomische Umwelt stabil war. Die Unternehmen konnten über Jahre hinweg immer die gleichen Produkte mit immer den gleichen Mitarbeitern produzieren und in stabilen Märkten absetzen ("Persil bleibt Persil").

### *Der Mitarbeiter als Kind*

Ein neues Modell entstand mit den Hawthorne-Studien zu Beginn der 30er Jahre. Bei ihnen handelte es sich um eine Serie ergonomischer Untersuchungen. Sie wiesen zunächst positive Auswirkungen von Verbesserungen der objektiven Arbeitsbedingungen (wie z.B. der Beleuchtung) auf die Leistung nach. Paradoxerweise stiegen die Leistungen z.T. nach Rückkehr zu den schlechteren Ausgangsbedingungen weiter an. Selbst für die Personen in den Kontrollgruppen, für die die objektiven Bedingungen gar nicht verändert wurden, zeigte sich ein Leistungsanstieg. Erklärt wurde dies als Auswirkung "klimatischer" Veränderungen (bedingt z.B. durch das den Mitarbeitern entgegengebrachte Interesse). Zudem fand man, daß die Mitarbeiter (z.B. in der Kantine) untereinander und auch über verschiedene Arbeitsgruppen hinweg über die Maßnahmen sprachen und damit auch indirekt die Kontrollgruppe in die Aktionen einbezogen.

Man erkannte hieraus, daß neben materiellen Dingen auch andere Motive - wie insbesondere Betriebsklima, Respekt und Anerkennung, Status, Akzeptiert-Werden, also kurz: emotionale und soziale Werte - wichtig sind. Zudem zeigten sich neben den formellen Bestandteilen und Beziehungen in der Organisation auch informelle Strukturen wie z.B. Freundesgruppen, Koalitionen, Gerüchte und Insider-Informationen, Konflikte und Gruppennormen darüber, was eine "normale" Leistung ist und sein sollte. "The Human Side of Enterprise" (McGregor, 1960) war damit in den Fokus des Interesses getreten.

Mitbestimmung war allerdings kein Thema. Vielmehr herrschte die Überzeugung von der Richtigkeit der patriarchalischen Führung vor, in der die Mitarbeiter "Kinder" sind, um die sich der Chef "rührend" kümmert ("Familie Hesselbach").

Das Modell des Mitarbeiters als Kind stellt vor allem Gefühle heraus wie Stolz auf die Firma, Verbundenheit, Zugehörigkeit, Status, Anerkennung, Prestige, Sicherheit und allgemeine Einstellungen zur Arbeit und zur Firma. Man kann dies alles unter der Überschrift "Arbeitszufriedenheit" zusammenfassen, einer Thematik, die bis in die 70er Jahre hinein die Organisationspsychologie beherrschte (über 3000 wissenschaftliche Studien, laut Locke, 1976). Das wichtigste Motiv für dieses Interesse war zweifellos die Annahme, daß zufriedene Mitarbeiter auch "gute" Mitarbeiter sind.

### *Der Mitarbeiter als Roboter*

Gleichzeitig mit der Entdeckung sozial-emotionaler Aspekte kam eine lern- und denkpsychologische Sichtweise auf, dessen Mitarbeitermodell der Roboter ist. Im Gegensatz zur mechanischen Maschine sind Roboter lernfähig und intelligent, jedoch in Abhängigkeit von der Qualität ihrer Software, die sie nicht oder nur sehr begrenzt selbst entwickeln können. Sie können Probleme lösen, Hindernisse umgehen und Ziele auf neuen Wegen erreichen. Auch Menschen richten ihr Verhalten nach Erfolg und Mißerfolg: Verhalten, das - ihrer Wahrnehmung nach - zu Erfolg führt, verfestigt sich und wird wahrscheinlicher; Mißerfolg bewirkt das Gegenteil ("Gesetz des Effektes").

Die besonderen Motive des Verhaltens sind in diesem Modell nicht von Interesse. Vielmehr genügt es, irgendwelche Anreize - möglichst natürlich solche, die recht allgemeiner Art sind und viele Bedürfnisse befriedigen - von außen her zu setzen, damit sich der Roboter in Bewegung setzt. Zu diesen externen Anreizen gehören z.B. Incentives, Sicherheit, Beförderungen und Geld. Damit sie den gewünschten steuernden Effekt haben, müssen sie zeitnah und differenziert nach klaren Kriterien (z.B. der individuellen Leistung) als Belohnungen bzw. als Bestrafungen verabreicht werden.

Protagonisten dieses Modells betonen also die Wichtigkeit von klaren und differenzierten Zielen, von breitgefächerten Incentive-Systemen, individueller Leistungsmessung und Feedback, Wettbewerb um Belohnungen und begrenzt kooperativer Führung zwecks Transparenz-Schaffung. Das Management muß zudem die notwendigen Rahmenbedingungen herstellen (Arbeitsplatz, Werkzeuge, Job Description, Rollendefinitionen, Leistungsbeurteilung, Fort- und Weiterbildung).

*Der Mitarbeiter als Individuum*

Mit Maslows Bedürfnispyramide (1954) haben "Motive", insbesondere auch "Selbstverwirklichung", breiten Einzug in die Managementsprache gefunden. In den 80er Jahren ist hierzu noch ein Modebegriff gekommen, der "Wertewandel". Damit ist meist eine allgemeine Verschiebung der Gewichte weg von materiellen Werten und hin zu "postmateriellen" Werten gemeint, die mit einiger Beunruhigung registriert wurde ("Schwitzen nur noch in der Freizeit?", Pawlowsky & Flodell, 1984). Jedenfalls hat sich als Folge ein weiteres Modell des Mitarbeiters etabliert, das ihn als ein System sieht, das nicht nur von außen her, sondern ganz entschieden auch aus sich selbst heraus in jeweils individueller Weise verstanden werden muß. Das Modell des Mitarbeiters als Individuum geht davon aus, daß der Mitarbeiter selbst bewertet, denkt, plant, eigene Strategien verfolgt und eigene Ziele hat. Zu diesen Zielen gehören insbesondere auch nicht-materielle und "intrinsische" Ziele und weiterhin Ziele, die außerhalb der Organisation liegen (Familie, Freizeit, Freundschaften usw.). Die Organisationsziele interpretiert und bewertet der Mitarbeiter selbst: Er übernimmt sie nicht notwendigerweise direkt in seine "Software" wie der Roboter, ja kann sie sogar ablehnen.

Somit wird die Übereinstimmung von Firmenzielen und persönlichen Zielen wichtig. Der Mitarbeiter sieht seine Arbeit in der Organisation nur als Interessensverbund auf Zeit. Er entscheidet selbst, in welchem Umfang er sich einbringt, anpaßt, flexibel ist, vorausplant. Er nimmt Einfluß auf die Umwelt (oder nicht): Unbequem, selbstbewußt, kritisch, risikobereit, kreativ und über die Job Description hinausgehend, wenn ihn die Arbeitsinhalte interessieren.

Im Vordergrund dieses Modells stehen somit Dinge wie Selbstverwirklichung, intrinsische Motivation, Interessen, Herausforderungen, Spaß und Werte einerseits und Firmenkultur und Firmenziele andererseits. Incentives spielen dabei eine eher nebensächliche Rolle: Der Mitarbeiter belohnt sich selbst durch seinen eigenen Erfolg.

*Der Mitarbeiter als Geschäftspartner*

Mit dem Aufkommen des systemischen Denkens hat sich der Gedanke etabliert, daß ein Unternehmen als Partner von Gesellschaft, Kommune und Stadt, von Kunden, Lieferanten, Mitarbeitern und Aktionären/Eignern zu sehen ist. Die Organisation ist faktisch in ökonomischer, legaler, politisch-sozialer und technischer Weise mit ihrer Umwelt vernetzt. Die Rolle als Partner übernimmt sie also zwangsläufig.

Ähnlich wird der Mitarbeiter als "Geschäftspartner" der ihn umgebenden Organisation gesehen. Mitarbeiter und Organisation sind aufeinander angewiesen und müssen zur Erreichung ihrer Ziele gegenseitig beitragen. Im Idealfall verhält sich der Mitarbeiter der Organisation gegenüber wie ein "Bürger" ("organizational citizen"; Organ, 1984), der immer auch das Gemeinwohl im Auge hat und nicht für alles und jedes eine sofortige Belohnung verlangt. Im Gegensatz zum "Dienst nach Vorschrift" füllt er damit seine Stelle ihrem Sinn gemäß aus, ja gibt ihr teilweise immer neuen Sinn.

Ein solches Verhalten des Mitarbeiters ist aber gerade auf Grund der steigenden Anforderungen an Flexibilität, Qualität, Innovativität usw. gefragt, weil nur dann die Fähigkeiten und Fertigkeiten jedes Einzelnen voll ausgeschöpft werden können, genug Freiraum für Verantwortungs- und Risikobereitschaft da ist, sich der Willen zur Leistung bzw. zur Team-Leistung entfalten kann. Nichts von alledem ist i.S. eines "one best way" wie in der "Kunst und Wissenschaft des Schaufelns" (Taylor, 1912) zu definieren. Somit gibt es auch keine allgemein beste Managementstrategie: Es kommt vielmehr auf die jeweilige Kombination ("Kontingenz") von Produkten, Dienstleistungen, Markt und Mitarbeitern an.

In diesem Modell werden somit Begriffe wichtig wie Interaktion mit anderen Systemen, Kundenorientierung, Qualität, Flexibilität, Kreativität, Politik, Corporate Citizenship, Intrapreneurship, Risiko und Verantwortung, soziale Kompetenz, Kommunikation, und vor allem auf Effektivitätsüberzeugungen und Empowerment.

*Welches Modell ist gültig?*

Obwohl es historisch zweifellos eine Entwicklung vom Modell der Maschine bis hin zu dem des Geschäftspartners gab, haben die späteren Modelle die älteren nicht ganz verdrängt. Alle Modelle haben ihre Berechtigung: Der Mitarbeiter ist zugleich Maschine (als biomechanisches System), Kind (als Mensch mit Gefühlen), Roboter (als intelligentes, zielorientiertes System), Individuum (als Persönlichkeit mit eigenem Urteil und eigenen Werten) und Geschäftspartner (als Mitbürger der Organisation). Im Rahmen der Veränderungen in Wirtschaft, Gesellschaft und Technik haben sich die Schwerpunkte allerdings immer mehr verschoben in Richtung auf das Modell des Geschäftspartners.

## 2.2 Mitarbeiterbefragungen als Spiegel von Modellen des Mitarbeiters

An Hand der verschiedenen Modelle läßt sich verfolgen, welchen Weg Mitarbeiterbefragungen genommen haben in Form, Inhalt und Aufgabenstellung.

### *Mitarbeiterbefragungen unter dem Maschinen-Modell*

Mitarbeiterbefragungen sind unter dem Maschinen-Modell um so sinnvoller, je näher sie dem Ideal der wissenschaftlichen Beobachtung kommen. Der Mitarbeiter übernimmt darin die Rolle der Versuchsperson oder des Meßfühlers, der emotionslos Daten über seine Arbeit und seinen Arbeitsplatz liefert. Die Analyse der Daten und die Konzeption von Maßnahmen wird ohne weitere Beteiligung des Mitarbeiters vom "Ingenieur" durchgeführt. Angestrebt wird dabei nicht eine individuelle und kontextabhängige Lösung, sondern die ideale Lösung schlechthin. Die Mitarbeiterbefragung ist also eingebettet in eine Strategie des Immer-Weiter-Verbesserns in Richtung auf einen Idealzustand hin, nicht als Adaptation an permanenten Wandel und neue Herausforderungen.

Beispiele für Befragungen dieser Art sind inhaltlich überwiegend angesiedelt im Bereich der Arbeitsgestaltung (Werkzeuge, Maschinen, Arbeitszeit, Bewegungsabläufe usw.), der Arbeitsumgebung (Klima, Schadstoffe, Lärm, Licht usw.), Arbeitssicherheit (Unfallgefahren) und der Arbeitsorganisation/Arbeitswirtschaft (Arbeitsstrukturierung, Arbeitsanalyse, Leistungsbewertung, Entlohnung). Die Fragen, die hierbei an den Mitarbeiter gerichtet werden, sind im allgemeinen keine Fragen i.S. der Alltagssprache oder i.S. eines Fragebogens, sondern wissenschaftliche Fragestellungen, die in "Prüflisten" zusammengefaßt sind.

### *Mitarbeiterbefragungen unter dem Kind-Modell*

Unter dem Kind-Modell werden Mitarbeiterbefragungen unverzichtbar, weil hier Emotionen im Vordergrund stehen, über die nur der Mitarbeiter selbst Auskunft geben kann. Historisch betrachtet war man zunächst vor allem daran interessiert, Arbeitszufriedenheit zu messen. Der simpelste Vorschlag in dieser Richtung stammt von Kunin (1955). Er verwendet nur eine einzige Skala, in der sechs Gesichter nebeneinander angeordnet sind (Abbildung 2.1). Dasjenige, das die allgemeine Arbeitszufriedenheit am besten ausdrückt, soll der Befragte ankreuzen. Aus den so erhobenen Antworten kann man z.B. ermitteln, welche durchschnittliche Arbeitszufriedenheit die Mitarbeiter der Firma oder der Abteilung X haben, ob sich jüngere von älteren Mitarbeitern unterscheiden, ob sich die Arbeitszufriedenheit verändert hat seit der letzten Umfrage, u.ä..

Ebenfalls die Arbeitszufriedenheit messen sollte die SAZ ("Skala zur Messung der Arbeitszufriedenheit"; Fischer & Lück, 1972; Fischer, 1989). Sie verwendet eine Batterie von Items in Form von Feststellungen, auf die der Mitarbeiter durch Auswahl einer der Kategorien 'richtig', 'ziemlich richtig', 'weder richtig noch falsch', 'ziemlich

Abbildung 2.1. Skala zur Messung der Arbeitszufriedenheit (Kunin, 1955).

falsch' und 'falsch' antworten kann. Zwei Fragen aus der SAZ sind z.B.: "Ich habe richtig Freude an der Arbeit." und "Insgesamt gesehen: Die Arbeit ist wirklich interessant und befriedigend." Die Antwortkategorien der SAZ werden numerisch kodiert von 1 bis 5. Die Antworten können so - nach entsprechender Polung aller Fragen i.S. von gut bis schlecht für die Arbeitszufriedenheit - statistisch verarbeitet werden.

Eine Reihe weiterer Fragebögen wurde zur Messung der Arbeitszufriedenheit entwickelt und als "Werkzeuge" mit ausführlichen Gebrauchsanweisungen (Manuale, Normen, Auswertungsschablonen) für die allgemeine Anwendung getestet, verbessert und auf ihre Vorhersagevalidität hin untersucht. Beispiele hierfür sind die in den USA populäre JDI-Skala ("job descriptive index"; Smith et al., 1969), eine entsprechende deutsche Variante ABB ("Arbeitsbeschreibungsbogen" von Neuberger & Allerbeck, 1978) und der ebenso verbreitete MSQ ("Minnesota Satisfaction Questionnaire" von Weiss et al., 1967).

Diese Fragebögen gingen an die Thematik der Arbeitszufriedenheit sehr viel differenzierter heran als z.B. die Kunin-Skala. So wird neben der allgemeinen Arbeitszufriedenheit auch die Zufriedenheit mit den Arbeitsplatzbedingungen, der Tätigkeit, der Bezahlung, den Kollegen, dem Vorgesetzen, der Firma usw. erfaßt. Alle diese Fragebögen bleiben aber weitgehend im Bereich des "Psychologischen" (Zufriedenheit, Klima, Stimmung) und sprechen wenig Konkretes an, insbesondere kaum betriebswirtschaftliche Themen. Die Absicht ist es auch vielmehr, ein Bild der Stimmung zu zeichnen. Einige Autoren sprechen daher von "Pulsmessung" (York, 1985) oder "Temperaturmessung" (Schieman, 1992). In jedem Fall bleibt es Nachfolgeprozessen überlassen, die genauen Hintergründe für die Befunde zu klären.

Feedback über die Ergebnisse der Befragung und ein sich daran anschließendes Gespräch, das diese Ergebnisse nochmals durch weitere Kommentare ergänzt und damit besser verstehbar macht, wurde so normaler Bestandteil einer Mitarbeiterbefragung. Zudem sollte dabei gleichzeitig noch "Dampf abgelassen" werden.

Die Rolle des Mitarbeiters änderte sich somit vom Meßfühler zum, negativ formuliert, "Stöhner & Jammerer". Der Patriarch hört respektvoll zu, versucht zu verstehen, zeigt Anteilnahme und bemüht sich dann, die Mitarbeiter von seiner Bewertung der Dinge und von der Richtigkeit seiner Entscheidungen zu überzeugen.

Der Grund für Mitarbeiterbefragungen dieser Art lag einerseits in der in den 60er und 70er Jahren starken Bewegung zur "Humanisierung" der Arbeit, andererseits in der Überzeugung, daß es aus wirtschaftlichen Gründen gut ist, wenn jeder Mitarbeiter eine in dieser Allgemeinheit unrichtige Hypothese (Katzell et al., 1992; Porter & Lawler, 1968).

*Mitarbeiterbefragung unter dem Roboter-Modell*

Unter dem Modell des Roboters wird die Mitarbeiterbefragung zu einem notwendigen Mittel der Problemidentifikation und des Benchmarkings i.S. eines "You can't manage what you don't measure" (Globerson et al., 1991). Der Mitarbeiter soll aufzeigen, welche Hemmnisse und Hindernisse seiner Produktivität im Wege stehen. Hierzu gehören einerseits die Rahmenbedingungen der Arbeit (Werkzeuge, Hilfsmittel, Tools, aber auch Abläufe, Prozeduren und Regeln), andererseits vor allem Ziele, Zielvereinbarungen und Strategien. Eine wirkungsvolle Selbststeuerung ist nämlich nur dann möglich, wenn dem Mitarbeiter klar ist, welche Leistung wie gemessen wird und wie sie zu welchen Belohnungen führt.

Die Rolle des Mitarbeiters in Befragungen unter dem Roboter-Modell ist nicht mehr die des Meßfühlers, sondern die des Diagnostikers. Gefragt ist jetzt sein Urteil (und insbesondere das des "Experten") auch über komplexe Systeme, nicht nur über Einzeldimensionen seines Arbeitsplatzes wie Lärm oder Licht. Entscheidungen darüber, was zu tun ist, trifft allerdings das Management allein.

Die Umfrage selbst ist unter dem Roboter-Modell thematisch teilweise standardisierbar, weil aus Erfahrung bekannt ist, wo im allgemeinen die Problembrennpunkte sind. So zeigt sich z.B. in fast allen Mitarbeiterbefragungen in der Industrie, daß die Mitarbeiter sich kritisch äußern über die unklaren Ziele und Zielvereinbarungen. Ähnliches gilt allgemein für Information und Kommunikation, Feedback von Vorgesetzten, Visibilität des oberen Managements oder Vision der Firma. Will man allerdings schon in der Umfrage und nicht erst in den Gruppengesprächen Genaueres wissen, dann empfiehlt sich eine Anpassung der Fragen an den jeweiligen Kontext.

Die Gruppengespräche und eine systematische Aufbereitung ihrer Ergebnisse sind in jedem Fall integraler Bestandteil der Mitarbeiterumfrage. Zunächst sollen die Umfragedaten besser und für den jeweiligen organisatorischen Bereich spezifischer verstanden werden. Dann soll der als Ergebnis von Gruppengesprächen typische "Problembrei" in Problemklassen (Problemthemen) unterteilt und diese dann evtl. sogar zu einem Ursache-Folgen-Netzwerk strukturiert werden.

Die quantitativen und qualitativen Befragungsbefunde und die Problemnetzwerke bilden die Grundlage für einen koordinierten Prozeß der Aktionsplanung, -umsetzung und -evaluation. Unter dem Roboter-Modell hat sich der Schwerpunkt von Mitarbeiterbefragungen somit stark "nach hinten" verschoben. Sie ist damit zu einem integrierten Messungs-Planungs-Umsetzungs-Prozeß geworden, in dem die Umfrage lediglich der erste Schritt ist.

*Mitarbeiterbefragungen unter dem Modell des Individuums*

Unter dem Modell des Mitarbeiters als Individuum wird vor allem das Thema der individuellen Sichtweisen und Werte bedeutsam. Man will wissen, welche Ziele der Mitarbeiter verfolgt, welche Erwartungen und Hoffnungen er hat, was er plant, um so zu einem Ausgleich der Ziele der einzelnen Mitarbeiter und der Organisation kommen zu können. Die Rolle des Mitarbeiters in der Befragung ist nicht die des Meßfühlers, des Stöhners & Jammerers oder des Diagnostikers, als vielmehr die des Sich-Artikulierenden.

Um diese Rolle wahrnehmen zu können, muß der Mitarbeiter, der der Organisation durchaus mit einem gewissen Abstand gegenüber steht, in die Mitarbeiterbefragung involviert werden. Bedenken über die Anonymität der Umfrage, Unklarheiten über ihren Zweck und über die nachfolgenden Aktionen müssen systematisch ausgeräumt werden.

Der Zweck der Befragung ist vor allem, "einmal alle Karten auf den Tisch zu bekommen", um dann darüber sprechen zu können, wie man einen gesunden Kompromiß zwischen den Sichtweisen und Werten des Einzelnen und den Zielen und Strategien der Organisation finden kann.

Ein relativ altes Fragebogen-Instrument in diesem Zusammenhang ist der JDS (Job Diagnostic Survey). Der JDS ist eigentlich ein Instrument für "Job Design", zielt dabei aber weniger auf die objektiven als vielmehr auf die erlebten Inhalte der Arbeitstätigkeit ab. Die Theorie hinter dem JDS postuliert, daß die "subjektiven Kerndimensionen der Tätigkeit" (Abwechslung, Vollständigkeit und Bedeutsamkeit; Unabhängigkeit; Rückmeldung) zu "kritischen psychologischen Empfindungen" (erlebte Bedeutsamkeit, Verantwortlichkeit, Wissen um Ergebnisse) führen und diese wiederum zu den gewünschten Effekten wie Leistung und Zufriedenheit (Hackman & Oldham, 1975). Der Zusammenhang ist um so enger, je höher das "Wachstumsmotiv" des Mitarbeiters ist. Der JDS erhebt nun insbesondere, wie der Mitarbeiter seine Tätigkeit hinsichtlich der fünf Kerndimensionen einstuft. Gefragt wird dabei nach Zustimmung oder Ablehnung zu Feststellungen wie "Meine Tätigkeit ist sehr abwechslungsreich" oder "Meine Tätigkeit erfordert die Zusammenarbeit mit vielen verschiedenen Kollegen".

Weniger tätigkeitsbezogen-beschreibend wird zudem direkt nach "Werten" gefragt. Dazu werden meist Items verwendet, die nach der "Wichtigkeit" verschiedener Aspekte der Arbeit fragen. Items dieser Art sind auch in vielen Zufriedenheitsfragebögen enthalten. Ein Beispiel hierfür ist der "Need Satisfaction and Role Perception Questionnaire" von Porter & Lawler (1968), einem Instrument, das für Umfragen bei Managern konzipiert ist.

Bei solchen Fragebögen interessiert man sich allerdings weniger für die Wichtigkeitswerte als solche, sondern dafür, mit ihrer Hilfe die allgemeine Arbeitszufriedenheit besser messen zu können. Der Zweck von eigentlichen Fragen zu Werten ist dagegen viel direkter: Die Items sollten dazu dienen, Spekulationen darüber, was die Mitarbeiter wollen oder nicht wollen, durch Umfrage-Daten zu ersetzen. Beispielsweise kann man so prüfen, ob die Mitarbeiter allgemein oder ob bestimmte Mitarbeitergruppen (gewerbliche Mitarbeiter, Mitarbeiter mit/ohne Personalverantwortung usw.) materielle Arbeitsergebnisse (Geld, Job-Sicherheit u.ä.) weniger wichtig nehmen als z.B. eine interessante Arbeitstätigkeit.

Zudem soll sich der Mitarbeiter auch zu Themen äußern, zu denen er noch nichts oder nicht viel weiß. Eine Frage in dieser Hinsicht lautet etwa: "Ich könnte die Firmenvision einem neuen Kollegen erklären." Durch diese Frage ist zumindest die Thematik "Firmenvision" einmal auf breiter Basis angesprochen. In Nachfolgeprozessen kann dann weiter diskutiert werden, welche Meinungen und Einstellungen hiermit verbunden sind.

Ähnlich verhält es sich bei der Frage "Ich glaube, daß sich meine Tätigkeit in Zukunft stark verändern wird". Die Erwartung des Mitarbeiters, seine Ängste und Befürchtungen, bestimmen entscheidend sein jetziges Verhalten. So kann es sein, daß er eine Fort- und Weiterbildung betreibt, für die jetzt schon abzusehen ist, das sie keine Zukunft hat. Er kann der Meinung sein, daß seine Arbeitsstelle unsicher ist, während dies vielleicht gar nicht stimmt oder von ihm selbst durch entsprechendes Verhalten abwendbar ist.

Zweck der Mitarbeiterbefragung unter dem Modell des Individuums ist es also, Informationen darüber zu bekommen, wie der Mitarbeiter die Dinge im weiteren sieht und bewertet, welche Hoffnung und Befürchtungen er hat, was er "will". Zudem soll er durch die Befragung in einen Prozeß der Diskussion über die Koordinierung der individuellen und der Organisationsziele eingebunden werden.

*Mitarbeiterbefragungen unter dem Modell des Geschäftspartners*

Befragungen unter dem Modell des Mitarbeiters als Geschäftspartner gehen über das Obige hinaus, weil nicht mehr nur ein Ausgleich zwischen den individuellen Sichtweisen/Werten und den Zielen/Strategien der Organisation verfolgt wird, sondern eine Synergie der Mitarbeiter als Mitglieder von Gruppen/Teams und der Organisation insgesamt angestrebt wird. Insofern können unter diesem Modell wieder ähnliche Fragen auftauchen wie unter dem Individuum-Modell. Man kann z.B. wieder nach den Zukunftserwartungen fragen und diese Frage nicht nur als Einstieg in eine Aktion verwenden, an deren Ende Transparenz und Akzeptanz gegebener bzw. überarbeiteter Ziele stehen, sondern ein aktives Commitment, kreative Beiträge und Identifikation mit dem optimierten Zielkatalog ("ownership").

Zudem steht nun der Mitarbeiter nicht als jeweilige Einzelperson im Vordergrund, sondern als Teil eines komplexen Systems untereinander zusammenwirkender Gruppen. In diesem Kontext ist in den letzten Jahren besonders die Thematik der Organisationskultur akzentuiert worden, d.h. also Fragen nach den in einer Organisation vorherrschenden gemeinsamen Grundüberzeugungen und -werten. Ein Instrument, mit dem nicht nur die wichtigsten Dimensionen der Organisationskultur gemessen werden, sondern mit dem man sie auch bewerten können soll, ist der "Culture-Gap Survey" (Kilman & Saxton, 1983). Der Mitarbeiter soll hier angeben, nach welchen Spielregeln in seiner Arbeitsgruppe faktisch verfahren wird. Die Antworten werden zu vier Indizes verrechnet (task support, task innovation, personal freedom, social relationships). Diese Indizes werden dann mit Industrienormen verglichen, um so zu sehen, wo die Organisation negative (d.h. zu wenig von etwas) oder positive (d.h. zu viel) "Lücken" hat.

Der Kilman-Saxton Survey wird von Neuberger & Kompa (1987) als "Schnellschuß-Verfahren" kritisiert, das der Komplexität des Phänomens Unternehmenskultur nicht gerecht wird. Aus der Sicht des Organisationsentwicklers ist dieser Gesichtspunkt jedoch eher nebensächlich. Er fragt vor allem, ob die Lücken-Analysen wichtige Veränderungen unterstützt. In diesem Sinn werden unter dem Geschäftspartnermodell Mitarbeiterbefragungen allgemein als Einstieg in Entwicklungsprojekte wie TQM, partizipatives Management oder hierarchiefreie Kommunikation verwendet, weil sie Auftau-Effekte und das Momentum für weitere Schritte erzeugen.

Die eminente Rolle der nachfolgendenen Gespräche und Aktionen unter dem Geschäftspartner-Modell wird auch daraus deutlich, daß in der Umfrage meist einige Fragen gestellt werden, für die das Ergebnis recht genau vorhersagbar ist. Solche Items liefern also keine oder kaum weitere Information. Ihre Aufgabe liegt ganz im Nachfolgeprozeß, in dem sie als Katalysatoren verwendet werden. Derartige "Aktionsitems" sollen dabei nicht nur eine Einbindung der Mitarbeiter in die Problemdiagnose erzeugen, sondern auch dazu dienen, Management und Mitarbeiter in Projektgruppen zusammen zu bringen, die Vorschläge zum Erreichen der Organisationsziele erarbeiten, umsetzen, verfolgen und evaluieren.

Ein Beispiel für ein solches Aktionsitem ist das folgende: "Ich glaube, daß ich bei entsprechenden Voraussetzungen meine eigene Produktivität um 10% oder mehr steigern könnte." Die Information, die dieses Item liefert, ist wenig interessant. Man kann sogar voraussagen, daß i.allg. mehr als 50% der Mitarbeiter dieser Aussage zustimmen. Der Zweck des Items liegt genau darin: Konfrontiert man die Mitarbeiter in den nachfolgenden Gruppengesprächen mit diesem Befund, dann ist es leicht, sie dazu zu bringen, sich zu den anstehenden Themen weiter zu äußern, weil sie sich selbst mit ihrer Antwort gebunden haben.

Noch stärker als in allen anderen Modellen wird hier also die Mitarbeiterbefragung zum ersten Schritt eines integrierten, koordinierten Interventionsmanagements mit dem Ziel strategisch orientierter Veränderungen. Die Rolle des Mitarbeiters unter diesem Modell wird nun die des aktiven Mit-Arbeiters, nicht mehr nur die des Problem-Identifizierers oder des Fordernden.

Die Problemsicht der Mitarbeiter muß allerdings für eine globale Aktionsplanung eingebettet werden in eine strategisch-betriebswirtschaftlich orientierte Perspektive. Mitarbeiterbefragungen werden daher gelegentlich ergänzt durch solche Einbettungsmethoden. Hierbei wird z.B. eine Befragung der Führungskräfte durchgeführt, in der diese die gegenwärtige Situation ihres Unternehmen hinsichtlich Marketing, Verkaufsförderung, Innovation, Finanzierung, betriebswirtschaftliches Management, Verwaltung, Produktionspolitik, Qualität, Einkauf, Organisation, Führung, Produktivität usw. beurteilten. Die hieraus ermittelten Kennzahlen werden mit den Ergebnissen der allgemeinen Mitarbeiterbefragung zusammengeführt und dann in Beziehung gesetzt zu den von außen her auf das Unternehmen zukommenden Entwicklungen, so weit diese Chancen oder Risiken darstellen.

## 2.3 Mitarbeiterbefragungen und ihre Funktionen: Gegenüberstellungen verschiedener Typen

Wir wollen nun die obigen Darstellungen und Überlegungen in eine direkte Gegenüberstellung bringen. Dabei sollen vor allem auch die verschiedenen Funktionen einer Mitarbeiterbefragung, die Unterschiede im Prozeß und die unterschiedlichen Rollen von Mitarbeitern und Managern deutlich werden.

*Inhalt, Zweck, Methode und Prozeß von Mitarbeiterbefragungen*

Tabelle 2.1 zeigt in kompakter Form eine Auflistung einiger Aspekte von Mitarbeiterbefragungen unter den verschiedenen Modellen des Mitarbeiters. Die inhaltlichen Schwerpunkte erklären sich dabei von selbst bzw. leiten sich aus dem schon Gesagten ab. Ähnliches gilt für die unter 'Zweck' aufgeführten Gesichtspunkte.

Die unter der Überschrift 'Methode und Prozeß' angeführten Punkte müssen erläutert werden. Hier spiegelt sich wider, daß in der Praxis unter dem Begriff der Mitarbeiterbefragung sehr Verschiedenes verstanden wird: Es reicht von simplen, unvorbereiteten "Belegschafts- oder Betriebsbefragungen" per Stichprobe (z.B. zur Arbeitskleidung, zur Kantine, zu Arbeits- und Betriebszeiten), über systematische "Monitoring-Systeme" der Mitarbeitermeinungen bis zu einem "survey-guided development" (Pacific Gas and Electric Company, 1991), d.h. einem die gesamte Firma (alle Mitarbeiter und Führungskräfte; alle Abteilungen und Bereiche; alle Standorte) umfassenden Prozeß der Meinungserhebung, des Meinungsaustausches und der strategisch orientierten Aktionsplanung und -umsetzung. Vielfach wird ein solcher Prozeß regelmäßig in Abständen von 2-3 Jahren wiederholt (z.B. bei Beiersdorf, IBM, Digital oder Hewlett-Packard) und wird somit zum Teil der Organisationskultur.

Im Falle des Maschine-Modells beginnt der Prozeß aus Sicht des Mitarbeiters adhoc und ohne weitere Vor- und Nachbereitung. Für ihn taucht mehr oder weniger unvermittelt ein Experte auf, der nach kurzer Einleitung einige Fragen stellt, Tests und Messungen durchführt und danach wieder verschwindet. Im Fall der Klima-Umfrage ist dagegen vorbereitend der Betriebsrat eingebunden in dem Sinn, daß er seine "Genehmigung" für die Aktion geben soll. Eine Vorbereitung der Mitarbeiter erfolgt meist in einem Anschreiben, in dem der Sinn der Umfrage mit Informationssammlung ("Ihre Meinung ist gefragt!") und einer vagen Aussicht auf nachfolgende Verbesserungsmaßnahmen beschrieben wird. Der weitere Verlauf des Projektes, einschließlich der Details des Feedback-Prozesses bleibt offen ("erst mal sehen"). Unter dem Roboter-Modell wird dagegen eine systematische Weiterführung der Umfrage durch Feedback und Gruppengespräche (normalerweise in allen Abteilungen und für alle Hierarchiestufen) bereits vorher angekündigt. Der Mitarbeiter kann sich darauf einstellen. Zudem ist klar, daß Aktionspläne zumindest auf Abteilungs- und Bereichsebene konzipiert werden, die die identifizierten Schwachstellen eliminieren oder reduzieren sollen. Bei dieser Aktionsplanung ist der Mitarbeiter im Rahmen seiner Fachkompetenz involviert. Unter dem Modell des Individuums soll er dagegen auch seine persönlichen Ansichten zu Prioritäten äußern, so daß die Aktionen nicht nur

Tabelle 2.1. Inhalte, Zweck und Methode/Prozeß von Mitarbeiterbefragungen unter verschiedenen Mitarbeitermodellen.

| Modell | Inhalte | Zweck | Methode und Prozeß |
|---|---|---|---|
| Maschine | Arbeitsbedingungen und Tätigkeit | punktuelle Meßdaten sammeln | Interview, ergonomische Messungen und Beobachtungen, experimentelle "Befragung" meist weniger "Versuchspersonen" |
| Kind | Klima, Zufriedenheit | Stimmungsbild zeichnen (Thermometer), Dampf ablassen | Umfrage ohne besondere Vorbereitung, Betriebsrat gibt Zustimmung, kein geplanter Feedback-Prozeß |
| Roboter | Hemmnisse und Hindernisse | Schwachstellen identifizieren | Umfrage, Feedback, geplante Nacharbeit in Gruppengesprächen mit Klärung der Details und Hintergründe, technisches Involvement in lokale Aktionspläne, Vorschläge möglich |
| Individuum | Werte und Wünsche | involvieren und Kommunikation verstärken | Vorbereitung (Anonymität, Zweck, Vorgehen), Umfrage, Feedback, Gruppengespräche, persönliches Involvement in lokale Aktionsplanung, Vorschläge möglich |
| Geschäftspartner | Chancen und Risiken | strategische Ausrichtung des Systems einleiten und umsetzen | wie oben, aber Einbindung der Mitarbeiter in Vorbereitung, Fragebogen-Erstellung, Info der Mitarbeiter, Einbindung des Betriebsrats, koordinierter Prozeß mit Einbindung in lokale Aktionsplanung, Problemstrukturanalyse, globale Aktionspläne, Geschäftsbereichsaktionspläne, mögliche Ergänzungen durch weitere Top-Down Programme |

nach technischen Gesichtspunkten, sondern auch nach den "Wünschen" der Mitarbeiter mitgestaltet werden. Zudem wird unter diesem Modell auch mehr in die Vorbereitung der Befragung investiert, weil damit gerechnet wird, daß der Mitarbeiter z.B. Bedenken hinsichtlich der Anonymität seiner Antworten hat oder einfach nur den Zweck und den weiteren Ablauf der Befragung wissen will.

Betrachten wir nun den Prozeß unter dem Geschäftspartner-Modell etwas genauer. Meistens entspricht er mehr oder weniger den Phasen eines Programms, das wir als AE-Management Programm (AEMP) bezeichnen wollen. Die Abkürzung AE bezeichnet eine "Auftau"- bzw. eine "Einbindungs"-Phase, in Anlehnung an Lewins (1958) Unterscheidung von drei Phasen der Einstellungsänderung, die über die Stufen "unfreeze", "move" und "freeze" erfolgt.

Die Hauptelemente eines AEMP sind in Abbildung 2.2 in schematischer Form gezeigt. Eine exakte Abgrenzung der A- von der E-Phase ist nicht möglich, weil die Einbindung der Mitarbeiter bereits in der Vorbereitung der Umfrage beginnt. Der wesentliche Übergang von der A- zur E-Phase liegt aber in den Gruppengesprächen und zwar in der Schnittstelle zwischen dem Feedback über die Umfragebefunde und der Diskussion dieser Befunde.

In der A-Phase wird zunächst das Konzept des AEMP durchdacht und dabei insbesondere die allgemeine Zielsetzung des gesamten Programms definiert. Für den Auftraggeber - fast ausnahmslos die Geschäftsleitung - stehen dabei meist eher vage Hoffnungen im Vordergrund (z.B. Verbesserung der Kommunikation, Erhöhung der

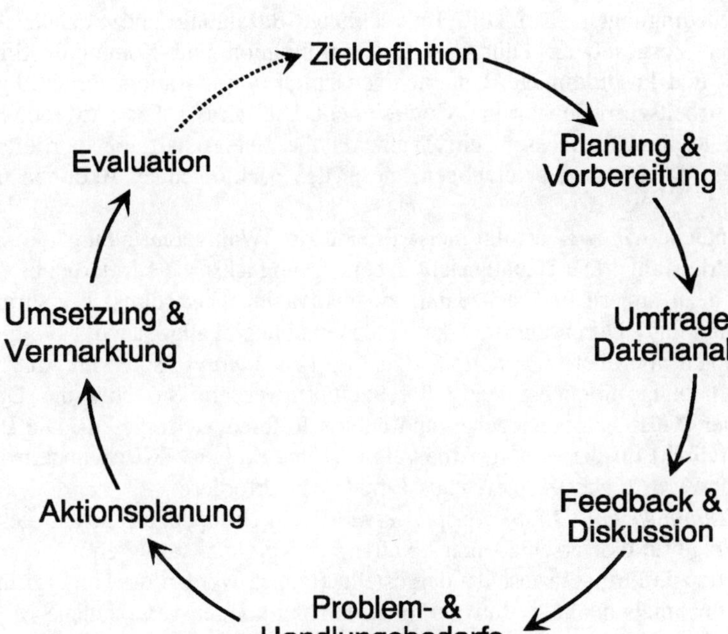


Abbildung 2.2. Hauptphasen eines AE-Management Programms.

Arbeitszufriedenheit), die sich aber hinterfragen lassen als Theorien darüber, wie die Unternehmensziele erreicht werden. (Ein Beispiel hierfür ist die verbreitete Theorie, daß Arbeitszufriedenheit zu Leistung führt.) Selten hat die Geschäftsleitung eine klare Zielsetzung dafür, was mit einem AEMP erreicht werden soll, oder eine Vorstellung davon, was mit einem AEMP bewirkt werden kann.

Die *Planungs- und Vorbereitungsphase* eines AEMP dient vier Zielen: Ausarbeitung der inhaltlichen Schwerpunkte der Befragung; Einbindung und Definition der Rollen der verschiedenen beteiligten Gruppen und Personen; Konstruktion eines Fragebogens; Planung und Organisation des Programms.

Die Ankündigung des AEMP bzw. der "Umfrage" führt im allgemeinen zu Diskussionen der Mitarbeiter untereinander und zu Fragen an das Management über den Zweck der Befragung, zur Anonymität der Antworten, zur Rolle von Kritik überhaupt usw. Das Involvement der Mitarbeiter erfolgt normalerweise auch institutionell, d.h. dadurch, daß ein "Koordinationsteam" gebildet wird, das zusammen mit einem externen Berater die Informationen an die Mitarbeiter ausarbeitet, den Fragebogen vorbereitet bzw. an die spezifische Firmenkultur anpaßt und die Durchführung der Umfrage organisatorisch vorbereitet (O'Brien, 1993). Dem Koordinationsteam gehört mindestens ein Mitglied des Betriebsrats als Team-Mitarbeiter an. Er soll dem Betriebsrat direkt berichten und diesen involviert halten.

Der Fragebogen wird fast immer breit angelegt und deckt Themenbereiche ab wie Arbeitsplatzbedingungen, Tätigkeit, Entwicklung, Bezahlung und Sozialleistungen, unmittelbarer Vorgesetzter, Führungskräfte, Information und Kommunikation, Unternehmens- und Produktimage, Unternehmenskultur, Organisation, Firma allgemein, allgemeine Arbeitszufriedenheit und Commitment. Die Items sollen entweder Einstellungen und Meinungen messen, ein Thema in die Belegschaft transportieren oder Einbindungen der Mitarbeiter erzeugen, die in den nachfolgenden Aktionen nützlich sein können.

Die eigentliche *Umfrage* erfolgt meist als eine Art "Wahlveranstaltung", kombiniert mit einer "Briefwahl". Die Hauptabsicht dabei ist, möglichst viele Mitarbeiter dazu zu bringen, sich zu äußern und sich damit zu involvieren. Das gelingt bei sorgfältiger Vorbereitung und Durchführung der Datenerhebung i.allg. auch so gut, daß Rücklaufquoten von über 90% normal sind. Die *Datenanalyse* sollte im Anschluß an die Datenerhebung möglichst zügig durchgeführt werden. Sie muß die Daten in verschiedener Weise herunterbrechen und interne Referenzwerte liefern. Die Berichte müssen sich direkt für die weitere Arbeit eignen, ohne weitere Zwischenbearbeitungen (wie z.B. handschriftliches Kopieren aus Tabellen) zu erfordern.

In der *Feedback- und Diskussionsphase* werden in Gruppengesprächen die Ergebnis der Umfrage für die verschiedenen Abteilung im Vergleich zu Referenzwerten (z.B. Ergebnisse für die Firma insgesamt) dargestellt. Danach werden die Hintergründe der Ergebnisse nochmals qualitativ aufgearbeitet. Hierbei können verschiedene Methoden zur Anwendung kommen, meist Standard-Präsentationstechniken in Verbindung mit Varianten der "Metaplan"-Technik (Schnelle & Stoltz, 1976).

In den Gruppengesprächen vollzieht sich der Übergang von der A- zur E-Phase: Die Herausarbeitung der Hintergründe, ihre Zusammenfassung zu Problemgruppen, die Abwägung ihrer Gewichtung u.ä. binden den Mitarbeiter nicht nur punktuell, sondern in Bezug auf alle relevanten Themen ein. Dabei kommt der Tatsache, daß diese Diskussion in der Gruppe geführt wird, eine besondere Bedeutung zu, weil die Aussagen des einzelnen Mitarbeiters allein schon durch diese Öffentlichkeit ein besonderes Maß an Verbindlichkeit bekommen.

Die Daten aus Umfrage und Gruppengesprächen werden dann einer *Problem- und Handlungsbedarfsanalyse* zugeführt. Die erstere soll vor allem klären, welche der identifizierten Probleme Ursachen und welche Folgen sind. Der Handlungsbedarf folgt aus einer Gegenüberstellung der identifzierten Schwächen und Stärken mit den Chancen und Risiken.

Im Rahmen der lokalen *Aktionsplanung*, in der normalerweise der Vorgesetzte zusammen mit zwei Mitarbeitern und einem externen Moderator (aus dem Koordinationsteam) einen Maßnahmenkatalog inklusive Umsetzungs- und Vermarktungsplan entwirft, ist der Handlungsbedarf meist einfach. Aktionspläne können ohne größere Vorbereitung entworfen werden. Die Probleme, die nicht lokal lösbar sind, sind meistens recht vernetzt und müssen daher zunächst im Sinne von Ursache- und Wirkung strukturuiert werden. Diese Analyse nimmt das Koordinationsteam vor. Die höheren Ebenen bringen diese Informationen in ihre strategischen Überlegungen ein und entwerfen entsprechend globalere Aktionspläne.

Die *Umsetzung* der Aktionspläne erfordert das übliche Monitoring und Controlling von Projekten. Daneben wird normalerweise auch eine allgemeine *Vermarktung* der Aktionspläne und ihrer Umsetzung (Darstellung der Aktionspläne selbst, Schwerpunkte, Status ihrer Bearbeitung, evtl. Verzögerungen in ihrer Abarbeitung usw.) durchgeführt, um so die Mitarbeiter eingebunden zu halten. Die Vermarktung selbst wird von einem speziellen Projektteam sichergestellt.

Schließlich erfolgt eine *Evaluation* der Maßnahmen. Da hierbei vor allem die Meinung der Mitarbeiter als solche interessiert und weniger Einbindungs- und Entwicklungsziele verfolgt werden, werden Evaluationen meist als Stichprobenumfragen durchgeführt. Gefragt wird hierbei nach einer Beurteilung der Aktionsplanung selbst und danach, ob sich die Arbeitssituation in bezug auf die in der Mitarbeiterbefragung identifizierten Problembrennpunkte verbessert oder verschlechtert hat.

Das AE-Management Programm ist damit abgeschlossen. Der Zeitrahmen für einen Zyklus beträgt knapp ein Jahr. Nach einem Jahr Pause wird das Programm meist wieder neu gestartet.

### *Rolle von Mitarbeitern und Management bei Mitarbeiterbefragungen*

In einem AEMP ist die Rolle des Mitarbeiters am besten durch den Ausdruck "Mit-Arbeiter" definiert. Dem Management kommt dagegen die Aufgabe zu, eine Einbindung der Mitarbeiter herbeizuführen (z.B. durch deutlich sichtbare Gewichtung des Programms als Top-Priorität) und diese dann in die Lage zu versetzen, ihre Fähigkeiten und Fertigkeiten einzubringen. Gemeint ist also ein "Empowerment" der Mitarbeiter, das diesen Kontrolle und Besitzgefühle über ihre Arbeitsprodukte (z.B. durch Delegation, Dezentralisierung der Entscheidungen, Job Enrichment, Qualitätszirkel, aber auch durch einen Führungsstil, der bei den Mitarbeitern systematisch Selbstwirksamkeitsüberzeugungen aufbaut) geben soll (Bennis & Namus, 1985; Kanungo & Mendonca, 1992).

Die Rollen von Mitarbeitern und Management in Mitarbeiterbefragungen unter den anderen Modellen sind in Tabelle 2.2 in Kurzform beschrieben. Unter dem Maschinenmodell hat der Mitarbeiter beispielsweise die Rolle des Meßfühlers, der zuverlässig wohldefinierte Skalenwerte anzeigt für das Medium, in dem er eingesetzt wird. Der Manager mißt diese Werte, um damit die Maschine richtig einstellen zu können. Unter dem Kind-Modell wird vom Mitarbeiter gefordert, daß er sich offen zu den Dingen seiner (eher engeren) Arbeitswelt äußert, mit denen er unzufrieden ist. Von diesen Äußerungen und von der Aufmerksamkeit, die ihnen vom Management geschenkt wird, werden kathartische Auswirkungen erwartet. Zur Rolle des Management gehört es weiter, nicht nur zuzuhören, sondern auch sonst etwas zu unternehmen, das die Arbeitszufriedenheit der Mitarbeiter steigert.

Grundsätzlich muß vom Management noch ganz allgemein gefordert werden, daß es die Befragung unterstützt im dem Sinn, daß der Befragung "von oben her" eine hohe Priorität gegenüber anderen Projekten einräumt wird. Diese muß für alle (insbesondere auch die Vorgesetzten) sichtbar sein und notfalls auch durchgesetzt werden.

Tabelle 2.2. Kurzbeschreibung der Rollen von Management und Mitarbeitern bei einer Mitarbeiterbefragung unter verschiedenen Mitarbeitermodellen.

| Modell | Rolle des Mitarbeiters | Rolle des Managements |
|---|---|---|
| Maschine | Meßwerte liefern | messen, um zu organisieren, adjustieren, schmieren |
| Kind | stöhnen & jammern | Interesse zeigen, Zufriedenheit für alle herstellen |
| Roboter | diagnostizieren | klären, definieren, Rahmenbedingungen verbessern |
| Individuum | sich artikulieren | abstimmen, überzeugen, motivieren, Partizipation |
| Geschäftspartner | mit-arbeiten | einbinden, strategisch ausrichten, Empowerment der Mitarbeiter unterstützen |

## 2.4 Mitarbeiterbefragungen in der Praxis

In der Praxis wird heute kaum eine Mitarbeiterbefragung durchgeführt, die sich eindeutig einem der obigen Modelle zuordnen läßt. Die meisten Umfragen sind Mischungen des Kind- und des Roboter-Modells. Ihr Zweck liegt daher vor allem in einer "diagnostischen Funktion" (Dunham & Smith, 1979), sie sollen "Ohren an der Basis" (Gottschall, 1988) sein. Thematisch fokussieren sie auf das Thema Zufriedenheit und die Entdeckung von Schwachstellen.

Befragungen i.S. des AE-Management Programms sind bislang eher selten. Das liegt zum einen daran, daß Mitarbeiterbefragungen noch überwiegend als Informationserhebung verstanden werden. Zum anderen wird ihr mächtiges Interventionspotential - wenn es überhaupt erkannt wird - meist eher als Gefahr und nicht als Chance gesehen. Diese Chance läßt sich allerdings nur dann nutzen, wenn die Umfrage in einen systematischen Prozeß der Vor- und Nachbereitung eingebettet ist. Dann führt die Mitarbeiterbefragung stets zu einer breiten Einbindung und zu Hunderten von koordinierten Aktionsplänen auf allen Ebenen. Die Aktionen beziehen sich z.T. auf Themen, die aus strategischer Absicht vom Management über das Vehikel der Befragung in die breite Diskussion gebracht wurden, vor allem aber auf Schwachstellen, die unabhängig von der Befragung da sind und auch ohne die Hilfe eines AEMP bearbeitet werden müßten.

Die größte Befürchtung des Managements ist meist die, daß die bei den Befragten entstehenden Erwartungen für Veränderungen nicht erfüllt werden können (Fritz, 1992). Dieser Angst liegt letztlich das Modell des Mitarbeiters als Kind zugrunde, demzufolge der Mitarbeiter nicht in der Lage ist einzusehen, daß nicht alle Wünsche sofort erfüllt werden können. Richtig ist vielmehr, daß eine offene und ehrliche Diskussion über das, was machbar ist und was nicht machbar ist, für den Unternehmenserfolg eher vorteilhaft ist (Alper et al., 1986). Die Kostenprobleme der deutschen Wirtschaft zeigen z.B. recht anschaulich, wie jahrelanges Vermeiden eine partnerschaftliche Lösung in diesem Bereich eher schwieriger gemacht hat.

Vielfach ist der Typ der Mitarbeiterbefragung auch deshalb nicht so einfach anzugeben, weil sie selten das einzige Projekt oder Programm ist, das den Bereich der Human-Ressourcen involviert. Wenn andere Programme bereits laufen oder geplant sind (z.B. ein TQM-Programm), dann wird die Mitarbeiterbefragung so durchgeführt, daß sie dieses Programm unterstützt z.B. durch Evaluation laufender oder durchgeführter Maßnahmen, durch Revitalisierung der relevanten Thematik oder i.S. einer begleitenden Schaffung von Problembewußtsein (Doerner, 1992; Matthies, 1992).

Zudem entsteht nach einer Mitarbeiterbefragung auf Seiten des Managements häufig die Frage, wie denn das Management - nachdem es auf so viele Probleme der Mitarbeiter reagiert und konkrete Verbesserungen durchgeführt hat - nun umgekehrt seine Wünsche an die Mitarbeiter herantragen kann, um diese dazu zu bringen, gewissermaßen als Gegenleistung etwas für die Firma zu tun. (Wir sehen einmal davon ab, daß diese Rechnung nicht ganz stimmt, da die Mitarbeiter bereits durch Problemidentifikation, Aktionsplanung etc. einiges für die Firma getan haben.) Eine einfache Lösung für diese Symmetrisierung des Gebens und Nehmens von Mitarbeitern und

Management liegt darin, die Managementforderungen in eine Aktion einzubringen, in der Ziele und Strategien der Firma klar und in einer für jeden Mitarbeiter hinreichend konkreten Weise herausgearbeitet werden. Das läßt sich ganz direkt dadurch erreichen, daß die Ziele des Managements in die individuellen Leistungskriterien übersetzt und in Form eines differenzierten Katalogs von Verhaltensbeschreibungen für Minimum, Erwartung bzw. Optimum der verschiedenen Leistungsdimensionen dargelegt werden (ProSYS-Verfahren; Borg & Staufenbiel, 1992). Ein ähnlicher, aber etwas einfacherer Ansatz, der vor allem für untere Hierarchiestufen angemessen ist, ist das ProMES-Programm (Pritchard, 1990). Beide Ansätze sind Instrumente zur Produktivitätsmessung und -erhöhung, die Werkzeuge zur Entwicklung eines differenzierten Leistungskriteriensystems zur Verfügung stellen.

Meist empfiehlt es sich noch, die Mitarbeiterbefragung zu ergänzen durch begleitende oder komplementäre Projekte wie etwa eine strategische Stärken- und Schwächen-Analyse (siehe Kapitel 7). Sinnvoll sind bisweilen auch gleichzeitige Maßnahmen der objektiven Organisationsdiagnostik (Harrison, 1987) oder der Produktivitätsmessung (Brinkerhoff & Dressler, 1990), ohne daß dabei allerdings der Eindruck eines Nachkontrollierens der Richtigkeit der Befragungsantworten entstehen darf.

*Welche Effkete können in der Praxis von einer Mitarbeiterbefragung erwartet werden?*

In der heutigen Praxis von Mitarbeiterbefragungen verschwimmt also die Unterscheidung der verschiedenen Modelle z.T. wieder. Man kann daher fragen, was das Management von einer Mitarbeiterbefragung erwarten kann. Die Effekte lassen sich aufteilen in allgemeine und in spezifische.

Ganz allgemein entstehen natürlich zunächst Informationen. Sie dienen der Messung, setzten Benchmarks, erlauben Trendanalysen, dienen der Evaluation von Aktionen und allgemein der Kontrolle. Zudem zeigen sie aus Sicht der Mitarbeiter auf Schwachstellen und Konflikte. Andererseits bekommt aber auch das Management einmal von den Mitarbeitern einen Spiegel vorgehalten ("Aufwärtsbeurteilung").

Mitarbeiterbefragungen sind jedoch immer auch Interventionen, die den Gegenstand der Messung selbst verändern. Man kann den Interventionseffekt minimieren (z.B. durch Stichproben- statt Vollbefragungen) oder aber zielorientiert verstärken durch eine entsprechende Vorbereitung, durch starkes Involvement aller Interessensgruppen, Befragungs-Projektteams, Betonung einer breiten Thematik, Feedback und Gruppengespräche, Einbindung in die Problemerörterung und -abwägung, Vermarktungsteams, Evaluationsteams, Evaluationsfeedback usw.

Besonders im Zusammenhang mit Feedback und Gesprächen über die Befragungsbefunde wird eine Mitarbeiterbefragung zu einem Instrument der allgemeinen Kommunikation über alle Ebenen und alle Themen hinweg. Teilweise wird eine derartige Kommunikation durch die Mitarbeiterbefragung überhaupt erst eingeführt bzw. (unter externer Moderation) in den Gruppengesprächen und Projektgruppen eingeübt.

Mitarbeiterbefragungen haben fast immer auch eine Erhöhung der Arbeitszufriedenheit und eine Verbesserung des Klimas zur Folge, vorausgesetzt es wird eine Atmosphäre des echten Zuhörens und Verstehen-Wollens geschaffen. Zufriedenheit ist ein Wert an sich, schafft aber auch für viele Maßnahmen günstigere Ausgangspositionen, in der Mitarbeiter und Management besser miteinander reden und kooperieren können (Smith, 1992).

Nach einer Mitarbeiterbefragung ist i.allg. auch mit einem Ansteigen der Arbeitsmoral zu rechnen, allein schon wegen des Interesses an den Mitarbeitern (Hawthorne-Effekt). Zudem wird für viele wieder deutlich, wie wichtig Produktivität, Qualität, Kundenorientierung usw. auch für die Verwirklichung ihrer eigenen Ziele sind.

Aus jeder Mitarbeiterbefragung lassen sich Informationen und Impulse für die Mitarbeiterentwicklung ableiten. Man kann ganz direkt Fragen zur Fort- und Weiterbildung stellen, aber auch aus den Antworten auf Fragen zu Werten, Einstellungen, Hoffnungen und Befürchtungen ableiten, wo welcher Entwicklungsbedarf besteht. Im übrigen sind Fragen selbst Entwicklungsmittel, weil sie Denkanstöße für bestimmte Inhalte geben.

Die Ansprache bestimmter und vor allem "neuer" Themen auf breiter Basis und unter Einbeziehung aller Ebenen dient auch der Verdeutlichung von Organisationszielen. Die Ziele werden vom Management recht global vorgezeichnet, dann in der Umfrage angesprochen, in den Gruppengesprächen "interpretiert" und in nachfolgenden Aktionen konkret umgesetzt. Involvement führt so zu Verstehen, Commitment und Besitzgefühle ergeben sich durch die Beiträge der Mitarbeiter zur Ausgestaltung und Umsetzung der Ziele.

Jede Mitarbeiterbefragung identifiziert auf allen Ebenen und Gebieten eine Vielzahl von Problemen, die auch ohne solch ein Befragung irgendwie angegangen werden müßten. Das schafft zunächst ein allgemeines Problembewußtsein und damit entsprechende Motivation. Die Befragung - richtig fortgeführt - erlaubt zudem eine ökonomischere Vorgehensweise, weil sie (1) alle Probleme zum selben Zeitpunkt erfaßt, sie (2) so einer Prioretisierung zugänglich macht und (3) erlaubt, sie abgestimmt auf allen Ebenen und in allen Abteilungen anzugehen. Es wird so z.B. verhindert, daß jeder Vorgesetzte für sich und nur nach seinen Vorstellungen an der Beseitigung von Problemen arbeitet, daß Dinge doppelt und möglicherweise im Widerspruch zur Firmenstrategie gemacht werden.

Wiederholt durchgeführt ist eine Mitarbeiterbefragung automatisch ein Evaluationsinstrument vorausgegangener Maßnahmen. Dies ist sinnvoll, um Aktionen abzuschließen oder neu zu energetisieren.

Mitarbeiterbefragungen können inhaltlich sehr speziell ausgerichtet sein. Es gibt Befragungen, die sich ausschließlich auf das Fort- und Weiterbildungssystem konzentrieren, sich nur an Führungskräfte wenden, nur Gründe der Fluktuation untersuchen, nur nach der Zufriedenheit mit dem Betriebsrat fragen oder nur die Meinungen zur neuen Arbeitskleidung erheben (vgl. etwa Piwinger et al., 1991). Dabei werden meist - neben der Informationsgewinnung - auch andere der oben dargestellten Effekte angestrebt.

Hinzu kommen oft noch ganz spezifische Absichten. So hat eine Elektronikfirma z.B. kürzlich eine Mitarbeiterbefragung durchgeführt, die als Oberziel hatte, die "Veränderungsbereitschaft" der Mitarbeiter zu erhöhen. Dies sollte dadurch erreicht werden, daß das Thema durch die Befragung zunächst einmal ganz breit und gleichzeitig in vielen konkreten Details angesprochen wurde. Die Absicht war also deutlich interventionistisch, weniger Messung. Es entstand eine breite Diskussion über die Befunde; Fragen nach der Vision, den Zielen und Strategien wurden artikuliert; Wünsche nach klareren, widerspruchsfreien Leistungskriterien wurden geäußert. Damit war eine ideale Ausgangssituation geschaffen für die weitere partizipative Bearbeitung der Thematik.

*Welche Voraussetzungen müssen gegeben sein?*

Eine Mitarbeiterbefragung erfüllt die hier dargelegten Funktionen nur, wenn gewisse Mindestvoraussetzungen erfüllt sind. Einige besonders wichtige seien hier genannt:

Mitarbeiterbefragungen kosten Zeit und Geld. Die Ressourcen und der Wille für ihren Einsatz müssen gegeben sein. Schlechte Mitarbeiterbefragungen - unprofessionell geplant, mit halbem Einsatz durchgeführt, oberflächlich analysiert und halbherzig weitergeführt - schaffen eher Probleme als die bestehenden zu lösen.

Man sollte keine Mitarbeiterbefragung durchführen, nur um "mal zu sehen, was die Mitarbeiter so denken" und sie dann - bei unerwünschten Befunden - in der Schublade verschwinden lassen. Eine solche Zensur schadet dem Kommunikationsklima. Andererseits ist natürlich eine Mitarbeiterbefragung, die von vornherein die Zielsetzung verfolgt, nur zu "messen", durchaus zulässig und u.U. auch sinnvoll, vorausgesetzt dieses Ziel wird von vornherein deutlich gemacht. Für die Ermittlung von Kennwerten genügt allerdings eine Stichprobenbefragung, die i.allg. hinreichend genaue Meßwerte liefert und dabei den Interventionscharakter einer Vollbefragung reduziert.

Bisweilen reagiert das Management auf Kritisches mit erheblicher Abwehr. Man will die Befunde nicht akzeptieren und hinterfragt ihre Gültigkeit. Haben vielleicht nur die Kritischen geantwortet? Haben sich die Mitarbeiter absichtlich besonders negativ geäußert, um so mehr herausholen zu können? Ist nicht vielleicht unsere Branche unter den besonderen Umständen übertrieben negativ? Haben wir eigentlich die richtigen Vergleichsnormen? Sind die negativen Kommentare nicht doch eher positiv zu sehen? Usw., usw. Noch problematischer ist die Frage: "Wer hat das gesagt? Das will ich jetzt wissen!". Wer nicht bereit ist, wirklich zuzuhören und auch Kritisches zu akzeptieren, sollte keine Mitarbeiterbefragung durchführen. Im Grunde wäre für kritische Kommentare nämlich eher Dankbarkeit angebracht: Management ohne Kenntnis der Probleme ist unmöglich.

Grundsätzlich muß der Wille da sein, bezüglich der in der Mitarbeiterbefragung identifizierten Schwachstellen auch aktiv zu werden. Das heißt nicht, daß alle Probleme sofort und mit gleicher Priorität gelöst werden müssen. Zunächst sollte sowieso erst sorgfältig analysiert werden, wie die Probleme vernetzt sind und welche davon Ursachen bzw. Symptome sind. Dann muß den Mitarbeitern (auf Abteilungs-, aber auch auf globaler Ebene) erklärt bzw. mit ihnen zusammen erörtert werden, was jetzt gelöst werden kann, was unabänderlich ist, warum die Prioritäten so sind, wie sie sind, und wie der Aktionsplan aussieht (Inhalte, Verantwortliche, Termine). Schließlich müssen auch konkrete Verbesserungsmaßnahmen umgesetzt werden.

# 3. AEMP: Vorbereitungs- und Planungsphase

Im folgenden gehen wir die Hauptelemente eines AE-Management Programms (AEMP) durch. Das ist deshalb sinnvoll, weil selbst dann, wenn eine Mitarbeiterbefragung nur mit sehr eingeschränkter Planung weiterer Prozesse z.B. als "reine Umfrage" durchgeführt wird, die anderen Elemente eines AEMP zumindest als Möglichkeiten angelegt sind. Oft sind Schritte wie eine spätere Aktionsplanung sogar vorgesehen, erscheinen aber nicht im Projektplan der Mitarbeiterbefragung oder sind nicht vorab durchgeplant.

Beginnen wir mit der Vorbereitungs- und Planungsphase und betrachten die Schritte, die in einem vollständigen AEMP durchlaufen werden. Die in der Praxis verbreitete Vorgehensweise, in der z.B. ein "Standardfragebogen" ohne weitere Begründung "vom Regal" genommen und relativ unvermittelt an die Mitarbeiter zum Ausfüllen verteilt wird, ist als Sonderfall des expliziten Verfahrens zu verstehen.

Die Hauptelemente der Vorbereitungs- und Planungsphase zeigt Abbildung 3.1. Man erkennt hier vier Hauptschienen: Die Klärung und Festlegung von Zielen; die Vereinbarung der Rollen; die Erstellung des Fragebogens; und die Projektablaufplanung. In der oberen Hälfte erkennt man eine Reihe von Aktivitäten, die auf ein besonderes Ziel zulaufen, nämlich darauf, daß die Geschäftsleitung das AEMP als "ihr" Projekt betrachtet ("ownership"). Gelingt es nicht, diese Identifikation der Geschäftsleitung mit dem AEMP herzustellen, wird das Programm an dieser Stelle abgebrochen. Ansonsten werden die anderen Gruppen involviert, die Umfrage organisatorisch vorbereitet und der Fragebogen erstellt.

## 3.1 Vorbereitung mit der Geschäftsleitung

Für die erfolgreiche Durchführung eines AEMP ist es nötig, nicht nur das eigentliche Programm effizient durchzuführen, sondern zunächst auch eine klare Zielsetzung herauszuarbeiten, die den Bedürfnissen des Kunden entspricht.

### *Vorgespräche mit dem Kontaktkunden des AEMP*

Gehen wir von der üblichen Situation aus, daß sich ein Mitglied der Organisation (meistens der Personalleiter, seltener der Geschäftsführer) an einen Berater gewandt hat, der ihm mit dem AEMP weiterhelfen soll. Der Berater ist ein Experte auf dem

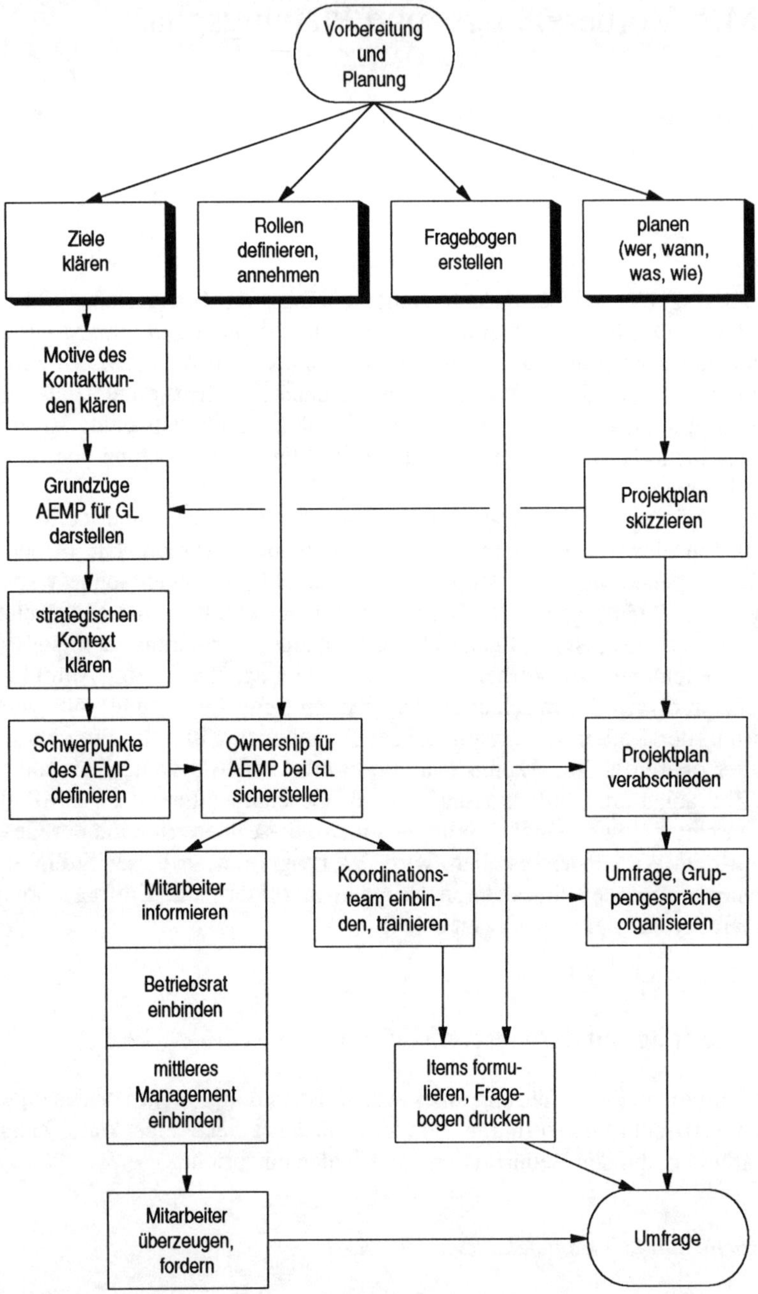


Abbildung 3.1. Bearbeitungsstruktur der wichtigsten Elemente der Vorbereitungs- und Planungsphase.

Gebiet von AEMP's. Die Person, mit der er das Interesse der Organisation an einem AEMP ventiliert, nennen wir "Kontaktkunde". Der Kontaktkunde hat zunächst ein mehr oder weniger klares Motiv für sein Interesse an einer Mitarbeiterbefragung. Meist steht das Thema 'Betriebsklima' im Vordergrund, aber auch zunehmend eine mehr betriebswirtschaftlich orientierte Sichtweise, in der vor allem 'Kommunikationsverbesserung' und 'Einbindung' wichtige Rollen spielen. Im allgemeinen bleiben aber die Motive recht unspezifisch. Der Kunde hat vor allem den Willen, die Dinge unter Beteiligung der Mitarbeiter zu verbessern und sucht nun nach einer Methode. Er ist sich dabei nicht sicher, welche Probleme eigentlich vorliegen - insbesondere aus Sicht der Mitarbeiter - und was eine Mitarbeiterbefragung - außer der reinen Diagnose - dabei bewirken kann. Der Berater muß also zunächst klarmachen, welche allgemeinen und speziellen Auswirkungen von einer Mitarbeiterbefragung zu erwarten sind, welche Kosten und Risiken sie hat, welche Voraussetzungen für ihren Erfolg gegeben sein müssen und wie sie mit anderen laufenden Projekten (z.B. TQM) verbunden werden kann. Wenn der Kontaktkunde hierüber Klarheit hat, ließen sich mit ihm auch präzisere Ziele definieren. Handelt es sich aber bei ihm nicht um den Geschäftsführer, dann ist eine solche genauere Zielsetzung verfrüht, weil das Projekt erst von der Geschäftsleitung eingekauft und definiert werden muß.

*Präsentation vor der Geschäftsleitung*

Der Kontaktkunde entscheidet selten selbst darüber, ob ein AEMP durchgeführt wird oder nicht. Er propagiert vielmehr die Idee eines AEMP und veranlaßt, daß die Grundzüge eines AEMP i.S. einer möglichen Maßnahme für allgemeine oder besondere Zwecke der Organisation vor der Geschäftsleitung dargestellt und diskutiert werden. Der Berater kann für diese Präsentation meist schon eine Reihe von Vorinformationen aus seinen Gesprächen mit dem Kontaktkunden verwenden und so z.B. gewisse Bedenken und Befürchtungen proaktiv ansprechen. Zunächst aber gilt es stets, das AEMP als Gesamtprozeß in seinen wesentlichen Elementen darzustellen.

Bei dieser Darstellung muß die besondere Rolle der Geschäftsleitung beachtet werden. Die Geschäftsleitung muß letztlich nach betriebswirtschaftlichen Kriterien entscheiden und somit ist es Aufgabe des Beraters, auch Psychologisches immer wieder auf "harte" Dimensionen zurückzuführen. Hinrichs (1989) hat in dieser Weise unterschieden zwischen dem, "what's inside peoples' heads" - er nennt hier exemplarisch: Wille zur Anstrengung; Motivation zur Qualität; Loyalität; Einstellung, nicht krank zu feiern - und dem "typical dollar impact" derartiger Meinungen, Einstellungen und Wahrnehmungen. Zu dem, was "unter dem Strich steht", zählt Hinrichs z.B. den Absentismus, den er mit "typischerweise" ca. 100 Dollar pro Ereignis rechnet. Er nennt weiter das Produktivitätspotential relativ zur Zahl der Mitarbeiter mit 30-50% der Umsätze, die Fluktuation mit 3.000-180.000 Dollar pro Person und das unausgeschöpfte Potential in der Fertigungsqualität mit 15-20% der Umsätze.

Bei aller empirischer Evidenz bleiben solche Zahlen allerdings letztlich nur Modellrechnungen, wie sie schon Mirvis & Lawler (1977) in ihren klassischen Berechnungen darüber angestellt haben, was es kostenrechnerisch bringt, die Arbeitszufriedenheit um eine Standardabweichung zu steigern, vorausgesetzt man interpretiert die

Korrelationen zwischen Arbeitszufriedenheit und den Dimensionen der Leistung kausal. Ein ähnliches "behavioral accounting" führt Cascio (1982) für eine Vielzahl anderer Verhaltensdimensionen durch. Die Berechnungen machen klar, daß selbst bei sehr kleinen Effektgrößen im Einzelnen die gesamtbetriebswirtschaftliche Akkumulation solcher Effekte sehr beeindruckend ausfällt. In jedem Fall lassen sich derartige Schätzungen und ihre Voraussetzungen gewinnbringend mit den Führungskräften diskutieren, weil sie sich hierbei zumindest teilweise auf ihrem eigenen Terrain befinden.

Die Gefahr von Modellrechnungen liegt andererseits darin, daß sich die Diskussion zu einem akademisch-hypothetischen Diskurs entwickelt. Hier muß der Berater sehen, daß man wieder zum Konkreten zurückkehrt. Die Kosten für die Organisation sind in verlorenen Arbeitsstunden relativ leicht zu schätzen. Für eine vollständiges AEMP kann man ca. 4 Stunden pro Mitarbeiter rechnen (Umfrage und Gruppengespräche). Für die Mitglieder des Koordinationsteams fallen jeweils etwa 14 Tage an. Die Geschäftsleitung ist nur relativ gering belastet, muß aber ihr zeitliches Involvement letztlich selbst definieren.

Vor allem am Beispiel des Koordinationsteams erkennt man allerdings auch, daß die Kosten nicht reine Ausgaben oder Ausfälle darstellen, sondern daß ein AEMP eine erhebliche Investition ist in Trainings (Umfragemethodik, Problemstromanalyse, Moderationstechnik, Aktionsplanung usw.), Learning-by-Doing (Moderation, Aktionsplanerstellung) und, natürlich, auch in die Bearbeitung konkreter Probleme. Zudem werden die Probleme, die die Umfrage identifiziert, ja nicht durch diese geschaffen. Die übliche, "alltägliche" Bearbeitung dieser Probleme ist jedenfalls weniger koordiniert, strategisch diffuser und damit auch teurer.

*Die Geschäftsleitung als Kunde*

Sobald die Idee der Mitarbeiterbefragung bei der Geschäftsleitung prinzipiell auf Resonanz gestoßen ist, wird die Situation unübersichtlicher. Neben dem Kontaktkunden treten nun weitere Kunden auf, nämlich die Geschäftsleitung als Gruppe, die einzelnen Mitglieder der Geschäftsleitung und der Geschäftsführer selbst. Sie alle können verschiedene Interessen haben und mit der Mitarbeiterbefragung unterschiedliche, z.T. auch recht persönliche Ziele verfolgen. Für den Berater ist es wichtig zu definieren, wen er als Kunden sieht. Schein (1988) argumentiert im Rahmen seines Prozeßconsulting nachdrücklich dafür, die Organisation als Ganzes als Kunden zu sehen. Der Berater müsse das Vertrauen aller Interessensgruppen haben und könne daher keine Maßnahmen mittragen, die nur einigen ausgewählten Kunden dienen. Für den Berater ist allerdings nicht ohne weiteres klar, genau was im Gesamtinteresse der Organisation liegt. Er wird sich darüber vor allem mit den verschiedenen Mitgliedern der Führungsmannschaft und dem Kontaktkunden abstimmen müssen. Dennoch erscheint es sinnvoll, mit der Geschäftsleitung zumindest prinzipiell eine informelle Übereinkunft i.S. eines psychologischen Kontrakts darüber abzuschließen, daß das AEMP nicht die persönlichen Interessen dieser Gruppe betonen und bedienen soll.

Meistens stehen nicht alle Mitglieder der Geschäftsleitung dem AEMP positiv gegenüber. Ihre Einstellungen können von abwartend-neutral bis zu ausgesprochen feindlich variieren. Die Gründe dafür sind vielfältig. Sie können mehr persönlicher Natur sein, wie etwa die Befürchtung, bei einer Aufwärtsbeurteilung relativ schlecht abzuschneiden. Sie können aber auch sachlicher Art sein wie etwa die Bedenken dahingehend, daß die Mitarbeiterbefragung zu Erwartungen bei den Mitarbeitern führen, die nicht befriedigt werden können. Auf die letzteren Einwände kann der Berater durch sachliche Information antworten. Die mehr persönlich motivierten Einwände sind schwieriger zu handhaben. Sie werden zudem auch nicht als solche artikuliert, sondern meist hinter einer Reihe von Scheinargumenten versteckt.

So kommt es nicht selten dazu, daß diese Personen den Berater zu einem Nachweis darüber zwingen wollen, daß das AEMP und der Berater selbst ganz bestimmte positive Effekte garantieren können. Hiermit klammern sie sich von vornherein als Mitverantwortliche für den Erfolg des AEMP aus, nehmen gleich eine passive Haltung ein, drängen den Berater in die Rolle eines "Verkäufers" - eine schwierige Rolle, in der das AEMP auch *über*verkauft werden kann mit dann überzogenen Heilserwartungen - und wenden sich statt den Sachproblemen einer Beurteilung der Expertise des "Doktors" zu (Schein, 1988).

Ein anderes Argument ist, daß Mitarbeiterbefragungen allein deshalb schon unnötig seien, weil man die Mitarbeiter sowieso kennt - oft sogar besser, als diese sich selbst! Vergleicht man die Vorhersagen der Führungskräfte mit den tatsächlich erhobenen Meinungen, erweist sich diese bei Führungskräften recht verbreitete Überzeugung meist als wenig begründet. In jedem Fall läßt sie befürchten, daß diese Führungskräfte möglicherweise gar nicht bereit sind, wirklich zuzuhören. Sie erklären dann alle Befunde als trivial oder interpretieren sie mittels ihres "Hintergrundwissens" einfach weg.

Insgesamt sollte der Berater dann, wenn er zu dem Ergebnis kommt, daß mit den Führungskräften keine Zusammenarbeit möglich ist, in der die Lösung der eigentlichen Sachprobleme im Vordergrund steht, das Projekt beenden. Ähnlich schreibt Schein (1988, p.124): "Wenn ich merke, daß es zu Vermeidungsverhalten kommt, zu Unwilligkeit, die eigene Organisation kritisch zu betrachten, zu Verwirrung über die eigenen Motive und/oder zu Unklarheiten über meine potentielle Rolle als Berater, werde ich vorsichtig. Ich schlage vor, daß ohne weitere Erkundungen keine Entscheidungen getroffen werden oder daß ich die Beziehung beende, wenn ich definitiv pessmitisch bin, eine gute Beziehung herzustellen" [Übersetzung durch Autor]. "Verwirrung über die eigenen Motive" ist im Rahmen eines AEMP allerdings anfangs eher normal: Die Frage ist daher, ob sie nach verschiedenen Interventionen zur Zielexplikation bestehen bleibt oder nicht.

### *Zielexplikation*

In der Praxis ist es eher selten, daß ein AEMP beschlossen wird, das eine klare Zielsetzung hat. Typisch ist vielmehr ein Potpourri recht allgemeiner Ziele wie 'Messung der Meinungen und Einstellungen der Mitarbeiter', 'Erhöhung der Arbeitszufriedenheit', 'Verbesserung der Kommunikation auf allen Ebenen', 'Einbindung der Mitarbeiter' usw.. Das macht es schwer, die Befragung auf besondere Themen auszurichten und führt dazu, daß die nachfolgenden Aktionen eher breitbandig geraten und sich vor allem auf die Beseitigung aktueller Probleme begrenzen, die morgen vielleicht gar nicht mehr relevant sind. Es ist daher sinnvoll, in der Vorbereitung einige Mühe darauf zu verwenden, die Ziele des AEMP etwas differenzierter zu formulieren.

Der notwendige erste Schritt für die Herausarbeitung der Ziele eines AEMP besteht darin, der Geschäftsleitung die wichtigsten Elemente eines AEMP zu erklären: Schritte und zeitlicher Ablauf eines AEMP (wie in Abbildung 2.2 schematisch dargestellt); mögliche Effekte eines AEMP; Kosten i.S. der Inanspruchnahme von Ressourcen der Organisation (Geld, Arbeitszeit, Betriebsmittel); Risiken eines AEMP für die verschiedenen Interessensgruppen der Organisation; Bedingungen und Voraussetzungen für ein erfolgreiches AEMP. Die Form, in der dies dargestellt wird, ist meist eine Präsentation des Beraters vor der gesamten Geschäftsleitung, die etwa 1-2 Stunden dauert und mit einer Diskussion fortgesetzt werden kann. Auch zusätzliche Einzelinterviews mit den Mitgliedern der Geschäftsleitung sind z.T. schon vorab sinnvoll, wie weiter unten noch dargestellt wird.

Die Explikation der Ziele eines AEMP fällt dem Top-Management i.allg. trotz aller Darlegungen des Beraters nicht leicht. Gelegentlich wird daher versucht, über eine Auflistung der gegenwärtigen Probleme der Organisation - eine Information, die das Management meist sehr viel leichter geben kann - indirekt zu Zielen zu kommen. Das hat aber den Nachteil, daß hierbei meist sehr Aktuelles oder nur sehr Allgemeines artikuliert wird.

Der Berater kommt i.allg. am besten voran, wenn er zunächst einige grundsätzliche Fragen zu Grundprinzipien und Umfeld der Organisation stellt, so wie sie u.a. in der Literatur des strategischen Managements (Abell, 1980; Hill & Jones, 1992) diskutiert werden:

- Welche Bedürfnisse welcher Kunden will das Unternehmen mit welchen Produkten befriedigen? (Mission)
- Warum tut das Unternehmen, was es tut? (Unternehmensziele)
- Welche Restriktionen legt sich das Unternehmen selbst auf? (Unternehmensphilosophie)
- Welche Theorie hat es dafür, wie seine Ziele zu erreichen sind? (Theorie des Erfolges)
- Welche Chancen und Risiken kommen auf das Unternehmen in den nächsten Jahren zu?
- Welche Stärken und welche Schwächen hat das Unternehmen?

Die Antworten auf diese Fragen sollten verdeutlichen, auf welcher - oft nur impliziten - Basis die Geschäftsleitung operiert. Viele der eher vordergründigen Probleme, der aktuellen Prioritäten und der laufenden und geplanten Aktionen und Programme ergeben überhaupt erst vor diesem Hintergrund einen intelligiblen Gesamtzusammenhang, aus dem heraus zu verstehen ist, in welche Richtung das Unternehmen gemanagt wird. (Die Fragen können auch i.S. einer Mitarbeiterbefragung verstanden werden, die in diesem Fall an eine besondere Gruppe, die Geschäftsleitung gerichtet ist. Wir kommen hierauf noch ausführlicher in Kapitel 7 zurück.)

Was also sollen die Fragen im einzelnen klären? Das Mission-Statement soll klären, welche Kunden die Organisation mit welchen Produkten und Dienstleistungen bedienen möchte. Bei Aktiengesellschaften finden sich Antworten auf diese Frage i.allg. im Jahresbericht, bei anderen Firmen in Übersichtsbroschüren. Zu klären ist aber meist, inwieweit diese Aussagen - z.B. in Folge von Diversifikation, Marktentwicklung u.ä. - noch aktuell sind.

Die Frage nach den Unternehmenszielen ist tendentiell fast immer damit beantwortet, daß die Firma möglichst gute wirtschaftliche Erträge für alle Interessensgruppen der Organisation erreichen möchte. Dazu kommen noch eine Reihe von weiteren Spezifikationen und Unterzielen, die angeben, in welchen Zeiträumen gedacht wird, welche Rolle Expansion, Stabilität, Konsolidierung usw. spielen.

Die Frage nach den Restriktionen, die wir hier mit dem Schlagwort 'Unternehmensphilosophie' belegt haben, zielt vor allem auf die normativen Werte der Organisation ab. Diese stellen Leitlinien ("Du sollst"-Werte) und Begrenzungen ("Du-sollst-nicht"-Werte) dafür dar, unter welchen Bedingungen die Unternehmensziele anzustreben sind. Beispiele hierfür ist etwa die Forderung, daß alle Operationen streng legal ablaufen müssen, Entscheidungen möglichst konsensuell getroffen werden sollten, der Kunde mit qualitativ hochwertigen Produkten bedient werden soll, die Firma sich ihren Mitarbeitern gegenüber verantwortlich fühlen muß, die Bezahlung leistungsbezogen zu erfolgen hat usw..

Die Unternehmensphilosophie ist nicht ganz zu trennen von den Theorien, die das Top-Management darüber hat, wie man die Unternehmensziele oder "den Erfolg" sicherstellen kann. Die Erfolgstheorien haben allerdings keine ethische Komponente, sondern sind rein instrumentell zu verstehen. Eine solche Theorie könnte z.B. lauten, daß man längerfristig nur mit qualitativ hochwertigen Produkten erfolgreich sein kann und daß sich solche Produkte "von selbst" verkaufen. Alle Energie muß also, nach dieser Theorie, in die Produktoptimierung gesteckt werden, während Marketing-Aktivitäten eher unwichtig sind. Über einer solchen Theorie kann sich die Unternehmensphilosophie quasi als Überbau ausbilden, in der Marketing dann z.B. als eine eher minderwertige oder gar "halbseidene" Aktivität abgewertet wird. Wichtig ist aber festzuhalten, daß die Erfolgstheorien Hypothesen des Managements sind, die typischerweise wenig systematisch verifiziert sind, von deren Richtigkeit das Management aber i.allg. unkritisch überzeugt ist.

Schließlich ist es noch nützlich zu wissen, wo die Organisation hin will. Es kann sein, daß das Management überhaupt keine Strategie verfolgt außer der, ihre Erfolgstheorie umzusetzen. In der Regel wird aber eine Strategie angepaßt an die Szenarien der absehbaren externen Entwicklungen, ihre Chancen/Risiken und die ihnen gegenüber stehenden internen Stärken und Schwächen. Überhaupt bietet diese Thematik mit ihren vielen Facetten ein reichhaltiges, interessantes Ausgangsmaterial für die Items eines strategisch ausgerichteten AEMP.

Wie aber soll man zu den Antworten auf diese Fragen kommen? Eine gewisse Schwierigkeit steckt darin, daß das Top-Management, das ein AEMP in Auftrag gibt, nicht gleich selbst gefordert sein will mit der Beantwortung solch fundamentaler Fragen. Die Praxis zeigt jedenfalls, daß oft nur schwer zu vermitteln ist, warum man "derart weit ausholen" muß. Anders formuliert herrscht im Top-Management am Anfang eines AEMP i.d.R. die Vorstellung vor, daß sich vor allem die Mitarbeiter einbringen müssen. Es ist daher sinnvoll, die eher strategischen Fragen dieses Abschnitts in Interviews mit einzelnen Mitgliedern des Top-Managements zu klären, nicht aber per schriftlicher Befragung. Hierauf kann man zu einem späteren Zeitpunkt, nämlich dann, wenn die globale Aktionsplanung ansteht, zurückkommen (siehe Kapitel 7).

## 3.2 Rollendefinitionen im AEMP

Ein AEMP ist ein Projekt, an dem alle Mitarbeiter einer Organisation beteiligt sind. Dazu kommt meist noch ein externer Berater. Mitarbeiter und Berater spielen verschiedene Rollen, die in der Vorbereitungsphase zunächst zu klären sind.

*Rolle der Geschäftsleitung*

In der Praxis zeigt sich oft, daß die Geschäftsleitung das AEMP zunächst am liebsten ganz delegieren möchte und sich vor allem bezüglich späterer Aktionen nicht festlegen will. Das schafft von vornherein eine ungünstige Ausgangsposition. Die Mitarbeiter gehen mit ihrem Involvement in das AEMP einen psychologischen Kontrakt ein, von dem sie eine Gegenleistung erwarten. Das bedeutet zumindest, daß ihnen von "ganz oben" der Rücken gegenüber dem mittleren Management gestärkt werden muß. Vor allem aber sollte sich die Geschäftsleitung daraufhin festlegen, daß auf die Befunde mit einem globalen Aktionsplan reagiert wird, der in transparenter Weise auf die von den Mitarbeitern identifizierten Probleme eingeht. Domsch & Schneble (1991) sprechen daher zu Recht von einem "Organisationsentwicklungs-Kontrakt" zwischen Unternehmensleitung und Mitarbeitern. Das Commitment der Geschäftsleitung, auf die Umfragebefunde mit Verbesserungsmaßnahmen zu reagieren, heißt jedoch nicht, daß alle Probleme beseitigt werden müssen, wohl aber, daß von oben her nachvollziehbar dargestellt wird, aus welchen Gründen auf bestimmte Probleme wie reagiert wird und warum evtl. auch keine Lösungen möglich sind. Insgesamt muß die Geschäftsleitung ein deutliches Signal abgeben, daß das AEMP gegenüber dem Tagesgeschäft und gegenüber anderen Projekten eine hohe strategische Priorität hat. Geschieht dies nicht, sind Konflikte vorprogrammiert, weil die Durchführung des AEMP natürlich auch Arbeitszeit kostet, vor allem bei den Mitgliedern des Koordinationsteams, die dann vor Ort fehlen.

*Externe Berater*

Externe Berater sind i.allg. Mitarbeiter kommerzieller Institute, die sich besonders mit Mitarbeiterbefragungen beschäftigen. In großen Firmen können solche Berater auch aus der Organisationsentwicklungsabteilung oder einem zentralen "Think Tank" kommen. Das hat aber keinen Einfluß auf ihre Rolle.

Der externe Berater verfügt über die notwendige Expertise, Erfahrung und Sachkenntnis bezüglich Moderationstechnik, Problemanalyse, Aktionsplanung usw. Seine Rolle ist also zunächst die des Experten. Zudem wird der externe Berater meist als Katalysator oder Moderator verstanden. Er strukturiert und treibt den AEMP-Prozeß. Dabei sollte er sich so wenig wie möglich in die Inhalte "einmischen". Schein (1988) plädiert für ein "Prozeßconsulting", bei dem sich der Berater als jemand versteht, der der Organisation hilft, sich selbst zu helfen. Er stellt dafür vor allem seine Expertise hinsichtlich der Prozesse und Methoden bereit. Er sagt also gewissermaßen nur, *wie* man vorgehen soll und stellt dann sicher, daß die Prozesse auf Kurs bleiben. Er sagt dagegen nicht, *was* man machen soll, schlägt also keine inhaltlichen Lösungen vor. Ein solches Prozeßconsulting darf aber nicht allzu vordergründig verstanden werden. Ein Berater, der nichts vom Geschäft des Kunden versteht, ist meist wenig geeignet. Das liegt zum einen daran, daß der Berater in der Lage sein sollte, Lösungsvorschläge, die aus der Organisation kommen, zumindest zu hinterfragen. Das aber erfordert z.T. erhebliches inhaltliches Wissen. Zum anderen wird der Berater unvermeidlich danach gefragt, welche Lösungen in anderen Firmen gewählt wurden, welche Erfahrungen damit gemacht wurden und was der Berater zu tun empfiehlt. Antworten auf solche Fragen können helfen, eine Gruppe oder eine Person in ihrer Lösungssuche weiterzubringen, vorausgesetzt der Berater achtet darauf, daß seine Äußerungen als Diskussionsanstöße und nicht als Fertiglösungen verwendet werden. Insofern ist inhaltliche Expertise, richtig verwendet, auch für die Stimulation der Prozesse selbst nützlich.

### *Rolle des Koordinationsteams*

Eine zentrale Rolle kommt dem Koordinationsteam (KT) zu. Das KT ist eine Gruppe von ca. 8-10 Mitarbeitern aus der mittleren Führungsebene und 1-2 Mitgliedern des Betriebsrats. (Die genaue Größe des KT richtet sich nach der Firmengröße.) Das KT begleitet als firmen-interne Projektgruppe das AEMP von dem Zeitpunkt an, zu dem die Zielsetzung feststeht, bis hin zur Evaluation der Aktionen. Dabei tritt es mit verschiedenen Partnern in verschiedenen Rollen in Beziehung:

- Externe Berater. Das KT arbeitet mit den externen Beratern während des gesamten AEMP zusammen. Dabei kommt es zunächst zu einem Informationsfluß vom externen Berater zum KT: Vermittelt werden vor allem Expertise über den AEMP-Prozeß, Erfahrungen mit dem AEMP und damit Rahmenvorgaben für das AEMP. Der externe Berater erstellt zudem inhaltliche Vorlagen für den Fragebogen und die Informationsschreiben an die Mitarbeiter. Diese werden dann zusammen mit dem KT an die Ziele und Erfordernisse des konkreten Organisationskontextes angepaßt.

  Als Team arbeitet das KT mit dem externen Berater zusammen an der Projektplanung, an Details der Fragebogenformulierung, an Strategien zur Information der Mitarbeiter, an der Analyse der in der Befragung identifizieren übergreifenden

Probleme und schließlich an der Evaluation der Wirksamkeit der Verbesserungsaktionen. Als Einzelpersonen arbeiten die Mitglieder des KT mit dem externen Berater bei der Moderation von Gruppengesprächen zusammen.

- Mitarbeiter. Das KT kommuniziert mit den Mitarbeitern über die Befragung (Zweck, Abläufe, Bedingungen), motiviert diese zur Beteiligung, organisiert den Ablauf der Umfrage, koordiniert die Termine und Rahmenbedingungen der Gruppengespräche.
- Abteilungen. Jeweils ein Mitglied des KT begleitet einen externen Moderator als Ko-Moderator bei der Präsentation und Diskussion der Umfragebefunde. Dieses Koordinationsteam-Mitglied moderiert dann seinerseits die Aktionsplanung auf Abteilungsebene und verfolgt engagiert ihre Umsetzung.
- Geschäftsleitung. Das KT sammelt und strukturiert zusammen mit dem externen Berater die in der Umfrage identifizierten und nach den Abteilungsaktionsplänen verbliebenen abteilungs- und bereichsübergreifenden Probleme. Es informiert die Geschäftsleitung über konkrete Hintergründe und Bedeutungen dieser Analyse und liefert damit notwendige Informationen für die Erstellung des Global-Aktionsplans.
- Geschäftsbereiche. Nach Erstellung der Bereichsaktionspläne und des globalen Aktionsplans durch die Geschäftsleitung überpüft das KT, welche Probleme noch für die Bereiche verbleiben. Hierüber werden die Geschäftsbereichsleiter informiert.
- Vermarktungsteam. Das KT informiert das Vermarktungsteam, das die firmeninterne Vermarktung der Aktionspläne unterstützt, über die Aktionspläne und ihren Status.

*Rolle des Betriebsrats*

Neben dem Management spielt der Betriebsrat vor allem in den Anfangsphasen eines AEMP eine wichtige Rolle. Rechtlich gesehen ist die Rolle des Betriebsrats bei Mitarbeiterbefragungen nicht ganz eindeutig. Sein Mitbestimmungsrecht hängt vor allem davon ab, in welchem Umfang auf den einzelnen Mitarbeiter rückgeschlossen werden kann. Im übrigen gelten die Bestimmungen des Datenschutzes. Wir gehen auf diese Fragen hier nicht weiter ein (siehe hierzu insbesondere Heckelmann, 1992), weil "gegen" den Betriebsrat eine effektives AEMP kaum durchzusetzen ist (Pauli, 1992). Die legalen Voraussetzungen für ein AEMP sind bei weitem nicht hinreichend für seinen Erfolg.

In der Praxis ist es meist so, daß der Betriebsrat einem AEMP anfangs mit gemischten Gefühlen gegenüber steht. Einerseits begrüßt er grundsätzlich die Absicht, die Mitarbeiter nach ihren Meinungen und Einstellungen zu befragen. Andererseits empfindet er gerade dies als "seine Sache" - ein Problem besonders für sehr machtbewußte Betriebsräte. Zudem will er sicherstellen, daß das AEMP nicht einseitig zu einem Programm gerät, in dem nur die Mitarbeiter gefordert sind, nicht aber die Führungskräfte. Schließlich spielt noch die Frage der Anonymität der Befragung eine große Rolle. Es ist Aufgabe des Beraters und der Geschäftsleitung, diese Bedenken durch Information bzw. durch klare Zusagen auszuräumen. Dabei ist es wichtig, mögliche Einwände nicht durch allzu große Aufmerksamkeit weiter zu thematisieren. Hippler et al. (1990) fanden z.B. experimentell, daß durch sehr ausführliche Versicherungen zur Einhaltung der Anonymität die Bedenken der Befragten nur größer wurden, während eine sachlich-knappe Antwort zu größten Rücklaufquoten in Umfragen führte. "Übertriebene" Aufmerksamkeit für eine Thematik erzeugt Mißtrauen in dem Sinn, daß an den Bedenken vielleicht doch etwas dran sein könnte. Im Fall des AEMP kann die Anonymität z.B. dadurch sichergestellt werden, daß die Rohdaten nur dem Berater/Auswerter zugänglich sind; daß nur statistisch ausgewertet wird, also nur Mittelwerte, Streuungsmaße, Korrelationen u.ä. berichtet werden; und vor allem, daß die Daten dabei nur bis auf einen Stichprobenumfang von mindestens N Personen (meist: N=8) heruntergebrochen werden.

Die Bedenken des Betriebsrats lassen sich meist ganz oder doch weitgehend ausräumen. Dadurch, daß man ein oder zwei seiner Mitglieder in das Koordinationsteam einbindet, bleibt er informiert und kann sich substantiell einbringen. Das AEMP wird dadurch bald auch zum Projekt des Betriebsrats.

Interessant ist hierbei folgende typische Entwicklung. Im Koordinationsteam verstehen sich die Mitglieder des Betriebsrates oft zunächst als Wächter oder Beobachter entsprechend einer UNO-Kommission zur Überwachung von Wahlen. Ein solches Rollenverständnis stößt i.d.R. bei den anderen Mitgliedern des Koordinationsteams auf wenig Verständnis: Sie fordern, daß sich der Betriebsrat aktiv an der erfolgreichen Umsetzung des AEMP als Mit-Arbeiter beteiligen soll, nicht aber selbst als Gruppe mit besonderen Interessen auftreten kann. Schließlich habe der Betriebsrat die Interessen aller Mitarbeiter zu vertreten, zu denen auch die übrigen Mitglieder des Koordinationsteams gehören. Für die Betriebsratsmitglieder, die meist wenig Erfahrung darin haben, ein Projekt gemeinsam (und nicht "gegen") Führungskräfte - auch wenn sie im Koordinationsteam nur aus mittleren Ebenen kommen - durchzuführen, ist diese Situation neu und die sich dabei fast immer entwickelnde konstruktive Zusammenarbeit eine positive Erfahrung.

*Rolle der Mitarbeiter*

Die Rolle der Mitarbeiter im AEMP besteht darin, sich zunächst überhaupt an der Befragung zu beteiligen und auf die Fragen offen und ehrlich zu antworten. In den Gruppengesprächen können und sollten sie diese Antworten weiter erklären. Zudem können sie Vorschläge zur Aktionsplanung machen. Schließlich wird erwartet, daß sie die beschlossenen Aktionspläne akzeptieren und ihre Umsetzung unterstützen.

Eine der wichtigsten Voraussetzungen dafür, daß die Mitarbeiter diese Rolle annehmen, ist umfassende Information über das AEMP vor Beginn der Umfrage. Eine Strategie, die sich in der Praxis bewährt hat, ist es, die Mitarbeiter ohne Verzögerung dann, wenn die Geschäftsleitung das AEMP akzeptiert hat, darüber zu informieren, daß eine Mitarbeiterbefragung stattfinden wird, wann dies ungefähr der Fall sein wird und welche allgemeine Zielsetzung sie hat. Diese Erst-Information erfolgt relativ frühzeitig in der Vorbereitungsphase, aber keinesfalls bevor sich die Geschäftsleitung an das AEMP gebunden hat, weil es sonst schwierig wird, diese Ankündigung wieder zurückzuziehen. Eine Zweit-Information, die über den genauen Zeitpunkt der Umfrage und die nächsten Schritte informiert, sollte etwa zwei Wochen vor der Umfrage erfolgen. Die Informationen erfolgen schriftlich an jeden Mitarbeiter und sind von der Geschäftsleitung unterschrieben, die darin auch ihr Commitment für das Gesamtprojekt zum Ausdruck bringt. Schließlich wird kurz (d.h. ca. drei Tage) vor der Umfrage ein weiteres Anschreiben an jeden Mitarbeiter verschickt, in dem

(a) über den Ablauf der Umfrage informiert wird (wann und wo kann jeder Mitarbeiter den Fragebogen ausfüllen; Zusendung an abwesende Mitarbeiter; Stichtag für die Rücksendung usw.);

(b) einige besondere Regelungen klargemacht werden (Organisation für Teilzeitkräfte; Teilnahme von Mitarbeitern mit befristeten Arbeitsverträgen, Praktikanten und Leiharbeitskräfte; Telefonbesetzungen; Buchung der ausgefallenen Arbeitszeit; Zusendung von Fragebögen an Außenstellen, Geschäftsstellen, technische Büros u.ä. und Rücksendung an die Berater usw.);

(c) die wichtigsten Fragen beantwortet werden, die Mitarbeiter an diese Umfrage haben oder haben könnten, mit der Absicht, Bedenken über eine Teilnahme an der Umfrage zu zerstreuen und die Mitarbeiter weiter zu motivieren; einige typische Beispiele für solche Fragen und Antworten sind in Tabelle 3.1 zusammengestellt.

Zusätzlich zu solchen Informationsschreiben können die Mitarbeiter noch über die üblichen Kanäle angesprochen werden. Claasen (1985) berichtet zudem eine Reihe

Tabelle 3.1. Einige typische Fragen von Mitarbeitern zum AEMP und einige Antworten auf diese Fragen; XYZ=Name der Organisation/Firma; abc=externe Berater.

*Frage:* Was soll mit der Umfrage bezweckt werden? *Antwort*: Schwachstellen erkennen; möglichen zukünftigen Problemen bereits heute entgegenwirken; Fort- und Weiterbildungsbedürfnisse feststellen; ... (je nach Projektzielen)

*Frage:* Wo und wann wird diese Umfrage durchgeführt? *Antwort:* (Ort und Datum)

Frage: Gibt es solche Umfragen nur bei XYZ? *Antwort*: Nein, Umfragen wie diese werden in anderen Firmen schon seit langem und zum Teil regelmäßig durchgeführt. Zu diesen Firmen gehören z.B. IBM, Control Data, Digital, Hewlett Packard, Motorola, Rank Xerox, Hoechst, Bertelsmann, Ford und General Motors.

*Frage:* Wonach wird im Fragebogen gefragt? *Antwort*: Das "Koordinationsteam" hat zusammen mit den Beratern der Firma abc etwa 120 Fragen zusammengestellt, von denen man weiß, daß sie Dinge ansprechen, die wichtig für die Arbeitszufriedenheit sind. Dazu kommen noch eine Reihe von Fragen, die auf die besondere Situation unserer Firma XYZ eingehen.

*Frage:* Was ist das Koordinationsteam? *Antwort*: Das Koordinationsteam ist eine Gruppe von 10 Mitarbeitern von XYZ, die zusammen mit den Beratern der Firma abc die Umfrage betreuen. Sie finden ihre Namen auf der letzten Seite dieses Schreibens. Die Mitglieder des Koordinationsteams stehen Ihnen auch für weitere Fragen zur Verfügung.

*Frage:* Wer bekommt einen Fragebogen zum Ausfüllen? *Antwort*: Jeder Mitarbeiter von XYZ.

*Frage:* Muß ich den Fragebogen ausfüllen? *Antwort*: Nein, die Beantwortung ist freiwillig. Um ein zuverlässiges Bild zu bekommen und sinnvolle Veränderungen durchführen zu können, ist es aber wichtig, daß möglichst alle mitmachen.

Tabelle 3.1 (Forsetzung)

*Frage:* Was ist, wenn ich eine Frage nicht beantworten kann? *Antwort*: Grundsätzlich sollte jede Frage beantwortet werden. Es geht bei dieser Umfrage um Ihre Meinung, nicht um Wissen. Wir glauben, daß Sie eigentlich zu allen Fragen des Fragebogens eine Meinung haben. Wenn es trotzdem vorkommt, daß eine Frage auf Sie nicht zutrifft oder Sie diese aus anderen Gründen nicht beantworten können, dann lassen Sie diese Frage aus.

*Frage:* Wie fülle ich den Fragebogen richtig aus? *Antwort*: Die meisten Fragen sind Feststellungen wie "Mit den Tapeten bin ich sehr zufrieden". Ihre Meinung dazu drücken Sie durch eine Art Note aus, die angibt, wie sehr Sie dieser Aussage zustimmen oder nicht zustimmen. Bei einigen Fragen sollen Sie etwas ankreuzen. Zusätzlich haben Sie noch die Möglichkeit, eigene Kommentare in den Fragebogen zu schreiben.

*Frage:* Wird registriert, wer den Fragebogen abgegeben hat? *Antwort*: Ja. Wie bei einer Wahl muß sichergestellt werden, daß niemand mehr als einen Fragebogen abgibt. Außerdem müssen auch die Mitarbeiter, die am (Datum) verhindert waren, die Möglichkeit bekommen, sich zu äußern. Alle, die am (Datum) keinen Fragebogen abgegeben haben, bekommen daher einen Fragebogen mit frankiertem Umschlag zugestellt, den sie dann per Post an die Firma abc schicken können.

*Frage:* Was mache ich mit dem ausgefüllten Fragebogen? *Antwort*: Den Fragebogen stecken Sie in den beigefügten Umschlag. Den Umschlag kleben Sie zu und werfen ihn in eine der bereitgestellten Urnen. Mitarbeiter im Außendienst schicken den Fragebogen im beigelegten frankierten Umschlag direkt an die Firma abc.

*Frage:* Warum ist der Umschlag an die Firma abc adressiert? *Antwort*: Die Firma abc wertet die Umfrage statistisch aus und erstellt Berichte.

*Frage:* Was geschieht mit meinem Fragebogen? *Antwort*: Ihre Angaben werden von der Firma abc auf elektronischen Datenträgern erfaßt, die nur der Firma abc selbst zugänglich sind. Der Fragebogen wird danach sofort vernichtet. Niemand bei XYZ wird Ihren Fragebogen sehen.

*Frage:* Wie wird die Umfrage ausgewertet? *Antwort*: Die Auswertung erfolgt mit Hilfe von Computerprogrammen. Diese ermitteln statistische Kennzahlen, d.h. vor allem den Prozentsatz der Mitarbeiter (aus der Firma XYZ, aus jeder Abteilung usw.), die auf jede Feststellung des Fragebogens zustimmend geantwortet haben. Die Kommentare werden zur Wahrung der Anonymität zunächst in eine neutrale Form gebracht und dann inhaltlich geordnet.

*Frage:* Kann herausgefunden werden, was ich geantwortet habe? *Antwort*: Nein, statistische Auswertungen werden nur für Gruppen von *mindestens 8 Mitarbeitern* durchgeführt. Hierüber gibt es eine vertragliche Vereinbarung zwischen der Firma abc und XYZ, die dem Koordinationsteam und dem Betriebsrat vorliegt.

*Frage:* Was geschieht mit den statistischen Befunden? *Antwort*: Die Befunde werden den Mitarbeitern bekanntgegeben. Als erstes werden Ihnen die Befunde für die gesamte Firma XYZ schriftlich mitgeteilt. Das wird etwa 6 Wochen nach der Umfrage sein.

*Frage:* Habe ich Gelegenheit, zu den Befunden nochmals Stellung zu nehmen? *Antwort*: Ja. Zunächst werden Ihnen die Befunde für Ihre Arbeitsgruppe von einem Berater der Firma abc und einem Mitglied des Koordinationsteam ausführlich dargestellt. Anschließend wird über diese Befunde mit Ihnen und Ihrer Arbeitsgruppe diskutiert und versucht, sie evtl. noch weiter zu klären.

*Frage:* Wird dann auch etwas getan? *Antwort*: Ja, das ist das Entscheidende. Aus den Befunden der Umfrage und der Gruppengespräche werden Maßnahmen abgeleitet. Diese können die gesamte Firma genauso wie einzelne Abteilungen und Arbeitsplätze betreffen. Die Firma abc wird die Mitarbeiter zu einem späteren Zeitpunkt befragen, ob sich aus Ihrer Sicht etwas verbessert hat.

*Frage:* Was ist, wenn sich in unserer Arbeitsgruppe oder Abteilung weniger als 8 Personen an der Umfrage beteiligen? *Antwort:* Dann kann ihre Arbeitsgruppe oder Abteilung aus Gründen der Anonymitätswahrung keine gesonderte Auswertung bekommen. Ihre Angaben müssen dann mit denen anderer Mitarbeiter zusammengeworfen werden. Die Befunde bleiben damit etwas allgemein. Sie sollten also Ihre Kollegen dazu motivieren, sich alle an der Umfrage zu beteiligen.

besonderer Aktionen im Rahmen einer Mitarbeiterbefragung bei der Hamburg-Mannheimer, "um trotz der zugesagten Freiwilligkeit eine hohe Beteiligung und eine wahrheitsgemäße Beteiligung zu erreichen" (S. 325). Hierzu gehörte insbesondere ein "Informationsmarkt", der "auf 10 Stellwänden über Sinn und Zweck, Inhalt, Nutzen und Auswertungsmöglichkeiten der Befragung auf eine einprägsame Art" berichtete. Weiterhin wurden verschiedene Poster "im ganzen Haus" aufgehängt, entsprechende Buttons hergestellt, in der Hauszeitschrift berichtet, ein Preisausschreiben zum Thema Mitarbeiterbefragung veranstaltet usw. Schließlich wurden die Führungskräfte zu "Informationsrunden mit jeweils 30 Teilnehmern" eingeladen. Dort wurde in 2-3 Stunden durch Mitglieder des Koordinationsteams über die Mitarbeiterbefragung berichtet.

Ein solches Informations- und Motivierungsprogramm - das hier offensichtlich erfolgreich war, weil die Rücklaufquote ca. 90% betrug - ist allerdings nicht ohne weiteres für den Allgemeingebrauch zu empfehlen. Zum einen ist das Programm sehr aufwendig und es stellt sich die Frage nach dem Grenznutzen seiner vielen Elemente. Ein psychologisches Problem kann zudem darin liegen, daß das Programm übertrieben wirkt. Die Mitarbeiter könnten dann nach Gründen für die "Überbegründung" (Deci, 1975) einer an sich guten Sache suchen, ganz so, wie eine sehr ausführliche Zusicherung der Anonymität der Umfrage zu Mißtrauen und verminderten Rücklaufquoten führt (Hippler et al., 1990).

*Mittlere Führungskräfte*

Eine besondere und meist recht schwierige Rolle in einem AEMP haben die mittleren Führungskräfte, zu denen wir hier auch die Meister in Produktionsbetrieben zählen. Sie befinden sich in einer Art Sandwiching-Position mit "Druck" von oben und "Kritik" von unten. Das AEMP muß daher so angelegt werden, daß die besonderen Probleme dieser Ebene artikuliert werden können. Erwartet wird von den mittleren Führungskräften in einem AEMP, daß sie die Mitarbeiter nicht einschüchtern, sich an der Umfrage erst gar nicht zu beteiligen oder aber geschönte Antworten abzugeben; daß sie es den Mitarbeitern auch zeitlich ermöglichen, an der Umfrage teilzunehmen; daß sie die Mitarbeiter aktiv dazu motivieren, sich an der Umfrage zu beteiligen, auch dann, wenn sie sich kritisch äußern; daß sie den Mitarbeitern klarmachen, daß Informationen über Probleme für ein effektives Management notwendig ist; daß sie selbst bereit sind, sich auch persönlicher Kritik zu stellen und darauf sachlich zu reagieren; daß sie sich nach der Umfrage dafür einsetzen, daß die Ergebnisse in konstruktive Aktionen umgesetzt werden, nicht aber, daß danach geforscht wird, wer was gesagt hat; daß sie auch bei ihren Unterstellten nachdrücklich klarmachen, daß ehrliche und offene Äußerungen in der Umfrage und in den Gruppengesprächen notwendig sind; daß personenbezogene Aussagen nicht von Vorgesetztenseite aus sanktioniert werden dürfen.

## 3.3 AEMP-Projektplanung

Der externe Berater sollte einen ersten Projektplan für das AEMP erstellen, der sich an der Übersicht in Tabelle 3.2 orientiert. Dieser Projektplan wird der Geschäftsleitung schon bei der Darstellung der Grundzüge eines AEMP erläutert. Wichtig in diesem Projektplan sind insbesondere Schätzungen für die Zeitdauer der großen Phasen, die so zu legen sind, daß sie nicht durch Ferienzeiten zerrissen werden. Die Umfrage kann offensichtlich nur dann durchgeführt werden, wenn möglichst wenig Mitarbeiter im Urlaub sind. Andererseits sollte sie zeitlich so liegen, daß Feedback und Gruppengespräche nicht unnötig hinausgezögert werden, um so das "Momentum" zu erhalten.

Die Zeiten, die im Projektplan in Tabelle 3.2 eingetragen sind, sind Schätzungen, die auf der Erfahrung von ca. 40 Mitarbeiterbefragungen in kleineren und mittleren Unternehmen beruhen. Im jeweiligen Einzelfall kann es möglich sein, daß für einzelne Schritte mehr Zeit benötigt wird. Zeiteinsparungen erscheinen dagegen nur unter günstigen Voraussetzungen (z.B. bei einer Wiederholungsumfrage) realistisch.

Die Auflistung von Verantwortlichkeiten und Funktionen für die verschiedenen Gruppen vom externen Berater bis zu den Mitarbeitern ist weniger auf Erfahrung begründet als vielmehr auf sachlichen Gesichtspunkten. So muß z.B. das erste Informationsschreiben (Punkt 2.4) von der Geschäftsleitung als dem Hauptverantwortlichen für das AEMP unterzeichnet werden. Der externe Berater sollte für dieses Schreiben einen Vorschlag vorlegen, den er vorab mit dem Koordinationsteam als den operativen Projektverantwortlichen abstimmen muß und zu dem er evtl. noch den Kontaktkunden konsultieren kann. Die übrigen Gruppen nehmen diese Information nur zur Kenntnis. Der externe Berater hat unter Punkt 1.6 die Aufgabe, die Geschäftsleitung - auch in seinem eigenen Interesse - zu einer klaren Definition der Zielsetzung des AEMP und zur Akzeptanz ihrer Rolle zu "treiben". Auch hierbei kann der Kontaktkunde wichtige Ratschläge geben. Da er zudem anfangs das größte Commitment zum AEMP hat, kann auf seine Kooperation gesetzt werden.

Ist die Zielsetzung des AEMP klar, kann der Terminplan ausformuliert werden. Es ist sinnvoll, dies möglichst vollständig und mit festen Daten und Verantwortlichkeiten zu tun. Die Praxis zeigt, daß Termine, die nicht von Anfang an festgemacht werden, später oft nur noch schwer, auf jeden Fall aber nur mit erheblichem Zusatzaufwand und meist nur noch mit Verzögerungen für das gesamte AEMP vereinbart werden können.

Die Planung muß schließlich in der Vorbereitungsphase noch die Durchführung der Umfrage und der nachfolgenden Gruppengespräche umfassen. Letzteres ist deshalb wichtig, weil damit auch ganz klar wird, für welche Gruppen gesonderte Datenanalysen vorliegen müssen und welche Gruppen somit mittels einer oder mehrerer demographischer Variabler in der Umfrage identifizierbar gemacht werden müssen. Meistens wird diese Frage damit beantwortet, daß ein Item formuliert wird, das verschiedene Arbeitsgruppen unterscheidet. Diese Arbeitsgruppen entsprechen i.d.R. natürlichen Abteilungen, soweit diese mehr als acht Mitarbeiter haben (siehe oben: Anonymität). In anderen Fällen werden kleinere Abteilungen so erfaßt, daß sie später sinnvoll zusammengefaßt werden können. Die Zugehörigkeit zu dezentralen Außen-

Tabelle 3.2. Zeitplan für ein AEMP mit den wichtigsten Schritten und Terminen.

Personen/Gruppen:

E=externer Berater
O=Kontaktkunde
G=Geschäftsleitung
K=Koordinationsteam bzw. Vermarktungsteam
A=Abteilungsleiter
B=Geschäftsbereichsleiter
R=Betriebsrat
M=Mitarbeiter

Rollen und Verantwortlichkeiten:

a=führt Arbeit oder Vorarbeit aus, bereitet Vorschläge vor
e̲=entscheidet verantwortlich
e=entscheidet vor/mit
t=treibt, kontrolliert, koordiniert, organisiert
z=berät, coacht, trainiert, zeigt Schritte, macht Vorschläge
k=muß konsultiert werden, gibt Input
i=muß informiert werden
v=verfügbar für Beratung (ohne weitere Genehmigung einholen zu müssen)

| | | | Rollen | | | | | | | |
|---|---|---|---|---|---|---|---|---|---|---|
| | **Vorgänge/Schritte** | **Zeit** | **E** | **O** | **G** | **K** | **A** | **B** | **V** | **M** |
| **1.** | **Ziel- und Projektdefinition** | 4W | | | | | | | | |
| 1.1 | Vorbereitung mit Kontaktkunden | | z | e | | | | | | |
| 1.2 | Abstimmung mit Geschäftsführer | | z | i | e̲ | | | | | |
| 1.3 | Darstellung AEMP für Geschäftsleitung | 2h | a | | i | | | | | |
| 1.4 | Benennung des Koordinationsteams | 1h | z | v | e̲ | | | | | |
| 1.5 | Interviews Mitglieder Geschäftsleitung: Themen, Zielsetzungen, Rollen, Einbindung | | a | v | k | | | | | |
| 1.6 | Definition der Zielsetzung des AEMP | | t | v | e̲ | | | | | |
| | | | | | | | | | | |
| **2.** | **Planung und Vorbereitung** | 8W | | | | | | | | |
| 2.1 | Darstellung AEMP für Betriebsrat | 2h | a | | | | | | k | |
| 2.2 | Darstellung AEMP für Koordinationsteam | 3h | a | | | i | | | | |
| 2.3 | Fragebogenitems, demograph. Variablen | 1T | a | | | a | | | | |
| 2.4 | 1. Info an mittleres Management und Mitarbeiter zum AEMP | | a | v | e̲ | k | i | i | i | i |
| 2.5 | Pretest Fragebogen | 1T | a | | | i | | | | k |

Tabelle 3.2 (Fortsetzung)

| | Vorgänge/Schritte | Zeit | E | O | G | K | A | B | V | M |
|---|---|---|---|---|---|---|---|---|---|---|
| 2.6 | Fertigstellung Fragebogen, Vorbereitung Datenerhebung | 1T | z | | | e | | | | |
| 2.7 | kamerafertiger Fragebogen | | a | | e | i | | | i | |
| 2.8 | Druck Fragebogen | | | | | t | | | | |
| 2.9 | 2. Info an mittleres Management und Mitarbeiter: Termin/Ablauf Umfrage | | a | v | e | e | | | | |
| 2.10 | Aushänge, e-mail, Infos zum AEMP | | v | i | i | a | i | i | i | i |
| 2.11 | Organisation der Umfrage: Zeit, Räume, Material, Abläufe, Regelungen | | z | v | | a | | | | |
| 2.12 | 3. Info an Management und Mitarbeiter: Organisation Umfrage, Fragen/Antworten zum AEMP | | a | i | e | e | i | i | i | i |
| | | | | | | | | | | |
| **3.** | **Umfrage und Datenanalyse** | 8W | | | | | | | | |
| 3.1 | Durchführung der Umfrage | | | | | | | | | |
| | Gruppensitzungen | 1h | z | k | k | t | k | k | | k |
| | "Brief-Wahl" (Zustellung über Post) | | z | k | k | t | k | k | | k |
| 3.2 | Rücklaufcontrolling und Nachfaßen | | z | | | t | | | | |
| 3.3 | Datenerfassung, Editieren der Kommentare | 1W | a | | | | | | | |
| 3.4 | Datenanalyse: Tabellenbände, Auswertungen für Ergebnisberichte, Grafiken | 2W | a | | | | | | | |
| 3.5 | Bewertungen, Ergebnisberichte (global, Bereiche, Abteilungen, Geschäftsstellen etc.) | 2W | a | | | | | | | |
| 3.6 | Erstellen von Präsentationen | 1W | a | | | | | | | |
| | | | | | | | | | | |
| **4.** | **Feedback und Diskussion** | 3W | | | | | | | | |
| 4.1 | Präsentation der Befunde für Geschäftsleitung | 3h | a | | i | | | | | |
| 4.2 | Präsentation der Befunde für Betriebsrat | 3h | a | | | | | | i | |
| 4.3 | Präsentation der Befunde für Koordinationsteam | 2h | a | | | i | | | | |
| 4.4 | Vorbereitung Gruppengespräche | | z | | | e | | | | |
| 4.5 | Vorbereitung Aktionsplanung auf Abteilungsebene für Koordinationsteam | | z | | | e | | | | |
| 4.6 | Gruppengespräche für mittlere Führungskräfte | 5h | a | | | k | | | | |
| 4.7 | Ausgabe der Berichte an Abteilungsleiter | | | | | t | | | | |
| 4.8 | Gruppengespräche mit Mitarbeitern | 3h | a | | | a | | | | k |
| 4.9 | Feedback für direkte Vorgesetzte nach Grp.Ge. | 1h | a | | | | k | | | |
| 4.10 | Fotoprotokolle der Gruppengespräche | 1W | | | | t | | | | |

Tabelle 3.2 (Fortsetzung)

| | **Vorgänge/Schritte** | **Zeit** | **E** | **O** | **G** | **K** | **A** | **B** | **V** | **M** |
|---|---|---|---|---|---|---|---|---|---|---|
| **5.** | **Problemanalyse und Aktionsplanung** | 3W | | | | | | | | |
| 5.1 | Aktionsplanung auf Abteilungsebene | 3h | v | | | z | a | | | k |
| 5.2 | Problemstromanalyse für globalere Themen | 1T | a | | | k | | | | |
| 5.3 | Präsentation zu Gruppengesprächen, Problemnetzwerk | 2h | a | | i | | | | | |
| 5.4 | strategische Handlungsbedarfsanalyse, Verantwortliche für Aktionsplanungsvorschläge | 4h | z | | k | | | | | |
| 5.5 | globaler Aktionsplan | | v | i | a | v | i | i | i | i |
| 5.6 | Identifikation von Problemen der Org.-Bereiche | | v | i | i | e | | e | | |
| 5.7 | Aktionspläne für Organisationsbereiche | | v | | i | t | | a | | |
| 5.8 | Abgleich globaler Aktionsplan/Bereichs-Akt.Pläne mit Abteilungsaktionsplänen, evtl. Korrektur | | v | | | t | a | | | |
| **6.** | **Umsetzung und Vermarktung** | 4M | | | | | | | | |
| 6.1 | Planung von Umsetzungscontrolling und Vermarktung der Aktionspläne | 3h | z | | | k | | | | |
| 6.2 | Info an Mitarbeiter: Aktionspläne, Umsetzung | | z | i | e | a | i | i | i | |
| 6.3 | Planung der Evaluation | | z | | | k | | | | |
| **7.** | **Evaluation** | 6W | | | | | | | | |
| 7.1 | Evaluationsfragebogen | 3h | a | i | e | k | i | i | i | |
| 7.2 | Bestimmung der Stichprobe | 2h | a | v | i | k | | | | |
| 7.3 | Info an Mngmt. und Mitarbeiter zur Evaluationsumfrage | | a | v | e | k | | | | |
| 7.4 | kamerafertige Version des Fragebogens | | a | | | | | | | |
| 7.5 | Druck Fragebogen | | | | | t | | | | |
| 7.6 | Organisation der Umfrage | | z | | | t | | | | |
| 7.7 | Umfrage | | v | | | t | | | | k |
| 7.8 | Rücklaufcontrolling und Nachfaßaktionen | | v | | | t | | | | |
| 7.9 | Datenerfassung | 3T | a | | | | | | | |
| 7.10 | Datenanalyse und Berichtserstellung | 5T | a | | | | | | | |
| 7.11 | Berichte, Präsentationen | 7T | a | | | | | | | |
| 7.12 | Präsentationen der Ergebnisse | 3h | a | i | i | i | i | i | i | |
| 7.13 | schriftliche Information an Mitarbeiter | | a | i | e | e | i | i | i | i |

stellen, Geschäftsstellen, technischen Büros usw. muß ebenfalls erfaßt werden, wenn für diese Mitarbeiter gesonderte Gruppengespräche vorgesehen sind.

## 3.4 Fragebogen

Ein wichtiges, oft allzu schnell in den Vordergrund drängendes Thema bei einer Mitarbeiterbefragung ist die Konstruktion des Fragebogens. Abbildung 3.1 zeigt, daß hiermit erst begonnen werden sollte, wenn die Zielsetzung klar ist, die Geschäftsleitung sich mit dem AEMP identifiziert, ein Projektplan verabschiedet ist und das Koordinationsteam gebildet ist. Der Berater legt dann einen Entwurf des Fragebogens vor, den er mit dem Koordinationsteam auf die Besonderheiten der Organisationskultur hin überarbeitet und ergänzt. Er wird fertiggestellt, wenn die Mitarbeiter allgemein informiert und der Betriebsrat und das mittlere Management eingebunden sind.

*Traditionelle Standardthemen und -inhalte*

Die meisten Mitarbeiterbefragungen sprechen einen Mix von "Standard"- und von speziellen Themen an, *selbst dann, wenn die Zielsetzung recht spezifisch ist.* Für einen breitgefächerten Einschluß von Standardthemen gibt es psychologische und sachliche Gründe. Zum einen kann eine allzu enge Fokussierung auf nur eine Thematik bei den Mitarbeitern negative Stimmung oder sogar Reaktanz gegenüber der Intervention insgesamt erzeugen, die man aus Kommentaren wie z.B. "Typisch, zur Bezahlung wird natürlich nichts gefragt!" oder "Die Führungskräfte haben sich selbst mal wieder aus allem herausgehalten!" erkennt. Standardthemen können also gerade dadurch erst besondere Aufmerksamkeit erzeugen, daß man sie *nicht* anspricht. Zum anderen ist vor der Befragung nur selten ganz klar, daß bestimmte Themen mit der Zielsetzung nichts zu tun haben. Vielmehr zeigt sich meist, daß die Probleme vernetzt sind und eine vorschnelle Fokussierung auf ein bestimmte Themen eine Fehldiagnose nach sich ziehen würde. (Beispiele hierfür sind im Kapitel 6 dargestellt.)

Die Standard-Themen entsprechen im wesentlichen den Inhaltsgebieten, die die Arbeitszufriedenheitsforschung identifiziert hat. Diese Themen sind - jeweils zusammen mit einigen typischen Einzelinhalten - die folgenden:

- Arbeits(platz)bedinungen: Platz, Lärm, Licht, Luft, Arbeitsmittel und Werkzeuge, Sicherheit, Sauberkeit, Schadstoffe, Arbeitsabläufe, Arbeitszeit usw.;
- Tätigkeit: Interessantheit, Menge, Herausforderung, Arbeitsbelastung, Klarheit der Aufgaben, Entscheidungsfreiraum, Selbständigkeit, Ganzheitlichkeit, Einsatzmöglichkeiten für Fähigkeiten und Fertigkeiten, Involvement usw.;
- Aufstieg und Entwicklung: Einarbeitung, Weiterbildungsangebot (Qualität, Quantität, Nutzungsmöglichkeit), Lernen im Job, Förderung, Aufstiegschancen, Chancengleichheit usw.;
- Bezahlung und Sozialleistungen: Höhe, Gerechtigkeit, Marktbezogenheit, Leistungsbezogenheit, Transparenz der Systeme usw.;

- Kollegen: Arbeitsklima, Teamgeist, gegenseitige Unterstützung, Kompetenz, Vertrauen, Konflikte usw.;
- direkter Vorgesetzter: Motivierung, Feedback, Unterstützung, Förderung, Vertrauen, Klarheit der Ziele, Entscheidungsfindung, Gerechtigkeit, sachliche Härte, fachliche Qualifikation usw.;
- höhere Führungskräfte: klare Zielsetzungen und Visionen, Visibilität, Entscheidungsfindung, Durchsetzungsfähigkeit usw.;
- Information und Kommunikation: Qualität der Information über Konzern/Firma/Bereich/Abteilung/Zentrale/Geschäftsstelle, Rechtzeitigkeit, Holen versus Bringen, Information über Veränderungen, Information über wichtige Themen, Informationsquellen und -systeme, Gerüchte usw.;
- Organisation und Firma: Klarheit der Organisation, Rollenkonflikte, Schnittstellen zwischen Bereichen und Arbeitsgruppen, Betriebsabläufe, Stolz auf die Firma, Fluktuationsneigung, Firma als guter Arbeitgeber usw.;
- allgemeine Arbeitszufriedenheit.

Zu jedem dieser Themen lassen sich außerordentlich viele Items formulieren. Cook et al. (1981) haben etwa 3000 solcher Items zusammengestellt, die in der wissenschaftlichen Literatur publiziert wurden - ohne daß damit die Population der Items erschöpft wäre. Offensichtlich kann man z.B. im Bereich der Arbeitsplatzbedingungen das Thema 'Arbeitsmittel und Werkzeuge' fast beliebig ausdifferenzieren. So ist es oft sinnvoll, ganz speziell nach bestimmten PC-Ausstattungen (Geräte, Drucker, Software etc.) zu fragen, nach EDV-Ausstattung und EDV-Unterstützung, nach Telefonanlagen, nach Fax oder auch - bei Außendienstlern - nach dem Firmenauto.

Ein "Standardfragebogen" ("off-the-shelf") ist also selbst bei Standard-Themen nur dann möglich, wenn die Items relativ allgemein formuliert werden (Domsch, 1985). Es bleibt dann den Gruppengesprächen überlassen, die Inhalte, die mit solchen Items gemessen wurden, genauer zu klären. Der Nutzen der Umfrage sinkt damit, der spätere Aufwand steigt erheblich. Die Entwicklung eines auf die Organisation angepaßten Fragebogens führt daher nicht nur zu genaueren Informationen, sondern ist letztlich auch ökonomischer. Man muß aber nicht das Rad immer wieder ganz neu erfinden, sondern kann jeweils von einem Standardfragebogen ausgehen.

Für einen Standardfragebogen spricht dagegen, daß er dann, wenn er von mehreren Firmen verwendet wird (wie z.B. von der Mayflower-Group in den USA oder in Deutschland von der Bertelsmann-Gruppe), Vergleichszahlen liefern kann, die die Interpretation der Befunde erleichtern. Ein guter Kompromiß zwischen Standard- und ad-hoc-Fragebogen ist es daher, wenn der Fragebogen einige Kernfragen enthält, für die solche Vergleichswerte - von vergleichbaren Firmen, Branchen, Zeitpunkten usw. - vorliegen. Das gilt insbesondere für Fragen, die nach der allgemeinen Arbeitszufriedenheit oder nach einer summarischen Zufriedenheit mit bestimmten Aspekten der Arbeit (Kollegen, Vorgesetzten, Firma usw.) fragen.

*Entstehende und vergehende Standardthemen und -inhalte*

Die obige Liste an Standardthemen ist nicht abgeschlossen. Vielmehr entstehen immer wieder neue Themen, die auf breiter Basis diskutiert werden und damit eine gewisse Normalität erreichen. Gleichzeitig können gewisse Inhalte auch wieder in den Hintergrund treten. Zudem gibt es hierfür organisationsspezifische Entwicklungen, die beachtet werden müssen. Ein aktuelles Beispiel für eine Thematik, die in den 80er Jahren sehr stark akzentuiert wurde und heute wieder etwas zu verblassen beginnt ist:

- Unternehmenskultur, mit Fragen zu allgemeinen Werten und Normen, zur Firmenphilosophie, zu Veränderungsbereitschaft, zu Gleichheit und Minderheiten, zur Rolle der Frauen usw. (Bleicher, 1984; Kobi & Wüthrich, 1986);

Zunehmend artikuliert werden dagegen vor allem betriebswirtschaftliche Themen wie die folgenden:

- Kosten und Produktivität: Gesundes Kostenbewußtsein, Produktivitätsbetonung, Einheitlichkeit der Begriffsverwendung, Messen der Produktivität, Feedback usw. (Pritchard, 1990);
- Qualität: TQM-Philosophie, Wahrnehmung von TQM-Programmen, Nutzen der Programme usw. (Dolan, 1994);
- Veränderungsmanagement: Entscheidungsfindung, Einbindung, Vorbereitung, strategische Ausrichtung usw. (Czichos, 1990);
- Kundenorientierung: Vermutliches Image beim Kunden, Servicementalität, Liefertreue, Flexibilität usw. (Bergermaier, 1993);
- Firmenzusammenschlüsse und Reorganisation: Ängste und Hoffnungen bei Firmenzusammenschlüssen, Firmenverkäufen, Integration in andere Einheiten, Regionalisierung und Zentralisierung usw. (Mirvis, 1990).

*Neuere psychologische Themen*

Mit der Verschiebung der Schwerpunkte der Organisationspsychologie in den letzten Jahren haben sich eine Reihe von Themen entwickelt, die für ein AEMP sehr interessant sein können, weil sie wichtige Bedingungen für die Organisationsentwicklung ansprechen. Hierzu gehören z.B.:

- Empowerment (Kanungo & Mendonca, 1992), mit Items zu kalkulativem und affektivem Commitment, Arbeitsinvolvement, Entfremdung, Mitbestimmung, kooperativer Entwicklung von Zielen und Strategien, Übernahme von Verantwortung, Verantwortlichkeit für die Arbeitsergebnisse, Förderung von Fertigkeiten für herausfordernde Tätigkeiten usw.;
- Arbeitsplatzunsicherheit (Borg, 1992c), mit Items zur Belastung durch mögliche Verluste des Arbeitsplatzes oder von positiven Arbeitsmerkmalen, Angst vor Obsoletwerden von Skills, Ausmaß sozialer Unterstützung, Abhängigkeit vom direkten Vorgesetzten, Coping-Handlungen und -Absichten usw.;

- Stress, Strain, Burnout (Locke & Taylor, 1990; Nelson & Sutton, 1990), mit Items zur Arbeitsüberlastung, zu Überstunden, Frustration von Erwartungen und Hoffnungen, zur Kontrolle und Entscheidungsfreiraum, Überforderung der Fähigkeiten und Fertigkeiten, zu drohenden Verlusten, Angst vor Vorgesetzten, Verunsicherung usw.;
- Organisationsbürger-Verhalten (organizational citizenship behavior, OCB; Organ, 1988; Brief & Motowidlo, 1986), mit Items zu Dienst nach Vorschrift, Identifikation mit der Organisation und ihren Werten, ethischem Verhalten, zur Bereitschaft der Unterstützung anderer, Bereitschaft zur Leistung über das Minimum hinaus, zum Teilen von Informationen und Wissen, zum Engagement in Meetings usw.
- Selbstwertgefühle in der Organisation (Pierce et al., 1989), mit Items zur Rolle in der Organisation, zum "Kleines-Rädchen"-Syndrom, Machtlosigkeitsempfinden, zu Wirksamkeitsüberzeugungen, Respekt und Anerkennung durch Führungskräfte, Vertrauen von Seiten der Führungskräfte, zum Kontrolliert-Werden usw.;
- Gerechtigkeit bei der Arbeit (Folger & Konovsky, 1989; Fryxell & Gordon, 1989), mit Items zur ausgewogenen Entscheidungsfindung, zur Fairness der Folgen von Entscheidungen, zur Gerechtigkeit von Entlohnungssystemen, Allokationskriterien und Leistungsbeurteilung usw.;
- Vertrauen in Firma und Führung (Oswald & Wendt, 1993; Smith, 1992), mit Items zum allgemeinen Vertrauen zur Geschäftsleitung, zur Kompetenz der Führungskräfte, Integrität der Führungskräfte, zum Glaube an die Wettbewerbsfähigkeit der Produkte und Dienstleistungen, zu Sorgen um die Zukunft der Firma usw.;

Diese Liste ließe sich unschwer weiter fortsetzen. Man findet dabei aber (wie auch schon im Obigen), daß sich Themen teilweise wiederholen und überlappen. Allgemein betrachtet sehen wir trotzdem aus der Vielfalt der Themen, daß eine Befragung mit einem Standardfragebogen nur einer relativ allgemeinen Zielsetzung dienen kann.

*Ungeeignete Themen für ein AEMP*

Eine Reihe von Themen eignen sich grundsätzlich nicht oder nur wenig für ein AEMP. Hierzu gehören z.B. Persönlichkeitsmerkmale. Betrachten wir ein Beispiel. Bei der Diskussion über eine Mitarbeiterbefragung bei einem großen deutschen Transportunternehmen wurde gegenüber dem Autor die Hypothese formuliert, daß Mitarbeiter mit "internalen Kontrollüberzeugungen" eher bereit seien bestimmte Veränderungsmaßnahmen mitzutragen als Mitarbeiter, die ihren Erfolg stärker vom Glück oder von den Umständen bestimmt sehen. Es wurde vorgeschlagen, diese Hypothese empirisch zu untersuchen. Nun läßt sich aber in diesem Fall - wie in vielen vergleichbaren Fällen ebenfalls - schon vorab sehen, daß dieser Aufwand sich nicht lohnt, weil der mögliche Nutzen für die praktische Organisationsentwicklung offensichtlich gering ist. Schließlich kann man die Mitarbeiter nicht nach Persönlichkeitsmerkmalen in Gruppen einteilen, mit denen man dann getrennt arbeitet. Zudem ist nicht zu erwarten, daß die Befragung selbst Veränderungsprozeße bei den Befragten auslösen könnte, weil Persönlichkeitsmerkmale so stabil sind, daß sie die kleine Intervention einiger Fragen unbeschadet überstehen sollten.

Ähnlich ungeeignet sind Fragen zu Themen, die sich aus verschiedenen anderen Gründen nicht verändern lassen. So hat es z.B. wenig Sinn, die Mitarbeiter darüber zu befragen, ob sie mit den Parkmöglichkeiten bei ihrer Firma zufrieden sind, wenn sich an der gegenwärtigen Situation nichts verbessern läßt, weil der Firma die finanziellen Mittel hierzu fehlen oder weil es einfach keine physikalischen Möglichkeiten für weitere Parkplätze gibt. (Ausnahme: Das Thema ist "heiß" und in den nachfolgenden Aktionen soll gerade die Unmöglichkeit einer Verbesserung in diesem Bereich gründlich vermittelt werden.) Ungeeignet sind auch Dinge, die außerhalb der Organisation liegen, wie z.B. das soziale Umfeld der Person oder seine persönlichen Probleme. Hier wird zum einen die Grenze der zu respektierenden Privatheit überschritten. Zum anderen gilt es grundsätzlich bei der Bewertung der Inhalte zu berücksichtigen, ob man mit den erhobenen Daten wirklich etwas anfangen kann i.S. der Organisationsentwicklung. Eine Information, die zwar "interessant" ist, aber ansonsten keine Ansatzpunkte für Verbesserungsmaßnahmen, weitere Aktionen oder zumindest für einen konstruktiven Dialog bietet, ist fast immer bedeutungslos. Angesichts der meist sehr vielen Themen, die relevant sind, sollte man im Zweifelsfall einen Inhalt eher als ungeeignet aussortieren als beibehalten.

Schließlich gibt es Umstände, unter denen ein AEMP prinzipiell problematisch ist (z.B. bei bevorstehendem Personalabbau) und Themen, die für eine Umfrage i.allg. zu heikel sind (z.B. Befragungen bei unethischem Verhalten einzelner Personen der Organisation). Eine Frage wie "Glauben Sie, daß Ihre Stelle im nächsten Jahr abgebaut werden könnte?" kann in einer allgemeinen Umfrage und im Kontext einer wirtschaftlichen Rezession Effekte auslösen, die dann durch "Dementis" kaum noch zu kontrollieren sind oder zumindest zu Mißtrauen führen. Themen dieser Art sollten in einer Mitarbeiterbefragung nicht angesprochen werden. Dies gilt grundsätzlich auch für Themen, für die eine Entscheidung schon gefallen ist. Hat z.B. die Geschäftsleitung eine größere Reorganisation beschlossen, dann ist es wenig sinnvoll, die Mitarbeiter zu dieser Entscheidung, die so oder so implementiert wird, zu befragen. Vielmehr sollte man die Reorganisation erst umsetzen und die Mitarbeiter dann im Rahmen eines "Optimierungs-programms" einbinden.

*Beurteilungskriterien*

Das Hauptaugenmerk liegt bei der Konstruktion des Fragebogens stets auf den Inhalten und Themen, die angesprochen werden sollen. Wenig Systematisches liegt dagegen darüber vor, welcher Art die Fragen sind, die zu diesen Themen gestellt werden. Dies ist in der älteren Literatur zur Arbeitszufriedenheit z.T. anders. Neuberger & Allerbeck (1978) fragen z.B. einerseits nach der Zufriedenheit mit verschiedenen Arbeitsaspekten - die sie indirekt ermitteln - und andererseits nach deren "Wichtigkeit". Porter & Lawler (1968) erfassen gar drei Aspekte der angesprochenen Inhalte: Ist-Zustand, Soll-Zustand und Wichtigkeit.

Ordnet man einmal die verschiedenen Kriterien, bezüglich derer die Mitarbeiter die ausgewählten Themen und Inhalte beurteilen können und die in der Praxis Verwendung finden, dann kann man mindestens die folgenden unterscheiden:

- Zufriedenheit mit dem jeweiligen Inhalt
- wahrgenommene Wichtigkeit des Inhalts für die eigene Zufriedenheit
- wahrgenommene Wichtigkeit des Inhalts für das Wohl der Organisation
- Verbesserbarkeit des Inhalts
- Ist-Zustand des Inhalts
- Soll-Zustand des Inhalts

Die Liste ist offensichtlich weiter differenzierbar. So kann man z.B. beim dritten Punkt das 'Wohl' der Organisation nach weiteren Gesichtspunkten in verschiedene Unterformen unterscheiden. Ähnliches gilt für die Thematik 'Verbesserbarkeit'. Die sechs hier aufgeführten Punkte erfassen aber die verschiedenen in der Praxis verwendeten Varianten von Items hinreichend genau.

*Typen von Items*

Stellt man die verschiedenen Themen/Inhalte und die Kriterien, nach denen sie beurteilt werden sollen, den möglichen Zielsetzungen eines AEMP gegenüber, dann ergibt sich ein Schema, das die Hauptklassen von Itemtypen einer Mitarbeiterbefragung differenziert. Sie sind in Abbildung 3.2 dargestellt in Form eines Abbildungssatzes (Borg, 1992b). Jede Lesweise des Satzes ergibt einen Itemtyp. Betrachten wir beispielsweise die jeweils oberen Elemente in jeder der durch die Klammersäulen zusammengefaßten Facetten ('Kriterium', 'Arbeitsbereich' bzw. 'Zielsetzung'), dann ergibt sich damit eine Klasse von Items, die nach der Zufriedenheit mit Aspekten der Arbeitstätigkeit fragen und dabei auf genaue Messung (i.S. der Meßtheorie; siehe DeVellis, 1991; Borg & Staufenbiel, 1992) Wert legen. Das Item soll also möglichst objektiv, zuverlässig und valide sein. Im Gegensatz dazu wird man an ein Item, das ebenfalls nach der Zufriedenheit mit einem Tätigkeitsaspekt fragt, dabei aber das Ziel verfolgt, eine Einstellung zu ändern oder zu schaffen, ganz andere Forderungen stellen. Bei einem solchen Item kommt es vor allem darauf an, daß es durch die Frage, die es stellt, beim Beantworter eine Wirkung erzielt, also z.B. zum Nachdenken anregt, eine Stellungnahme herausfordert oder eine Diskussion auslöst. Unwichtig ist dagegen, ob das Item diese besondere Zufriedenheit - von der gar nicht unterstellt wird, daß sie überhaupt als "kristallisierte" Einstellung existiert - richtig mißt.

Bei den meisten Mitarbeiterbefragungen wird von der Zielsetzung her eher ein Mix verfolgt und nicht nur eines der in Abbildung 3.2 angeführten Ziele. Durch verschiedene Kombinationen dieser Ziele ergeben sich so weitere Itemtypen, ohne das wir das hier ausführen. Klar ist in jedem Fall, daß man ein Thema je nach Spezifikation von 'Zielsetzung' und 'Kriterium' mit anderen Items ansprechen sollte.

Prinzipiell werden in einem AEMP stets Items verwendet, die drei verschiedene Rollen spielen: (1) Informationsitems, deren Aufgabe es ist, Meinungen und Einstellungen der Mitarbeiter zu messen; (2) Aktionsitems, deren Aufgabe vor allem

Kriterium

Person (p) beurteilt das Ausmaß
( ihrer Zufriedenheit mit )
( der persönlichen Wichtigkeit von )
( der Wichtigkeit für das Unternehmen von )
( der Verbesserbarkeit von )
( des Ist-Zustandes von )
( des Soll-Zustandes von )

Arbeitsbereich

einem Aspekt im Bereich
( Tätigkeit )
( Arbeitsplatzbedingungen )
( Aufstiegschancen )
( Entwicklungsmöglichkeiten )
( Bezahlung )
( unmittelbarer Vorgesetzter )
( höhere Führungskräfte )
( Information und Kommunikation )
( Unternehmenskultur )
( Produktivität, Qualität, Produkte )
( Flexibilität, Kundenorientierung )
( Firma und Organisation )
( ... )

Zielsetzung der Mitarbeiterbefragung

unter der Befragungszielsetzung
( Information/Messung )
( Einstellungsveränderung bzw. -schaffung )
( Verbesserung des Betriebsklimas )
( Kosten-Reduktion )
( Produktivitätserhöhung )
( ... )

Antwortskala

als
( sehr groß )
( bis )
( sehr klein )
im Sinne des Kriteriums

Abbildung 3.2. Abbildungssatz für verschiedene Itemtypen in Mitarbeiterbefragungen in der Praxis.

darin liegt, die Mitarbeiter durch ihre Aussagen zu einem Commitment zu bringen ("Festlegung durch Meinungsäußerung"), das in den Nachfolgeprozessen aufgegriffen werden kann; (3) trojanische Pferde, durch die bestimmte, meist "neue" Themen in die Belegschaft getragen werden sollen.

Der Abbildungssatz differenziert Prinzipien, nach denen Items konstruiert werden. Er macht dagegen keine Aussage darüber, ob diese Items auch empirisch zu unterschiedlichen oder gar unabhängigen Ergebnissen führen. Für manche Kriterien zeigt die Forschung vielmehr gewisse Abhängigkeiten. So stehen 'Zufriedenheit' und 'persönliche Wichtigkeit' meist in einem U-förmigen Zusammenhang, d.h. hohe Wichtigkeit wird den Themen zugeschrieben, mit denen der Befragte entweder sehr zufrieden oder sehr unzufrieden ist (Mobley & Locke, 1970; Borg, 1991b). Kann der Befragte die Dissonanz zwischen hoher Unzufriedenheit und hoher Wichtigkeit intrapsychisch auflösen, dann wird der Zusammenhang zwischen Zufriedenheit und Wichtigkeit positiv monoton (Borg & Noll, 1990). Solche Befunde können dazu führen, Fragen wie die nach der 'Wichtigkeit' gewisser Inhalte nicht mehr zu stellen, zumindest aber die Befunde nicht mehr naiv zu interpretieren.

Wegen solcher Zusammenhänge - und der in der Praxis normalerweise vorwiegend interventionistischen Absicht - zeigt sich ein Trend bei Mitarbeiterbefragungen, zunehmend nach Meinungen und Einstellungen zu vielen speziellen Inhalten zu fragen, anstatt viele Items zu verwenden, um damit nur ein einziges "Konstrukt" wie Arbeitszufriedenheit oder Commitment i.S. eines elaborierten Modells zu erfassen. Als Beispiel sei hier die Skala zur Messung von Arbeitsplatzunsicherheit von Ashford et al. (1989) genannt, die nicht weniger als 56 Items und mehrere Multiplikationen und Differenzenbildungen der Ratings benötigt, um Arbeitsplatzunsicherheit "valide" zu erfassen. Im Rahmen eines AEMP empfiehlt es sich dagegen eher, ein solches Thema mit einem einzigen Item anzusprechen.

### *Allgemeine Gesichtspunkte der Itemformulierung*

Forschungen zu technischen Gesichtspunkten der Itemformulierung haben eine lange und umfangreiche Forschungstradition. Kochbuchartige Empfehlungen können aber trotzdem nicht gemacht werden, weil die fomalen und die inhaltlichen Gesichtspunkte nicht ganz zu trennen sind. So ist beispielsweise entscheidbar, welches Antwortformat prinzipiell am besten ist, weil ein Item immer auch eine Frage enthält. Frage und Antwort aber müssen aufeinander abgestimmt sein, d.h. beide Elemente des Items müssen zusammen betrachtet werden. Zudem ist das, was "am besten" ist, immer auch abhängig vom jeweiligen Zweck. Auf der Basis von Split-Sample Forschung (d.h. Untersuchungen, in denen eine Stichprobe geteilt wird und jeweils eine andere Variante eines Fragebogens bekommt), Experimenten und "Erfahrung" lassen sich aber dennoch einige allgemeine Leitlinien für die Formulierung von Items angeben (Converse & Presser, 1986; Rea & Parker, 1992; Schuman & Presser, 1981):

Die Items sollten in ihren *Formulierungen ...*

- ... möglichst spezifisch sein: Je allgemeiner eine Frage/Aussage ist, um so vieldeutiger wird sie;
- ... möglichst einfach und klar sein in einer für die jeweilige Population natürlichen Sprache;
- ... Sachverhalte möglichst eindeutig ansprechen und nicht gleich zwei oder mehr Fragen kombinieren; also statt einer Frage wie "Sind Sie mit der Verfügbarkeit und der Qualität ihrer Arbeitsmittel zufrieden?" sollten lieber zwei Fragen gestellt werden;
- ... keine Verneinungen enthalten, weil die Bedeutung einer verneinenden Antwort auf eine Aussage wie "Mein direkter Vorgesetzter gibt mir kein Feedback" nicht klar ist;
- ... für die gewählte Population nicht so extrem sein, daß die Varianz der Antworten gegen Null geht;
- ... nicht so gestaltet werden, daß bestimmte Antworten schon "manipulativ" nahegelegt werden; so wird möglicherweise durch eine Vorgabe in der Frage "Welche Fort- und Weiterbildungsmaßnahmen (z.B. Produkttraining, Konzentrationstraining) würde Ihnen bei Ihrer weiteren Entwicklung am meisten helfen?" die Häufigkeit der sonst eher exotischen Nennung 'Konzentrationstraining' stark erhöht.

Die Items sollten in ihren *Antwortkategorien ...*

- ... so weit wie möglich geschlossen sein: Wenn sich die Antworten vorab überschauen lassen, dann kann man so spezifischere und besser vergleichbare Daten erheben;
- ... dann offen bleiben, wenn nicht genug bekannt ist (z.B. aus früheren Studien oder aus sorgfältigen Pretests), um eine erschöpfende Batterie geschlossener Antwortkategorien zu konstruieren
- ... dann offen bleiben, wenn die Zahl der möglichen Antworten sehr groß ist (z.B. in der Frage nach den möglichen Fort- und Weiterbildungsmaßnahmen, die dem Mitarbeiter bei seiner weiteren Entwicklung helfen könnten);
- ... disjunkt sein und eindeutige Antworten erlauben; ein Brei von überlappenden Inhalten, Ober- und Unterbegriffen erlaubt keine sinnvolle Deutung;
- ... "weiß nicht"- oder "keine Meinung"-Möglichkeiten bereitstellen, weil ansonsten instabile Aussagen zu Fragen gemacht werden, zu denen der Befragte eigentlich keine Meinungen oder Einstellungen ausgebildet hat;
- ... für den Befragten in ihrer Anzahl überschaubar bleiben sein, d.h. nicht mehr als etwa 10 Antwortkategorien bereitstellen oder die Antwortkategorien entsprechend untergliedern; bei komplizierten Inhalten sollten mehrere Fragen gestellt werden.

### *Items mit "pick-n" Antwortkategorien*

Items, bei denen der Befragte seine Antworten durch Ankreuzen von Vorgaben in einer Liste abgibt, sind in Mitarbeiterbefragungen relativ selten. Sie bilden eine Zwischenform zwischen freien Kommentaren und Rating-Items. Als Beispiel sei ein Item aus dem Standardfragebogen der Bertelsmann-Gruppe (Domsch, 1985) genannt, das in Abbildung 3.3 gezeigt ist. In Anlehnung an Coombs (1964) kann man die Form dieses Items als ein "pick-n" Item bezeichnen, in dem hier n<4 ist.

| | | | |
|---|---|---|---|
| Hindert Sie etwas, | O | 1 | nein, mich hindert nichts |
| beruflich weiter-zu- | O | 2 | nein, ich möchte auch zur Zeit nichts anderes machen |
| kommen? | | | ja, mich hindert vor allem: |
| (bis zu drei Antwor- | O | 3 | in jetzt ausgeübter Tätigkeit gibt es keine Aufstiegsmög- |
| ten möglich) | | | lichkeiten/Endposition erreicht |
| | O | 4 | die Firma erkennt nicht, daß ich noch mehr leisten kann |
| | O | 5 | in Frage kommende Positionen sind bereits besetzt |
| | O | 6 | offene Positionen im Unternehmen sind mir nicht ausrei- |
| | O | 7 | chend bekannt |
| | O | 8 | bin zu alt |
| | O | 9 | in Frage kommende Plätze werden mit Betriebsfremden |
| | O | 10 | besetzt |
| | O | 11 | gerechte Auswahlmethoden fehlen |
| | O | 12 | meine Schul- und Berufsausbildung ist nicht ausreichend |
| | O | 13 | habe noch zu wenig betriebliche oder berufliche Erfahrung |
| | O | 14 | werde als Frau benachteiligt |
| | O | 15 | werde von Vorgesetzten zu wenig gefördert |
| | | | Vorgesetzter will gute Arbeitskräfte nicht verlieren |
| | | | Aufstiegsmöglichkeiten sind mit Ortswechsel verbunden, |
| | | | den ich nicht will (Haus, Familie, Freunde usw.) |

Abbildung 3.3. Ein Item mit multiplen Antwortkategorien (Fragebogen der Bertelsmann-Gruppe).

In Abbildung 3.3 erkennt man das für pick-n Items typische Problem eines Durcheinanders der Antwortkategorien. Für den Befragten ist es ziemlich aufwendig, sich zunächst einmal eine Übersicht zu verschaffen über die Kategorien, die angeboten werden. Da keine offene Kategorie bereitgestellt wird, in die der Befragte eine ihm persönlich relevant erscheinende Antwort, die nicht den Vorgaben entspricht, eintragen kann, muß zudem sichergestellt sein, daß die angebotenen Kategorien erschöpfend sind. Ansonsten kann es dazu kommen, daß die Vorgaben artifiziell häufig gewählt werden. Bishop et al. (1988) berichten eine Untersuchung, in der mit einer pick-n Liste gefragt wurde, was die Befragten für ihre Arbeit besonders wichtig finden. Die Angebote waren 'gut bezahlte Arbeit', 'sicherer Arbeitsplatz', 'gute Aufstiegsmöglichkeiten' und ähnliches. Eine anderer Gruppe wurden diese Vorgaben nicht gemacht. Es zeigte sich, daß beide Gruppen etwa gleich viele Antworten abgaben, die zweite Gruppe aber viel mehr Verschiedenes nannte. Betrachtet im Raster der Vorgaben ergaben sich Unterschiede von teilweise mehr als 30% in der Nennung bestimmter Antworten.

Im Grunde sollten pick-n Listen also nicht nur erschöpfend, sondern auch treffend für jede Person sein, eine offensichtlich kaum realisierbare Forderung. Unter der AEMP-Perspektive kann es allerdings sinnvoll sein, bestimmte Antworten, die spontan nicht oder nur sehr selten genannt würden, dennoch anzubieten, um damit das Thema stärker einzuführen.

Neben den Kategorien selbst hat deren Anordnung in den Listen Auswirkungen auf die Verteilung der Antworten. Man beobachtet hierbei sowohl "primacy" wie "recency" Effekte. Im ersten Fall wird eine Antwortalternative dann eher gewählt, wenn sie am Anfang der Liste steht, im letzten Fall wird sie eher gewählt, wenn sie am Ende der Liste dargeboten wird. In typischen Mitarbeiterbefragungen mit schriftlicher Umfrage, in denen der Befragte unter einem gewissen Zeitdruck steht, erscheinen Primacy-Effekte wahrscheinlicher, weil er nicht erst alle Antwortalternativen sorgfältig durchliest und gegeneinander abwägt, sondern eher sequentiell vorgeht und jede Antwort ankreuzt, die ihm zustimmungsfähig erscheint, bis 'n' Antworten erreicht sind oder bis er meint, jetzt hätte er sich ausreichend geäußert. Aus diesem Grund empfehlen Schuman & Presser (1981) und Sudman & Bradburn (1974) in "langen" Listen die wahrscheinlich bevorzugten Alternativen an den Anfang zu stellen. Ob allerdings Befragte immer sequentiell von oben nach unten vorgehen, ist nicht klar. So zeigen Schwarz et al. (1989), daß es in langen Listen vor allem die mittleren Alternativen schwer haben, gewählt zu werden, d.h. daß sowohl Primacy- wie Recency-Effekte auftreten.

Neben Positionseffekten wirkt sich auf die Wahl einer Antwortkategorie vor allem aus, welche anderen Kategorien noch angeboten werden und welche inhaltlichen Beziehungen sie zueinander haben. Fragt man z.B. nach den Gründen, aus denen frühere Mitarbeiter gekündigt haben, und bietet hier neben einer plausiblen Antwort eine ganz exotische an, dann wird die Wahrscheinlichkeit, daß die erstere angekreuzt wird, erhöht ("Kontrasteffekt"; Noelle-Neumann, 1970). Eine Kategorie kann auch deshalb häufiger gewählt werden, weil sie mit bevorzugten anderen Kategorien "irgend etwas" gemeinsam hat ("Ähnlichkeitseffekt").

*Items mit skalierten Antworten*

Die weitaus meisten Items in Mitarbeiterbefragungen bieten keine Listen verschiedener Antworten an, sondern erheben skalierte Urteile zu genau einem Inhalt. Zur Erhebung derartiger Daten gibt es eine Vielzahl von Verfahren, (Torgerson, 1958; Borg & Staufenbiel, 1992). In der Praxis von Mitarbeiterbefragungen kommen aber meist nur "Ratings" (kategoriale Urteile) zur Anwendung. Das liegt daran, daß (a) Mitarbeiterbefragungen nicht wie Skalen i.S. von Itembatterien ein einziges Konstrukt möglichst genau messen sollen, sondern fast immer sehr viele verschiedene Inhaltsbereiche ansprechen; und daß (b) die meisten Verfahren der Psychometrie in diesem Kontext zu aufwendig sind (wie z.B. Paarvergleiche) und/oder keinen Zusatznutzen bieten (wie z.B. Rankings, Verhältnisurteile).

Ratings werden meist mit einem der beiden folgenden Formate erhoben, die im folgenden durch zwei konkreten Beispielen illustriert werden. Das erste Format ist ein Item bestehend aus einer echten Frage und einer gerichteten (unipolaren) Antwortskala, die direkt nach der Intensität der Meinung oder Einstellung fragt:

unipolares Format:

"Wie kompetent ist Ihr direkter Vorgesetzter in fachlicher Hinsicht?"
(Bitte entsprechende Skalenkategorie ankreuzen!)

| | | | | | | | | | | |
|---|---|---|---|---|---|---|---|---|---|---|
| | | | | | | | X | | | |
| nicht kompetent=0 | 1 | 2 | 3 | 4 | 5 | 6 | 7 | 8 | 9 | 10=sehr kompetent |

Das zweite Format ist eine Feststellung, zu der sich der Befragte durch mehr oder weniger starke Zustimmung oder Ablehnung äußert (Likert-Format):

Likert-Format:

"Mein direkter Vorgesetzter ist in fachlicher Hinsicht kompetent."
(Bitte entsprechende Skalenkategorie ankreuzen!)

| | | | | |
|---|---|---|---|---|
| | | | X | |
| stimmt überhaupt nicht | stimmt nicht | weder richtig noch falsch | stimmt | stimmt genau |

Vernachlässigen wir zunächst die vielen Varianten, die bei diesen Formaten möglich sind (graphische Gestaltung, verbale Charakterisierung der Kategorien, Zahl der Abstufungen usw.), dann fällt auf, daß das unipolare Format eine direkte Antwort auf die gestellte Frage ermöglicht, während man bei der Likert-Version die Meinung des Befragten nur indirekt erfährt, nämlich daraus, wie stark er einer Feststellung zustimmt bzw. diese ablehnt. Das führt zu gewissen Problemen. Man könnte argumentieren, daß ein Befragter, der seinen direkten Vorgesetzten z.B. für *außerordentlich* kompetent hält, im obigen Item mit 'stimmt überhaupt nicht' antworten müßte, eben weil der Vorgesetzte *mehr* als nur 'kompetent' ist. (Diese Argumentation wird jedenfalls bisweilen bei der Darstellung der Umfragebefunde geäußert, allerdings meist um damit die Bedeutung der Befunde in Frage zu stellen.) Das Likert-Format unterstellt jedenfalls, daß der Befragte im gegebenen Fall mit 'stimmt genau' antwortet. Empirisch beobachtet man, daß diese Erwartung eher zutrifft, weil unipolare und Likert-Items zum gleichen Inhalt sehr ähnliche Antworttendenzen zeigen.

Den semantischen Eindeutigkeitsnachteil gleicht das Likert-Format vor allem dadurch aus, daß alle Items - bei entsprechender Formulierung - mit der gleichen Antwortskala beantwortet werden können (siehe Beispiel in Abbildung 3.5). Bei unipolaren Items muß man dagegen sehr viele spezifische Antwortskalen bereitstellen, die jeweils inhaltlich auf die Frage abgestimmt sein müssen (siehe Abbildungen 3.4 und 3.6). Das hat den Nachteil, daß der Fragebogen dadurch "abschreckend dick" gerät, der Befragte viel lesen muß und auch eher Antwortfehler macht, weil er sich von Item zu Item auf immer neue Antwortformate einstellen muß.

Semantische Probleme können sich jedoch auch bei der unipolaren Skala einstellen, wenn die verbale Kennzeichnung der Pole der Antwortskala nicht sorgfältig überdacht wird. Nehmen wir als Beispiel das Item "Wie zufrieden sind Sie mit Ihrem direkten Vorgesetzten?". Nicht selten findet man hierzu eine Antwortskala, in der das linke Ende mit 'sehr unzufrieden' statt mit 'nicht zufrieden' charakterisiert ist. Damit wird aber ein Kontinuum Unzufriedenheit-Zufriedenheit unterstellt, während die Forschung eher darauf hindeutet, daß Zufriedenheit und Unzufriedenheit unabhängige Dimensionen sind, ähnlich wie Haß und Liebe, die auch gleichzeitig stark sein können (Herzberg et al., 1959; Neuberger, 1974).

Bei beiden Formaten stellt sich die Frage, wie viele Antwortkategorien man verwenden sollte. Bei Likert-Items sind fünf Antwortkategorien üblich, aber auch sieben und manchmal auch neun. Mehr Antwortkategorien bringen statistisch keinen Informationsgewinn und unterstellen ein unrealistisches Differenzierungsvermögen der Befragten. Drei Abstufungen findet man selten, u.a. deshalb, weil sich die Befragten dann zu sehr in ein enges Antwortkorsett gepreßt fühlen. Empirisch wirkt sich dagegen die Wahl von 3-, 5- oder 7-stufigen Skalen - bei entsprechender Normierung der Werte - so gut wie gar nicht auf die resultierenden Statistiken aus.

Bei traditionellen Likert-Skalen stellt die Mittelkategorie - oben mit 'weder richtig noch falsch' charakterisiert - immer ein Problem dar. Nach Bortz (1984, S. 152) kann eine Antwort dieser Art "bedeuten, daß die Behauptung tatsächlich mittelmäßig zutrifft, daß die Behauptung als irrelevant empfunden wird oder daß die Behauptung nicht richtig verstanden wurde." Die mittlere Kategorie kann zudem deshalb attraktiv erscheinen, weil sie eine unverbindliche Antwort ermöglicht: Mit einem "teils-teils" legt man sich nicht fest. Presser & Converse (1981) empfehlen auf Grund weiterer Untersuchungen keine Mittelkategorie zu verwenden, um so zu erfassen, welcher Richtung die Befragten zuneigen.

Varianten der Likert-Skala finden sich u.a. in der Art, wie die Kategorien verbal bezeichnet werden. Rohrmann (1978) empfiehlt z.B. die Bezeichnungen 'völlig falsch', 'ziemlich falsch', 'unentschieden', 'ziemlich richtig', 'völlig richtig', während Bortz (1984) 'trifft gar nicht zu', 'trifft wenig zu', 'teils-teils', 'trifft ziemlich zu', 'trifft völlig zu' verwendet. Will man eine Mittelkategorie beibehalten, dann ist vielleicht diese letzte Variante am sinnvollsten, weil das 'teils-teils' wohl am besten ausdrückt, daß die Meinung hier "gemischt" ist und nicht, daß man keine Meinung hat.

Numerische Bezeichnungen der Skalenkategorien - wie oben im unipolaren Format gezeigten - werden häufig zusätzlich zu verbalen Beschreibungen verwendet. Guilford (1954) argumentiert, daß dadurch "greater equality of psychological intervals between categories" (S. 264) erreicht würde. Weiterhin empfiehlt Guilford, im Fall der bipolaren Likert-Skala keine negativen Zahlen zu verwenden, wie z.B. im Fall der 5-stufigen Skala eine Etikettierung mit Werten von '-2' bis '+2': "Dies mag eine natürlichere Skala sein für manche Personen, die sich in der Algebra auskennen, aber sie kann unnatürlich, ja sogar verwirrend sein, für die weniger Gebildeten" (S. 264, Übersetzung vom Autor). Im Falle einer reinen Zustimmungs- und Ablehnungsskala ist allerdings nicht klar, warum negative Zahlen verwirrend sein könnten, vorausgesetzt natürlich daß Ablehnung negativ kodiert wird. Hippler et al. (1991) empfehlen sogar allgemein, "die numerischen Skalenwerte mit der intendierten Uni- oder Bipolarität der zugrunde liegenden Dimension in Übereinstimmung zu bringen: Urteile entlang einer bipolaren Dimension sollten mit bipolaren Skalen erfaßt werden, deren Wertebereich von minus bis plus reicht. Urteile, die sich lediglich auf die Ausprägung eines Merkmals beziehen, ohne sein Gegenteil anzusprechen, sollten hingegen mit unipolaren Skalen erfaßt werden, deren Wertebereich vorzugsweise mit '0' beginnen sollte, um die Abwesenheit des Merkmals eindeutig zu markieren" (S. 61). Es gibt allerdings Skalen, die auch ohne diese Bezeichung der Kategorien mit negativen Zahlen eindeutig bipolar sind und daher nicht verändert werden sollten. In Mitarbeiterbefragungen werden z.B. häufig "Notenskalen" als Antwortskalen verwendet, in denen eine "1" eindeutig als "gut" und eine "5" als "schlecht" verstanden wird. Im übertragenen Sinn könnte man auch die Zustimmungs-Ablehnungsskala von Likert-Items als Notenskala verstehen bzw. so gegenüber den Befragten erklären.

Von einiger Bedeutung sind allerdings auch praktische Überlegungen. Soll der Befragte Skalenwerte nicht ankreuzen, sondern selbst in den Fragebogen eintragen (wie z.B. in Abbilung 3.5), dann bedeuten negative Zahlen einen größeren Zeitaufwand für den Befragten und deutliche Mehrarbeit bei der Datenerfassung.

### *Demographische Items*

Eine besondere Gruppe von Items bilden demographischen Variablen. Es gibt praktisch keine Mitarbeiterbefragung, die nicht eine Reihe solcher Fragen stellt. Einige typische Beispiele sind die folgenden:

- Was ist Ihr Geschlecht?
  - O weiblich
  - O männlich
- Seit wie vielen Jahren arbeiten Sie für die Firma XYZ?
  - O weniger als 2 Jahre
  - O 2-5 Jahre;
  - O 6-10 Jahre
  - O mehr als 10 Jahre
- Welche der folgenden Beschreibungen trifft auf Ihre Funktion/Stelle zu?
  - O Führungskraft, an die Führungskräfte berichten/Geschäftsleitung
  - O Führungskraft mit Personalverantwortung
  - O technische(r) oder kaufmännische(r) Angestellte(r) ohne Personalverantwortung
  - O gewerbliche(r) Arbeitnehmer(in)
  - O Azubi
- In welcher Abteilung/Hauptabteilung bzw. in welchem Bereich arbeiten Sie?
  - O Entwicklung/Software-Entwicklung
  - O Hardware-Entwicklung
  - O Produktion/Fertigung/Qualitätskontrolle/Product Engineering
  - O Marketing/Product Marketing

- O Vertrieb/Pre-Sales Support/Auftragsabwicklung
- O Logistik/Lager
- O Kundendienst/Technische Schulung/Technischer Support
- O System Support/Post-Sales Support/Hardware Service/System Engineering
- O Finanzen
- O Einkauf
- O Personal
- O Allgemeine Verwaltung/Allgemeine Dienste
- O EDV
- O Geschäftsleitung

- An welchem Standort arbeiten Sie?
  - O Zentrale
  - O Geschäftsstelle/Zweigstelle

Der Zweck solcher Items liegt in der durch sie eröffneten Möglichkeit zur Schichtung der Umfragedaten. So ist z.B. eine Analyse der Daten im Hinblick auf die Frage, ob die Antworten von Führungskräften anders ausfallen als die von Mitarbeitern ohne Personalverantwortung, offensichtlich wichtig und grundsätzlich relevant. Noch wichtiger ist es, die Daten in einer für die nachfolgenden Gruppengespräche geeigneten Weise herunterbrechen zu können. Aus diesem Grund ist die Frage nach der Abteilung, aus der der Mitarbeiter kommt, sehr sorgfältig zu konstruieren. Am besten ist es, wenn man für jede Gruppe, mit der später ein Gruppengespräch durchgeführt wird, eine eigene Kategorie aufmacht. Bei gröberem Raster treten notwendigerweise Ungenauigkeiten im Feedback auf. So ist z.B. im obigen Beispiel die Kategorie 'Logistik/Lager' für einen größeren Betrieb zu unscharf, weil sich in den Gruppengesprächen mit jeder der einzelnen Arbeitsgruppen aus dem Lager immer wieder die Frage stellt, in welchem Ausmaß die berichteten Befunde die Meinungen und Einstellungen genau dieser Gruppe beschreiben und nicht durch die Aussagen der Kollegen der anderen Gruppen aus dem Lager verschoben wurden. Vorgesetzte können sich so kritischen Befunden entziehen und Mitarbeiter können immer argumentieren, daß sie alles ganz anders ausgedrückt hätten. Im allgemeinen enthält deshalb die Frage nach der Abteilungszugehörigkeit sehr viele Antwortkategorien. Diese müssen so klar, vollständig und ausschließlich wie möglich formuliert werden. In manchen Umfragen wird daher z.B. noch zusätzlich in Klammern die Kostenstelle (o.ä.) genannt.

Bisweilen werden demographische Items als "Fragen zur Person" bezeichnet. Diese Bezeichnung ist zwar richtig, aber i.S. der üblichen Anonymitätsdiskussion kontraproduktiv. Tatsächlich sollen diese Fragen nicht die einzelnen Mitarbeiter identifizierbar machen, sondern eine auch für die Mitarbeiter möglichst informative Datenbrechung ermöglichen. Es ist daher auch sinnvoll, von vornherein sehr sorgfältig zu überlegen, welche Analysen wirklich erstellt werden sollen. Berge von Tabellenbänden sind sowieso eher Datenfriedhöfe als aktionsrelevante Informationen. Zudem führt jedes weitere demographische Item zu einer Potenzierung der Anonymitätsdiskussion.

*Zusammenstellung und Organisation des Fragebogens*

Bei der Zusammenstellung einer Batterie von Items ist es erforderlich, die Formulierungen einzelner Items so zu verändern, daß die vermutlichen Antworten nicht immer in der gleichen Richtung liegen. Bei Likert-Items sollte man also Items, denen vermutlich zugestimmt wird, und solche, die vermutlich abgelehnt werden, mischen. Damit soll einer Stereotypisierung des Antwortverhaltens entgegengewirkt werden.

Bei Mitarbeiterbefragungen ist es i.allg. nicht üblich, mehrere Items zur Messung des selben Inhalts zu stellen. Während man damit in wissenschaftlichen Skalen bessere Schätzwerte für die "wahre" Meinung oder Einstellung zu bekommen hofft, können solche Fragewiederholungen in Mitarbeiterbefragungen leicht zu Mißtrauen führen in dem Sinn, daß hier kontrolliert werden soll, ob die Mitarbeiter "die Wahrheit" sagen. Zudem gibt es in Mitarbeiterbefragungen meist so viele relevante Themen, zu denen man Daten erheben will, daß sich Fragewiederholungen schon aus Gründen der Ökonomie verbieten.

Die Organisation der Items im Fragebogen wird in Mitarbeiterbefragungen ganz unterschiedlich gehandhabt. Meistens werden die Items allerdings in Abschnitte oder Blöcke gegliedert, die auf inhaltlich verwandte Themen eingehen. Diese Blöcke sind z.T. sehr klar voneinander abgegrenzt und mit Überschriften und Einleitungstexten versehen. Abbildung 3.5 zeigt eine Seite aus einem so organisierten Fragebogen. Die Items beziehen sich alle auf die Thematik 'direkter Vorgesetzter'.

Die Blöcke selbst ordnet man sinnvollerweise so an, daß konkrete Themen am Anfang kommen, globalere später. Eine solche Reihenfolge heißt z.B., daß man mit 'Arbeitsplatzbedigungen' beginnt, mit der 'Tätigkeit' fortfährt, dann vielleicht 'Bezahlung', 'Aufstiegschancen', 'Kollegen', 'direkter Vorgesetzter', 'Führungskräfte' usw. folgen läßt und mit 'Firma allgemein', 'Unternehmenskultur' u.ä. aufhört. Das hat den Vorteil, daß die Befragten zunächst auf ganz Handfestes stoßen und dabei den Fragebogen und die Art seiner Fragestellungen bzw. Antwortformate kennenlernen. Zudem interessiert die Mitarbeiter meist auch das Unmittelbar-Konkrete mehr als z.B. Fragen zur Unternehmenskultur.

Auch innerhalb der Blöcke erscheint es vorteilhaft, die Items von 'spezifisch-konkret' bis 'allgemein' zu ordnen. In der Beispielseite in Abbildung 3.5 ist zumindest das letzte Item des Blocks, das die Gesamtzufriedenheit mit dem direkten Vorgesetzten anspricht, eine Art globales Auffang- oder Fazititem. Der Ausschnitt aus dem Fragebogen der Bertelsmann-Gruppe (Abbildung 3.4) zeigt ebenfalls eine gewisse inhaltliche Gruppierung der Items, allerdings keine so explizite.

Obwohl geschlossene Items in den allermeisten Mitarbeiterbefragungen bei weitem überwiegen, wird fast immer Raum für "Kommentare" bereitgestellt. Solche Räume werden bei einem expliziten Block-Aufbau sinnvollerweise nach jedem Block eingefügt, damit die Befragten - nach Beschäftigung mit einem Thema - dazu motiviert werden, zu dem Thema noch etwas mit eigenen Worten zu sagen.

Demographische Items werden entweder am Anfang (z.B. im Bertelsmann-Fragebogen) oder am Ende des Fragebogens plaziert. Letzteres erscheint besser. Hat nämlich der Befragte trotz allem Bedenken zur Anonymität, dann wird er sich zumindest zu einigen der demographischen Fragen nicht äußern wollen. Wenn er gleich zu Beginn des Fragebogens auf solche Items stößt, dann wird er möglicherweise auch den Rest der Items unbeantwortet lassen. Trifft er erst nach den inhaltlichen Items auf die 'Fragen zur Person' und läßt diese dann aus, dann hat er zumindest die inhaltlichen Items bereits beantwortet. Zudem zeigt die Erfahrung, daß die Anonymitätsthematik meist verschwindet, wenn die Personen erst einmal die Items gesehen haben: Dann interessieren sie sich mehr für die möglichen Befunde und die nachfolgenden Verbesserungs-maßnahmen und nicht für die Frage, ob sie evtl. persönlich identifiziert werden könnten.

*Drei Beispielseiten aus Fragebögen*

In den Abbildungen 3.4-3.6 sind drei Seiten aus Fragebögen wiedergegeben, die in Mitarbeiterbefragungen verwendet wurden. Der Fragebogenausschnitt in Abbildung 3.4 stammt aus dem Standardfragebogen der Bertelsmann-Gruppe (Domsch, 1985). Seine Items sind als Fragen formuliert, mit Likert-artigen Antwortskalen. Alle Antwortskalen - bis auf die bei Frage 36 - enthalten eine 'weiß nicht/keine Meinung' Kategorie. Insgesamt entsteht so ein ziemlich langer Fragebogen. Auf den Befragten kommt jedenfalls viel Text zu, der erst einmal gelesen und verstanden werden muß. Das kann für manche Mitarbeiter - besonders gewerbliche Mitarbeiter - ein Grund sein, den Fragebogen ganz oder teilweise unbeantwortet zu lassen. Zudem erscheint nachteilig, daß die 'weiß-nicht'-Kategorie sowohl optisch wie numerisch als Kategorie '6' in die Antwortskala integriert ist, obwohl sie sich qualitativ von den Kategorien 1-5 unterscheidet. Schließlich sind die Formulierungen der Antwortskalen zu den Fragen 40 und 41 semantisch dubios. Die natürliche Charakterisierung der Antworten für die Frage danach, für wie leistungsgerecht ein Mitarbeiter seine Bezahlung hält, ist 'sehr gerecht, ..., sehr ungerecht' und nicht 'bin sehr zufrieden, ..., bin sehr unzufrieden'. Zudem wird mit der gewählten Skala unterstellt, daß unzufrieden und zufrieden gegensätzliche Pole einer Dimension sind, eine Annahme, die eher zweifelhaft ist.

Abbildung 3.5 zeigt eine Seite aus einer Mitarbeiterbefragung bei einem großen Elektrokonzern ("HiTEC"). Dieser Fragebogen ist vollständig in inhaltliche Blöcke organisiert, die zudem noch durch Überschriften charakterisiert sind. Das Antwortformat ist für alle Items das selbe. Jeder Block endet mit einem Item, das eine Art Fazit zieht: "Alles in allem bin ich zufrieden mit ...". Danach folgt Raum für Kommentare zu der behandelten Thematik.

Die Vorteile einer solchen Gestaltung liegen einerseits in der Ökonomie: Da immer das selbe Antwortformat verwendet wird, enthält der Fragebogen sehr viel weniger Text. Weiterhin stellt man fest, daß die Befragten nach Gewöhnung an den Antwortmodus im ersten Inhaltsblock (meist: Arbeitsplatzbedingungen) die Items recht schnell zu beantworten in der Lage sind. Dadurch können sie vergleichsweise viele Items bearbeiten bzw. mit insgesamt wenig Zeit auskommen. Wechselnde Antwortformate haben zudem den Nachteil, daß die Wahrscheinlichkeit von Antwortfehlern steigt.

Hier bitte Ihre Antwort ankreuzen ↓

| Frage | | |
|---|---|---|
| 36. Wie arbeiten die Kollegen **Ihrer Abteilung/Gruppe** mit Ihnen zusammen? | O | 1 sehr gut |
| | O | 2 gut |
| | O | 3 durchschnittlich |
| | O | 4 schlecht |
| | O | 5 sehr schlecht |
| 37. Wie arbeiten die Kollegen **anderer Abteilung/Gruppen** mit Ihnen zusammen? | O | 1 sehr gut |
| | O | 2 gut |
| | O | 3 durchschnittlich |
| | O | 4 schlecht |
| | O | 5 sehr schlecht |
| | O | 6 habe mit anderen Abteilungen/Gruppen nichts zu tun |
| 38. Wie sind die Aufgaben Ihrer Abteilung/Gruppe mit denen anderer Abteilungen/Gruppen abgestimmt? | O | 1 sehr gut |
| | O | 2 gut |
| | O | 3 durchschnittlich |
| | O | 4 schlecht |
| | O | 5 sehr schlecht |
| | O | 6 kann ich nicht beurteilen |
| 39. Wenn Sie einmal alle Zahlungen der Firma zusammennehmen (Gehalt/Lohn, Weihnachts- und Urlaubsgeld sowie Gewinnbeteiligung), was schätzen Sie dann? Wie bezahlt XY Sie im Vergleich zu dem, was Sie bei anderen Unternehmen bekommen würden? | O | 1 sehr gut |
| | O | 2 gut |
| | O | 3 durchschnittlich |
| | O | 4 schlecht |
| | O | 5 sehr schlecht |
| | O | 6 kann ich nicht beurteilen |
| 40. Glauben Sie, daß Sie im Vergleich zu Ihren **Kollegen** gerecht bezahlt werden? | O | 1 bin sehr zufrieden |
| | O | 2 bin zufrieden |
| | O | 3 teils, teils |
| | O | 4 bin unzufrieden |
| | O | 5 bin sehr unzufrieden |
| | O | 6 kann ich nicht beurteilen |
| 41. Finden Sie, daß Ihre Arbeit **leistungsgerecht** gezahlt wird? | O | 1 bin sehr zufrieden |
| | O | 2 bin zufrieden |
| | O | 3 teils, teils |
| | O | 4 bin unzufrieden |
| | O | 5 bin sehr unzufrieden |
| | O | 6 kann ich nicht beurteilen |

Abbildung 3.4. Eine Seite aus dem Standardfragebogen der Bertelsmann-Arbeitsgruppe (nach Domsch, 1985, S.123).

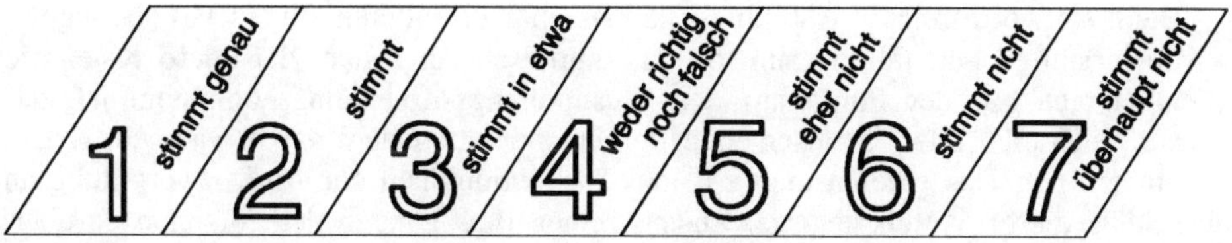


Schreiben Sie bitte in das Kästchen vor jeder Frage die Zahl, die Ihre Meinung **am besten ausdrückt.**

**Direkter Vorgesetzter**

Die Person, an die Sie direkt berichten und die Ihnen Anweisungen gibt.

- ☐ 1. Mein direkter Vorgesetzter stellt sicher, daß seine Mitarbeiter die ihnen gestellten Aufgaben verstehen.
- ☐ 2. Mein direkter Vorgesetzter informiert mich immer über das, was ich wissen muß, um gute Arbeit zu leisten.
- ☐ 3. Mein direkter Vorgesetzter sollte mir mehr Anerkennung zeigen, wenn ich gute Arbeitsleistungen bringe.
- ☐ 4. Mein direkter Vorgesetzter vereinbart mit mir Ziele, die herausfordernd aber erreichbar sind.
- ☐ 5. "Qualität" hat bei meinen direkten Vorgesetzten einen hohen Stellenwert.
- ☐ 6. Mein direkter Vorgesetzter bespricht ausreichend oft mit mir, wo und wie ich meine Leistung verbessern kann.
- ☐ 7. Mein direkter Vorgesetzter sorgt dafür, daß ich an den für mich wichtigen Fort- und Weiterbildungsmaßnahmen teilnehmen kann.
- ☐ 8. Mein direkter Vorgesetzter setzt sich für mich ein, selbst wenn es für ihn unbequem ist.
- ☐ 9. Alles in allem bin ich zufrieden mit meinem unmittelbaren Vorgesetzten.

Wollen Sie zum **direkten Vorgesetzten** noch etwas anmerken? Kommentare:

Abbildung 3.5. Beispielseite aus einem Fragebogen der Firma "HiTEC" (Human Resources Consulting, München).

Beim Antwortformat in Abbildung 3.5 kann man diskutieren, ob die Mittelkategorie ('weder richtig noch falsch') sinnvoll ist. Empirisch zeigt sich, daß diese Kategorie nicht einfach nur der Punkt auf dem Zustimmungs-Ablehnungskontinuum ist, der einem "teils-teils" oder "gemischten" Urteil entspricht, sondern daß er vielmehr Extra-Qualitäten hat. Das erkennt man z.B. aus Diskontinuitäten der Antwortverteilung an der Stelle dieser Mittelkategorie. Zudem zeigen Befragungen der Personen darüber, wie sie die 'weder/noch'-Kategorie verwenden, daß sie sie z.B. bei Fragen, zu denen sie keine Antwort geben wollen oder können, als Ausweichsmöglichkeit benutzen, insbesondere dann, wenn - wie dies hier der Fall ist - keine 'weiß nicht'-Kategorie bereitgestellt wird. Bietet man andererseits eine 'weiß nicht'-Kategorie an, dann wird diese auch gerne genutzt z.B. aus Gründen der Bequemlichkeit, der Unverbindlichkeit usw. Jedenfalls lassen die Befragten ohne das Angebot einer 'weiß nicht'-Kategorie deutlich seltener Items, zu denen sie nichts sagen wollen oder können, unbeantwortet (Converse & Presser, 1986). Da in Organisationsumfragen fast nur Fragen gestellt werden, zu denen der Befragte zumindest eine rudimentäre Meinung oder Einstellung hat, wäre es vielleicht besser, aus der 7-stufigen Antwortskala in Abbildung 3.5 die Mittelkategorie ganz zu streichen.

Abbildung 3.6 schließlich zeigt eine Seite aus dem Fragebogen der Firma "SONNE". Ihr Aufbau ist ziemlich unübersichtlich. Eine Blockbildung ist weder explizit versucht, noch sind die Fragen inhaltlich zusammengruppiert. Die Items 82 und 83 fragen z.B. nach einem Tätigkeitsmerkmal bzw. nach den Aufstiegschancen. Sie teilen sich nur das Antwortformat. Nur im Item 88 werden eine Reihe von Zusatzleistungen im Block abgefragt. Die Antwortformate wechseln zudem zwischen bi- und unipolar: Die Items 85-87 verwenden ein 4-stufiges Likert-Format, die Items 88-89 sind unipolar mit der niedrigsten Ausprägung am linken Ende der Skala, die Items 82-83 sind ebenfalls unipolar, aber mit den (bedeutungsmäßig) niedrigen Werten am rechten Pol der Skala. Solche Variationen verlangsamen die Fragebogenbeantwortung und führen leicht zu Antwortfehlern. Es kann sein, daß diese Gestaltung deshalb gewählt wurde, um einer Ja-Sage-Tendenz entgegenzusteuern. Das läßt sich aber besser durch entsprechend variierte Formulierung des *Frageteils* der Items erreichen.

Bei den Items in Abbildung 3.6 erkennt man weiterhin, daß manche Items eine 'weiß nicht'-Antwortkategorie anbieten, andere nicht. Offenbar war man hier der Meinung, daß alle Befragten zu den Items 88 und 89 eine Einstellung ausgeformt hätten und somit diese Kategorie hier überflüssig sei. Nachteilig ist in jedem Fall, daß auch hier wieder - wie schon in Abbildung 3.4 - die 'weiß nicht'-Kategorie numerisch so kodiert wurde, daß ihre qualitative Verschiedenheit von den übrigen Antwortkategorien eher verwischt wird.

Die drei Beispiele machen deutlich, daß bei der Konstruktion der Items, bei der Organisation des Fragebogens und bei seiner graphischen Gestaltung sowohl semantische als auch psychologische und praktische Gesichtspunkte beachtet werden müssen. Zunächst müssen die Items für die Befragten hinreichend klar sein. Dann sollten Frage- und Antwortteil aufeinander abgestimmt sein. Weiterhin sollten die Items nicht die Wahrscheinlichkeit unverbindlicher oder ausweichender Antworten erhöhen, weil es zur allgemeinen Zielsetzung der Umfrage innerhalb eines AEMP gehört, die Mitarbeiter zu einer gewissen Festlegung zu veranlassen. Schließlich sollte die

| | optimal | gut | mäßig | schlecht | ? |
|---|---|---|---|---|---|
| 82. Wie groß ist Ihr Entscheidungsspielraum, um Ihre Arbeit selbst frei gestalten zu können? ...... | 1 | 2 | 3 | 4 | 5 |
| 83. Wenn bei SONNE ein Mitarbeiter wirklich qualifiziert ist, wie gut sind dann seine Chancen, in eine bessere Position aufsteigen zu können? ... | 1 | 2 | 3 | 4 | 5 |

| | viel zu hoch | hoch | gerade recht | zu nieder | ? |
|---|---|---|---|---|---|
| 84. Wie empfinden Sie die Belastungen durch die Arbeit? .................................................... | 1 | 2 | 3 | 4 | 5 |

| | ja | teilweise | kaum | nein | ? |
|---|---|---|---|---|---|
| 85. Streben Sie längerfristig den Aufstieg in eine verantwortungsvollere Position bei SONNE an? | 1 | 2 | 3 | 4 | 5 |
| 86. Werden neue Mitarbeiter bei SONNE ausreichend eingearbeitet und auf ihre Aufgabe angemessen vorbereitet? ................................ | 1 | 2 | 3 | 4 | 5 |
| 87. "So lange ich gut arbeite, ist mir der Arbeitsplatz bei SONNE sicher" Stimmt diese Aussage? ................................ | 1 | 2 | 3 | 4 | 5 |

| | nie | selten | manchmal | häufig | immer |
|---|---|---|---|---|---|
| 88. Wie oft hatten Sie in letzter Zeit Arbeiten zu tun, die Sie für unnötig halten? ........................ | 1 | 2 | 3 | 4 | 5 |
| 89. Machen Sie sich manchmal Sorgen, | | | | | |
| a) Ihren Arbeitsplatz zu verlieren? ................. | 1 | 2 | 3 | 4 | 5 |
| b) über personale Veränderungen im Management? ............................................ | 1 | 2 | 3 | 4 | 5 |

| | sehr gut | gut | mäßig | schlecht | kenne ich nicht |
|---|---|---|---|---|---|
| 90. Wie beurteilen Sie folgende SONNE-Nebenleistungen? | | | | | |
| a) Betriebliche Altersversorgung ...................... | 1 | 2 | 3 | 4 | 5 |
| b) Erfolgsbeteiligung/Cash Bonus .................... | 1 | 2 | 3 | 4 | 5 |
| c) Aktienerwerbsplan ........................................ | 1 | 2 | 3 | 4 | 5 |
| d) Krankenhauszusatzversicherung .................. | 1 | 2 | 3 | 4 | 5 |
| e) Vermögenswirksame Leistungen ................. | 1 | 2 | 3 | 4 | 5 |
| f) Krankengeldzuschuß ...................................... | 1 | 2 | 3 | 4 | 5 |
| g) Fahrtkostenzuschuß ...................................... | 1 | 2 | 3 | 4 | 5 |
| h) Umzugs- und Zuschußregelung .................. | 1 | 2 | 3 | 4 | 5 |
| i) Sportförderung ................................................ | 1 | 2 | 3 | 4 | 5 |
| j) Soziale Aktivitäten, wie Weihnachtsfeier, Oktoberfest, Skirennen .............................. | 1 | 2 | 3 | 4 | 5 |

Abbildung 3.6. Beispielseite aus einem Fragebogen der Firma "Baustoffe-SONNE".

Konstruktion zu wenig Antwortfehlern, vollständigem Ausfüllen, hohem Rücklauf, geringem Zeitbedarf und einem Minimum an Arbeit und Frustrationen auf Seiten der Mitarbeitern, sondern vielmehr zur Erhöhung ihres Interesses an den weiteren Aktionen führen.

Nicht alle diese Forderungen sind kompatibel. Die semantische Klarheit der Antworten erfordert z.B. unipolare Antwortskalen. Diese benötigen aber mehr Zeit zum Lesen und Beantworten, führen zu einem dickeren Fragebogen und zu geringeren Rücklaufquoten. Hippler (1988) empfiehlt, daß ein Fragebogen "in der Regel ... nicht mehr als 12 Seiten umfassen" sollte, obwohl hierbei viele weitere Faktoren wie die Zahl der Items, ihre Verständlichkeit, ihre Interessantheit und die Hoffnung auf nachfolgende Aktionen von Bedeutung sind.

### *Total Design Methode*

Dillman (1983) hat die vielfältigen Faktoren, die bei der Konstruktion eines Fragebogens zu beachten sind, in seiner "Total Design Methode" (TDM) unter einer gewissen theoretischen Perspektive integriert. Die TDM zielt darauf ab, jeden Aspekt einer Umfrage so zu gestalten, daß Qualität und Quantität der Antworten und die Rücklaufquote maximiert werden. Die Grundidee dabei ist, für jeden Gestaltungsaspekt zu überlegen, wie für den Befragten die "Kosten" des Antwortens minimiert und die erkennbaren Vorteile maximiert werden können.

So sieht für den Befragten z.B. ein dicker Fragebogen - mit vielen Seiten und gedruckt auf dickem Papier - von vornherein nach viel Arbeit aus, auch wenn die Zahl der Items gar nicht groß ist. Den gleichen Eindruck machen verbos formulierte Items. Höhere Kosten für den Befragten verursachen auch schwierige Antwortskalen, inhaltlich inhomogene Itemgruppierungen, uninteressante und persönlich irrelevante Inhalte, aber auch Gestaltungsmerkmale wie schlechte Lesbarkeit und Unübersichtlichkeit der Anordnung. Selbst Druckqualität und Gestaltung des Fragebogens sind relevant, wenn sie dem Befragten den Eindruck vermitteln, daß es bei der Umfrage um eine wichtige oder eher nebensächliche Sache geht.

Um die Kosten des Involvements zu reduzieren, muß natürlich nicht nur der Fragebogen selbst beachtet werden. So sollte Vertraulichkeit zugesichert werden, die Zielsetzung des AEMP erklärt werden, die Visibilität und das Commitment der Geschäftsleitung in dieser Sache groß sein usw.. Letztlich kann die gesamte Vorbereitungsphase unter dem TDM-Gesichtspunkt gesehen werden.

### *Pretest*

Nach Auswahl der Themen, Formulierung der Items und Fertigstellung eines Entwurfs für den Fragebogen ist es sinnvoll, einen Pretest mit diesem Fragebogen durchzuführen. Ein solcher Pretest dient *nicht* dazu, die Meinungen von Mitarbeitern zu den im Fragebogen angesprochenen Themen zu eruieren. Vielmehr ist sein Zweck, die Qualität des Fragebogenentwurfs zu prüfen. Untersucht werden soll also, ob die Itemformulierungen verstanden werden, ob der verwendete Jargon der Firmenkultur entspricht und ob für die Mitarbeiter wichtige Themen fehlen. So wird z.B. in einer Firma von 'Sozialleistungen', in einer anderen von 'Zusatzleistungen' gesprochen, in einer von 'Training' und in einer anderen von 'Fort- und Weiterbildung'. Wählt man hier die falschen Begriffe, kommt es zu Mißverständnissen oder Auslassungen. Bisweilen kommt es auch vor, daß der Fragebogen-entwurf aus Mitarbeitersicht einen bestimmten Inhalt "mit Absicht" auszuklammern scheint. So ist es z.B. in einer Mitarbeiterbefragung selten angebracht, das Thema 'Bezahlung' ganz auszulassen, weil es gerade dadurch besonders thematisiert werden kann und vielleicht sogar Mißtrauen bezüglich der Absichten des Managements entstehen kann. (Eine Ausnahmesituation entstünde z.B. dann, wenn die Mitarbeiter zur 'Bezahlung' erst vor kurzem in anderer Form befragt worden wären.)

Für den Pretest genügen i.allg. 8-10 Einzelinterviews von je etwa einer Stunde Dauer mit Mitarbeitern verschiedener Abteilungen und unterer/mittlerer Hierarchiestufen. Die Interviews sollten von einem externen Berater durchgeführt werden, damit die Vertraulichkeit persönlicher Äußerungen sichergestellt ist. Der Berater hat aber nicht nur die Aufgabe, Informationen zu sammeln, sondern sollte auch erreichen, daß die interviewten Mitarbeiter das AEMP "einkaufen". Der Pretest kann nämlich selbst wieder als kleine Intervention gesehen werden, weil die Interviewten sehr wahrscheinlich ihren Kollegen berichten werden, was und wie gefragt werden wird, ob die Fragen "schwer" sind, ob interessante Themen angesprochen werden, ob unangemessene (z.B. "persönliche") Fragen gestellt werden, wie die Anonymität des Einzelnen gesichert wird, usw.. Der Interviewer muß also den Interviewten quasi nebenbei davon überzeugen, daß sich die Teilnahme an der Umfrage auszahlt.

Die Befunde des Pretests werden dann bei der Endredaktion des Fragebogens herangezogen. Bei einem Fragebogen, der von vornherein breit angelegt ist, ergibt sich hierbei i.allg. wenig Neues. Als letzte Sicherungsmaßnahme sollte aber auf einen Pretest dennoch nicht verzichtet werden.

### *Ein spezieller Fragebogen: Voraussagen der Geschäftsleitung*

Bei der Präsentation der Umfragebefunde vor der Geschäftsleitung (oder anderen Gruppen wie dem Koordinationsteam) wird oft geäußert, daß die Ergebnisse "nicht überraschend", "zu erwarten", "trivial" oder ähnliches seien. Dieser Effekt, sozialwissenschaftliche Befunde immer schon vorher gewußt zu haben, ist nicht auf Umfragen beschränkt. Lazarsfeld (1949) hat folgenden Trick angewendet, um diesen Effekt zu neutralisieren. In einer Rezension des fünfbändigen Werkes "The American Soldier" berichtet er zunächst einige faktische Befunde wie die folgenden:

- Weiße Soldaten erwiesen sich als beförderungsmotivierter als Schwarze.
- Soldaten aus den Nordstaaten der USA hatten mit dem schwülen Klima des Südpazifiks größere Probleme als Soldaten aus den Südstaaten.

Diese scheinbar platten Fakten kommentierte Lazarsfeld (1949, S. 380) dann wie folgt: "Warum aber wird so viel Geld und Energie verwendet, um Fakten wie diese festzustellen, die doch so offensichtlich sind? Wäre es nicht vernünftiger, sie als selbstverständlich hinzunehmen und direkt zu einer anspruchsvolleren Fragestellung überzugehen. Das wäre sicher möglich, abgesehen einmal von einem interessanten

Punkt zu der obigen Liste: Jede dieser Feststellungen ist nämlich das genaue Gegenteil von dem, was wirklich gefunden wurde. ... Hätten wir die wirklichen Befunde der Untersuchungen zuerst genannt, dann hätte der Leser diese als 'offensichtlich' bezeichnet. Offensichtlich ist etwas nicht in Ordnung mit der Argumentation der 'Offensichtlichkeit'. " [Übersetzt vom Autor]

Da offenbar viele sozialwissenschaftliche Befunde im nachhinein so überaus plausibel erscheinen, kann der Eindruck entstehen, sie seien auch trivial. Das hat zur Folge, daß die Aufmerksamkeit für die Befunde entsprechend abnimmt und die Motivation schwindet, sich mit den Befunden ernsthaft auseinanderzusetzen.

Dieses Problem läßt sich dadurch lösen, daß man bei den relevanten Personen beizeiten schriftliche Vorhersagen der Umfragebefunde erhebt. Im Prinzip kann man der Geschäftsleitung (oder anderen Gruppen) den Fragebogen, der in der Umfrage zur Anwendung kommt, geben und sie bitten, gewisse Statistiken (z.B. mittlere Ratings) für jedes Item vorherzusagen. Besser ist es, einen besonderen Fragebogen zu entwerfen, wie in Abbildung 3.7 im Auszug illustriert. Die Items dieses Fragebogens entsprechen den Items des Fragebogens der allgemeinen Mitarbeiterumfrage. Nur ihr Antwortformat ist anders: Es fragt nach dem vorhergesagten Prozentsatz der Befragten, die den (Likert-)Items zustimmen. Dabei ist es nicht nötig, alle Items der Mitarbeiterumfrage zu wiederholen. Es genügt für den beabsichtigten Zweck der Enttrivialisierung der Befunde, eine Batterie von etwa 20-30 Items auszuwählen, die (a) für die Geschäftsleitung besonders interessant sind und (b) bei denen zumindest einige dabei sind, bei denen die Vorhersagen erfahrungsgemäß besonders schlecht sind oder zumindest relativ viel Varianz aufweisen. Das erste Item in Abbildung 3.7 erfüllt diese Bedingungen z.T., weil die Geschäftsleitung meist überschätzt, in welchem Ausmaß die Mitarbeiter dieser Aussage zustimmen. Andererseits unterschätzt sie oft, wie stark sich die Mitarbeiter der Firma verbunden fühlen (siehe drittes Item in Abbildung 3.7).

| | |
|---|---|
| ↓ | Schätzen Sie bitte, wie sich die Mitarbeiter in der Umfrage äußern werden. Tragen Sie dazu in die Kästchen vor jeder Feststellung den Prozentsatz der Mitarbeiter von HiTEC ein, die der jeweiligen Feststellungen Ihrer Ansicht nach zustimmen werden. |
| ☐ % | Bei HiTEC werden Dienst- und Serviceleistungen ganz groß geschrieben. |
| ☐ % | Bei HiTEC ist der Kunde König. |
| ☐ % | Ich bin stolz darauf, für HiTEC zu arbeiten. |
| ☐ % | Meine Tätigkeit gibt mir die Möglichkeit, meine Fähigkeiten und Fertigkeiten voll einzusetzen. |
| ☐ % | Ich bin sehr zufrieden mit der Mitsprache bei Entscheidungen, die sich auf meine Arbeit beziehen. |
| | ... |

Abbildung 3.7. Auszug aus einem Fragebogen zur Vorhersage der Umfragebefunde durch die Geschäftsleitung der Firma HiTEC.

# 4. Umfragedurchführung und -auswertung

Nach Abschluß der Vorbereitungs- und Planungsphase sind die verschiedenen Interessensgruppen in das AEMP eingebunden. Ein fertiger Fragebogen liegt vor. Der nächste Schritt ist nun die Datenerhebung. Da wir uns in diesem Buch nur auf die Hauptformen von Mitarbeiterbefragungen konzentrieren wollen, können wir davon ausgehen, daß die Datenerhebung im traditionellen Papier-und-Bleistift-Verfahren und nicht per Interviewer, Telephon oder e-mail erfolgt (siehe hierzu etwa Burkhardt, 1992; Rea & Parker, 1992; Porst et al., im Druck).

Die Argumente für eine schriftliche (oder elektronische) Umfrage und gegen eine Interviewmethode (sei es face-to-face oder per Telefon) sind bei einem AEMP überwältigend. Die schriftliche Umfrage eröffnet die Möglichkeit zur statistisch-quantitativen Behandlung der Daten. Die Daten werden bei allen Mitarbeitern praktisch gleichzeitig erhoben, nicht kumulativ in einem über Wochen und Monate dauernden Prozeß, bei dem man wegen der heutigen Dynamik der Organisationen und ihrer Umwelt eigentlich immer nur Daten aus sehr engen Zeitfenstern vergleichen kann. Die Daten sind objektiv, der Befragte bleibt anonym. Face-to-face Interviewreihen sind zudem für die Interviewer schwierig, weil sich bei ihnen nur allzu schnell der Eindruck durchsetzt, jetzt alles genau zu verstehen. Solche Vorurteile werden dann in weiteren Interviews nur noch verhärtet. Damit tritt beim Interviewer schnell eine massive Sättigung oder gar Überdruß ein. Außerdem ist die schriftliche Umfrage im Rahmen eines AEMP nur der erste Schritt, der die quantitative Basis legt für qualitative Ergänzungen im Rahmen der Gruppengespräche. Schließlich sind schriftliche Umfragen auch noch billiger, organisatorisch leichter zu handhaben und haben wegen ihrer weit größeren Visibilität ein viel mächtigeres Auftau- und Bewegungspotential.

Die Mitarbeiter bekommen also im Rahmen der Datenerhebung einen gedruckten Fragebogen, dessen Items sie individuell, schriftlich und weitgehend ohne weitere Unterstützung (z.B. durch Interviewer) beantworten sollen. Der Fragebogen muß auf eigenen Füßen stehen und so gestaltet sein, daß sich die Items selbst erklären oder einen Einleitungsteil enthalten, der den Befragten ihre Aufgabe klar macht.

## 4.1 Umfragedurchführung

Darüber, wie eine Umfrage im Rahmen einer Mitarbeiterbefragung konkret organisiert wird - d.h. darüber, wie, wo und wann die Fragebögen verteilt und eingesammelt werden, ob und wie nachgefaßt wird, wie man Mitarbeiter im Außendienst anspricht usw. - wird in der Literatur wenig berichtet. Diese Fragen haben eher einen praktisch-organisatorischen Charakter, sind aber nichtsdestoweniger für ein erfolgreiches AEMP wichtig.

*Teilnahme und Teilnehmer*

Die Teilnahme an einer Mitarbeiterbefragung muß für den einzelnen Mitarbeiter grundsätzlich freiwillig sein. Juristische Aspekte sind dabei nebensächlich, weil eine Verpflichtung zur Teilnahme praktisch allen Zielen des AEMP zuwiderläuft und sogar die Validität der erhobenen Daten zweifelhaft erscheinen läßt. Die Freiwilligkeit der Teilnahme schließt aber nicht aus, daß ein gewisser sozialer Druck auf den Einzelnen ausgeübt wird etwa in dem Sinn, in dem der Bürger auch dazu motiviert wird, zur Wahl zu gehen.

Im allgemeinen sind alle Mitarbeiter der Organisation zur Teilnahme an der Mitarbeiterbefragung aufgefordert - vom Pförtner bis zum Geschäftsführer. Insbesondere ist es kontraproduktiv, wenn sich die Geschäftsleitung als besondere Gruppe aussondert. Auch wenn sich eine Mitarbeiterbefragung an besondere Geschäftsbereiche richtet (z.B. den Außendienst oder die Entwicklungsabteilung), gilt grundsätzlich, daß alle Mitarbeiter dieses Bereiches bzw. alle Mitarbeiter, die mit diesem Bereich direkt zusammenarbeiten, an der Befragung teilnehmen sollten. Das in der Umgangssprache verbreitete Verständnis von 'Mitarbeitern' als Personen, die keine Personalverantwortung tragen, gilt also für den Begriff der Mitarbeiterbefragung nicht - oder besser gesagt: nicht mehr, weil Mitarbeiterbefragungen historisch betrachtet als "Belegschaftsbefragungen" entstanden sind (siehe Kapitel 1).

Die prinzipiellen Entscheidung, die Mitarbeiterbefragung für alle Mitarbeiter der Organisation durchzuführen, heißt also vor allem, daß in bezug auf die Hierarchiestufen nicht gefiltert wird. Dagegen werden in der Praxis meist Mitarbeiter mit relativ kurzen Zeitverträgen nicht zur Befragung zugelassen, weil ein längerfristiges Commitment zur Organisation für ein AEMP notwendig erscheint. Möglich ist aber auch, solche Mitarbeiter durch eine entsprechende demographische Variable zu identifizieren und dann später statistisch auszufiltern.

Mitarbeiter, für die schon abzusehen ist, daß sie zum Zeitpunkt der Umfrage nicht anwesend sein werden (Kranke, Urlauber, Dienstreisende usw.), sollten ebenfalls die Möglichkeit erhalten, sich an der Mitarbeiterbefragung zu beteiligen. Der einfachste Weg dazu ist es, ihnen per Post einen Fragebogen samt frankiertem Rückumschlag zuzuschicken.

Gelegentlich äußern Mitarbeiter, die einen längeren Urlaub oder eine weite Dienstreise antreten, den Wunsch, einen Fragebogen schon vorab ausfüllen zu dürfen. Man kann solche Möglichkeiten z.B. dadurch eröffnen, daß diese Personen in den Räumen des Betriebsrats den Fragebogen vorab ausfüllen können. In der Praxis erweisen sich solche Spezialarrangements allerdings als organisatorisch sehr aufwendig. Letztlich ist es einfacher, nur ein Vor-Ort-Ausfüllen bzw. ein persönliches Abgeben oder die Postzusendung direkt an das Datenerfassungsbüro zuzulassen.

*Stichprobe versus Vollbefragung*

Im Rahmen eines AEMP ist eine Vollbefragung normal. Ist man dagegen an den interventionistischen Momenten eines AEMP nicht interessiert oder versucht sogar, diese so klein wie möglich zu halten, dann sollte man eine Stichprobenbefragung machen. Je größer die Organisation und je kleiner die Stichprobe, desto weniger Auswirkungen hat der Eingriff der Befragung auf die Organisation ("Temperaturmessung"), etwa so wie eine repräsentative Umfrage zum Wählerverhalten den Ausgang der Bundestagswahl insgesamt nicht beeinflußt. Bei einem AEMP will man aber gerade durch die Befragung selbst in ein Veränderungsmanagement einsteigen. Eine Stichprobenbefragung wird daher nur im Rahmen der Evaluation der Aktionen verwendet (siehe Kapitel 10).

Die Entscheidung zwischen Stichproben- oder Vollbefragungen reduziert sich aber nicht auf die Frage nach einer Interventionseffektmaximierung oder -minimierung. Bei Stichproben stellt sich z.B. die Frage nach ihrer Repräsentativität. Repräsentativ ist eine Stichprobe, wenn sie so konstruiert ist, daß die in ihr erfaßten Personen in bezug auf gewisse Merkmale die gleiche Verteilung haben wie die Gesamtheit der Personen in der Organisation. Als in dieser Hinsicht besonders wichtige Merkmale werden i.d.R. vor allem 'Hierarchiestufen' und 'Organisationsbereiche' betrachtet. Versucht wird dann, die Stichprobe so zu ziehen, daß der Anteil der Personen der verschiedenen Hierarchiestufen und Bereiche dem in der Grundgesamtheit entspricht. Für eine Zufallsauswahl müssen zunächst alle Mitarbeiter nach diesen beiden Merkmalen kodiert und in einer Datenbank ("Urne") gespeichert werden. Diese Datenbank liegt jedoch i.allg. nicht vor oder ist nicht ohne weiteres zugänglich. Man behilft sich dann oft damit, daß man auf Grund der *Rand*verteilungen schätzt, in welchen Anteilen die verschiedenen Merkmalskombinationen in der Stichprobe vertreten sein sollen. Weiß man z.B., daß 30%, 20% bzw. 50% der Mitarbeiter zu den Bereichen A, B bzw. C gehören und daß 30% Vorgesetzte sind, dann schätzt man hieraus, daß im Bereich A 30% von 30%, also 9% Vorgesetzte sind. Wenn die Firma 1000 Mitarbeiter hat und der Stichprobenumfang 100 sein soll, dann soll die Stichprobe also 9 Vorgesetzte aus Bereich A enthalten. Diese wählt man dann z.B. so aus, daß beginnend mit einem zufällig gewählten Anfangsbuchstaben aus einer Namensliste die nächsten 9 Vorgesetzten in die Stichprobe aufnimmt. Es kann aber sein, daß in dieser Abteilung faktisch viel mehr oder viel weniger Vorgesetzte sind. Aus den Randsummen läßt sich eben nicht eindeutig auf die Verteilung in den Zellen schließen. Bei einer sehr feinen Schichtung kann sogar der Fall eintreten, daß Mitarbeiter mit gewissen Merkmalskombinationen in manchen Zellen überhaupt nicht existieren. Dann müssen die anderen Zellen entsprechend vergrößert werden, um den Stichprobenumfang zu halten.

Praktisch betrachtet entsteht bei der Stichprobenziehung also oft ein Konflikt zwischen einer einfachen, billigen Lösung und einer statistisch sauberen, aber aufwendi-- gen Vorgehensweise. Zudem ist noch zu bedenken, daß die Möglichkeit, die Daten nach verschiedenen Merkmalen herunterzubrechen, in einer Stichprobe begrenzt sind, wenn - wie üblich - garantiert wird, daß nur Statistiken berichtet werden, die für Gruppen von mindestens N (meist N=8) Personen berechnet werden. Diese Anonymitätsschranke führt dazu, daß die Datenauswertung kompliziert und aufwendig wird, weil möglicherweise immer wieder neue, sinnvolle Kategorienzusammenlegungen überlegt werden müssen.

Stichproben haben bei Mitarbeiterbefragungen aber auch potentielle psychologische Nachteile. Dunham & Smith (1979) schreiben hierzu: "Weil die Mitarbeiter Befragungen oft begrüßen, ... können sie es übelnehmen, wenn Stichprobenverfahren verwendet werden, die sie nicht berücksichtigen, Auf der anderen Seite können diejenigen, die in die Stichprobe aufgenommen werden, das Gefühl bekommen, daß sie aus einem besonderen Grund herausgepickt wurden und dann entsprechend negativ reagieren " (S. 66, Übersetzung vom Autor). In der Praxis versucht man dieses Problem bisweilen dadurch zu lösen, daß man den Mitarbeitern, die nicht in der Stichprobe sind, die Möglichkeit gibt, sich dennoch an der Umfrage zu beteiligen, wenn sie dies wünschen. Dieses Vorgehen verfälscht aber die Repräsentativität der Befunde und kann zudem dazu führen, daß das Management die Ergebnisse mit dem Argument zurückweist, daß "wahrscheinlich die ewigen Meckerer" überrepräsentiert sind.

*Art der Umfragedurchführung*

Eine schriftliche Umfrage kann verschieden organisiert werden. Opgenoorth (1985) berichtet z.B. eine Mitarbeiterbefragung bei Bayer/Leverkusen, bei der der Fragebogen - zusammen mit einem Anschreiben - der Werkszeitung beigelegt wurde. In den Zweigbetrieben wurden die Fragebogen "zur Auslage in der Nähe der schwarzen Bretter" (S. 207) gebracht. Obwohl grundsätzlich bei Mitarbeiterbefragungen gilt, daß die Beteiligung der Mitarbeiter freiwillig ist, wird bei einer solchen Form der Umfragedurchführung zu wenig zur Teilnahme motiviert. Zudem ist hier nicht klar, ob der Fragebogen während der Arbeitszeit ausgefüllt werden kann. Das führt zu sehr niedrigen Rücklaufquoten (nur 12% im Beispiel). Außerdem könnte eine Person bei dieser Erhebungsform prinzipiell mehrere Fragebögen abgeben. Schließlich kann es auch zu Beschwerden kommen, weil Fragebögen verloren gehen oder ausgehen.

Claassen (1985) berichtet dagegen von einer sehr viel kompakteren Vorgehensweise bei der Hamburg-Mannheimer-Versicherung, bei der die Datenerhebung innerhalb eines Tages abgewickelt wurde. (Nur Urlauber und Kranke hatten noch 4 Wochen Gelegenheit, ihren Fragebogen "nachzuliefern".) Die Datenerhebung wurde von 20 Befragungshelfern durchgeführt, "die über gute Kenntnisse der Organisationsstruktur des Hauses verfügten. Ihre Aufgabe war:

- Anhand der Personalliste die Kennziffern auf die Fragebögen zu übertragen;
- die Bögen in den ihnen zugewiesenen Bereichen persönlich zu verteilen;
- Rückfragen und Probleme direkt vor Ort zu klären;
- nach 1-2 Stunden gruppenweise im verschlossenen Umschlag die ausgefüllten Bögen wieder abzuholen;
- nicht anwesende Mitarbeiter festzustellen" (Claassen, 1985, S. 327).

Die Rücklaufquote von ca. 90% kommentiert Claassen damit, daß sie "sicher insbesondere auf die knappe Zeitvorgabe und die unmittelbare Betreuung durch die Befragungshelfer zurückzuführen" sei.

Eine Alternative zu dieser Vorgehensweise ist in der Praxis üblicherer Erhebung der Daten in besonderen Sitzungen (Meetings). Sie bieten einige grundsätzliche Vorteile. Fragebögen, die irgendwann am Arbeitsplatz ausgefüllt werden sollen, bleiben oft liegen. Die Mitarbeiter werden zudem beim Ausfüllen gestört (z.B. durch das Telefon), fühlen sich durch Kollegen oder Vorgesetzte beobachtet oder dazu gedrängt, den Fragebogen gemeinsam mit Anderen auszufüllen. Meetings bieten dagegen eine besondere, seriöse Atmosphäre und die nötige Ruhe.

Die Meetings finden während der Arbeitszeit statt. Dunham & Smith (1979) empfehlen, die Vorgesetzten über den genauen Zeitpunkt dieser Meetings etwa sechs Wochen im voraus zu informieren und ihnen die Fragebögen zuzuschicken. Die Vorgesetzten sollen diese Meetings organisieren und durchführen. Dunham & Smith (1979) geben hierfür die folgenden Empfehlungen:

- Die Meetings sollten so geplant sein, daß jeweils mindestens 25 Mitarbeiter teilnehmen können, um so das Gefühl der Anonymität zu verstärken.
- Die Atmosphäre sollte "entspannt" sein: Das Meeting dient nur der Umfrage, kein anderes Thema sollte behandelt werden.
- Die Mitarbeiter kommen in Gruppen und suchen sich ihre Plätze selbst.
- Der Durchführende führt in das Thema ein, erklärt wie die Fragebögen auszufüllen sind, beantwortet Fragen.
- Falls die Anwesenheit des Durchführenden im Weiteren störend sein sollte, verläßt er den Raum; andernfalls bleibt er am Frontende des Raumes sitzen; keinesfalls läuft er während des Ausfüllens herum.
- Die ausgefüllten Fragebögen werden von den Mitarbeitern in einen Karton am Ausgang geworfen. Die Kartons werden von zwei Mitarbeitern aus dem Meeting zugeklebt, mit vorbereiteten Aufklebern versehen und in die Poststelle gebracht, die das Material zur Datenerfassung außer Haus verschickt.

*Die Wahllokal-Methode*

Nach der Erfahrung des Autors aus etwa 40 Mitarbeiterumfragen lassen sich die obigen Empfehlungen kombinieren und erweitern. Am effektivsten erscheint es, die Umfrage wie eine Wahlveranstaltung zu organisieren. Abbildung 4.1 zeigt ein entsprechendes Foto, das in der zum "Wahllokal" umfunktionierten Kantine eines mittelständischen Unternehmens aufgenommen wurde. Die Kartons links und rechts, in die die Mitarbeiter Umschläge stecken, in denen ihre Fragebögen ("ihre Wahlzettel") enthalten sind, sind "Urnen", die das Koordinationsteam gefertigt hat. Zwei Mitglieder des Koordinationsteams - gewissermaßen die Wahlleiter - sitzen am Tisch und vermerken in Namenslisten (oft erweiterte Telefonlisten), wer einen Fragebogen abgegeben hat. Obwohl die Umfrage freiwillig ist, muß registriert werden, wer "gewählt" hat, damit (1) keiner mehrfach wählt und (2) kranken oder anderweitig verhinderten Mitarbeitern durch Zusendung eines Fragebogens (incl. frankiertem und an das Datenerfassungsbüro adressiertem Rückumschlag) die Möglichkeit gegeben wird, an der Umfrage teilzunehmen.

Im Hintergrund des Fotos sieht man einige Mitarbeiter beim Ausfüllen ihrer Fragebögen. Sie haben sich diese - nebst Umschlag und Kugelschreiber, den sie in diesem Fall als "Geschenk" behalten konnten - beim Hereinkommen von einem Mitglied des Koordinationsteams abgeholt und dann ihren Platz frei gewählt. Dabei ist typisch, daß sie sich eher verteilt setzen, mit ausreichend Abstand zu ihren Kollegen. Der Fall, daß zwei oder mehr Mitarbeiter den Fragebogen zusammen ausfüllen, ist in der Praxis sehr selten. Oft decken die Befragten die Teile des Fragebogens, die sie schon ausgefüllt haben, noch gegen die Einsicht anderer irgendwie ab (siehe Abbildung 4.2). Um diese offenbar gewünschte Privatheit besser sicherzustellen, werden bisweilen noch Sichtblenden zwischen den Plätzen aufgestellt.

Das Abhaken ihrer Namen beim Einwerfen der Fragebögen in die Urnen führt erfahrungsgemäß zu keinen Protesten. Voraussetzung ist allerdings, daß den Mitarbeitern die Gründe für diese Vorgehensweise, die vorher mit dem Koordinationsteam abgesprochen werden muß, nachvollziehbar erklärt werden (siehe Tabelle 2.1).

In Außenbüros, Geschäftsstellen usw. muß die Wahllokal-Methode modifiziert werden. Hier kann auf ein Verfahren zurückgegriffen werden, wie es Dunham & Smith (siehe oben) empfehlen. Zu beachten ist dabei, daß die ausgefüllten Fragebögen keinesfalls vom Vorgesetzen eingesammelt oder weitergeschickt werden. Vielmehr sollten auch hier Urnen gebaut werden, die dann von zwei Mitarbeitern direkt verschickt werden bzw. von diesen geöffnet, umgepackt und verschickt werden.

Bei der Wahllokal-Methode hat es sich als unpraktisch erwiesen, die Mitarbeiter in Gruppen und festen Zeitintervallen zur Umfrage vorzusehen und dann jedes Meeting mit einer Einführung etc. zu eröffnen, wie dies Dunham & Smith (siehe oben) vorschlagen. Verträglicher mit der Realität des Arbeitslebens ist es, für jede Abteilung ein oder zwei 1-2 stündige Zeitfenster vorzusehen, während derer die Mitarbeiter Gelegenheit haben, sich an der Umfrage zu beteiligen. Diese Zeitfenster vereinbart das Koordinationsteam mit dem Vorgesetzten der Abteilung entsprechend der Arbeitsbelastung. Zwei Zeitfenster werden dann benötigt, wenn die Abteilung auch nicht für kurze Zeit zum völligen Stillstand kommen kann. Die Mitarbeiter werden entsprechend informiert und den Zeitfenstern zugeteilt. Ein Mitarbeiter der Abteilung ist dafür verantwortlich, den Beginn der Zeitfenster vor Ort nochmals "einzuläuten". Die Mitarbeiter können dann gemeinsam zum Wahllokal gehen, was zu einem nützlichen sozialen Druck auf den einzelnen Mitarbeiter führt, sich ebenfalls an der Umfrage zu beteiligen.

Der Betriebsrat möchte bei der Datenerhebung bisweilen eine besondere Rolle, nämlich die des Wahlbeobachters, übernehmen. Diesem Wunsch sollte i.allg. nicht entsprochen werden. Die Rollenverteilung für die verschiedenen Interessensgruppen wurde in der Vorbereitungs- und Planungsphase geklärt und sollte nicht ständig neu diskutiert werden. Verantwortlich für die ordnungsgemäße und effektive Durchführung der Umfrage ist das Koordinationsteam. Jede erneute Diskussion der Rollen kostet Zeit und verwischt möglicherweise nur diese Verantwortlichkeit. Die Mitglieder des Betriebsrats nehmen - wie jeder andere Mitarbeiter auch - an den Sitzungen nur zum Ausfüllen des Fragebogens teil. Ebenso sollten Vorgesetzte und höhere Führungskräfte, wann immer möglich, die Fragebögen in den Wahllokalen ausfüllen und keine Sonderrollen beanspruchen.

Abbildung 4.1. Datenerhebung nach der Wahllokal-Methode in einem mittelständischen Betrieb.

Abbildung 4.2. Mitarbeiter beim Ausfüllen des Fragebogens im Wahllokal.

*Organisatorische Vorbereitung*

Für eine erfolgreiche Datenerhebung nach der obigen Wahllokal-Methode müssen einige organisatorische Vorbereitungen getroffen werden, die das Koordinationsteam übernehmen sollte. Es ist nötig, eine Sitzung einzuberaumen, in der die gesamte Terminierung durchgesprochen, schriftlich festgehalten und an die verantwortlichen Vorgesetzten und Mitarbeiter vor Ort kommuniziert wird. Dabei wird auch vereinbart, welche Mitglieder des Koordinationsteams als Sitzungsleiter in den Wahllokalen anwesend sind bzw. welche anderen Personen diese Aufgabe übernehmen können. Evtl. ist es erforderlich, daß in besonders kritischen Gruppen externe Berater als "Wahlbeobachter" anwesend sind und anschließend die Urnen direkt mitnehmen.

Zudem müssen die Räume reserviert werden und das Vorhandensein von Fragebögen, Umschlägen, Kugelschreibern, Urnen, Namenslisten usw. sichergestellt werden. Gerade diese kleinen Dinge werden oft übersehen und führen dann zu erheblichen Störungen in der Umfrage.

*Fragebogenzusendung per Post*

Die Sitzungsleiter erfassen mittels der Namenslisten die Personen, die einen Fragebogen abgegeben haben. Den Mitarbeitern, die keinen Fragebogen abgeben und die nicht schon vorab für die "Briefwahl" vorgesehen wurden (z.B. Außendienstler, Urlauber, Kranke), wird vom Koordinationsteam ein Fragebogen samt frankiertem Umschlag zugeschickt. Der Umschlag ist an das Datenerfassungsbüro adressiert. Er enthält zusätzlich ein Anschreiben vom Koordinationsteam, das nochmals die Wichtigkeit jeder einzelnen Meinungsäußerung betont mit dem Hinweis darauf, daß bei einer zu geringen Beteiligung, möglicherweise die zur Wahrung der Anonymität festgesetzte Mindestzahl von Personen in der Abteilung/Gruppe des jeweiligen Mitarbeiters nicht erreicht wird und damit die Daten dieser Einheit nicht gesondert analysiert werden können. Der Mitarbeiter wird gebeten, seinen Fragebogen bis zu einem bestimmten Stichtag auszufüllen und abzuschicken. Um evtl. nochmals nachfassen zu können, bittet man den Mitarbeiter zusätzlich, eine vorbereitetes Informationsschreiben darüber, daß er seinen Fragebogen ausgefüllt und abgeschickt hat, an das Koordinationsteam zu schicken.

*Rücklaufcontrolling und Nachfassen*

Sowohl bei der Umfrage in Wahllokalen wie bei der Postzusendung ist es von größter Wichtigkeit, schon während der Umfrage ständig den Stand des Rücklaufs zu kontrollieren. Die Informationen müssen bei einem Mitglied des Koordinationsteams zusammenfließen. So kann z.B. bei Abteilungen mit zwei (oder mehr) Zeitfenstern der für die Organisation der Datenerhebung in dieser Abteilung Verantwortliche sofort informiert werden, um entsprechend zur Teilnahme zu motivieren. In der Praxis erweist sich die Vor-Ort-Motivierung oft als entscheidend für hohe Rücklaufquoten. Viele Mitarbeiter sind zwar grundsätzlich der Mitarbeiterbefragung gegenüber positiv eingestellt, werden dann aber vom Tagesgeschäft davon abgehalten, zur Umfrage zu gehen bzw. entschuldigen sich damit, daß es auf einen Fragebogen mehr oder weniger auch nicht ankommt.

Die Vor-Ort-Motivierung funktioniert in der Praxis letztlich nur durch "walking around", d.h. durch konkretes Ansprechen jedes einzelnen Mitarbeiters ("Schon zur Umfrage gegangen? Bitte jetzt gehen, es ist für uns alle wichtig, ..."). Allgemeine Gießkannenappelle sind selten effektiv.

Nachfaßaktionen sind auch bei der Fragebogenzusendung per Post wichtig. Gerade hier zeigt sich, daß Mitarbeiter den Fragebogen wiederholt zu Hause vergessen, im Auto liegenlassen, nicht mehr finden können usw. Sind Rücklaufzahlen verfügbar, können die Verantwortlichen vor Ort darüber informieren ("Erst 90% Rücklauf. Bitte heute noch abschicken!") bzw. sogar eine gewisse Wettbewerbssituation dadurch erzeugen, daß sie über die Rücklaufquoten anderer Abteilungen berichten. Es zeigt sich, daß dies auch den "sportlichen Ehrgeiz" - besonders auch der Vorgesetzten - anspornt, zumindest nicht als "Schlappi- oder Faulpelzabteilung" dazustehen.

Bei entsprechender Vorbereitung, Planung und Durchführung der Umfrage (wie oben beschrieben) kann man nach Erfahrung des Autors mit einer Rücklaufquote von mindestens 90% rechnen. Andere Autoren berichten weit schlechtere Werte, haben aber offenbar auch wesentlich bescheidenere Ansprüche. So bezeichnet beispielsweise Opgenoorth (1985, S.207) eine Rücklaufquote von 12% (!) lediglich als "nicht sehr hoch". Hohe Rücklaufquoten erreicht man jedoch i.allg. nur dann, wenn das Koordinationsteam und der externe Berater gemeinsam die Verantwortung für eine sehr hohe Rücklaufquote übernehmen, weil nur dann entsprechend organisiert und nachgefaßt wird.

## 4.2 Datenanalyse

Die Analyse der Umfragedaten unterscheidet sich in mancher Hinsicht von der Analyse einer sozialwissenschaftlichen Studie mit wissenschaftlicher Fragestellung. So kommt es im Kontext eines AEMP darauf an, möglichst zügig Berichte zu liefern, die zwar hinreichend differenziert sind, aber nicht zu einer Paralyse durch komplexe "einerseits-andererseits"-Analysen führen, sondern vielmehr die weiteren Prozesse befruchten. Zudem genügt meist eine reine Darstellung der Befunde nicht, sondern es werden Interpretationen - insbesondere durch Vergleichswerte - nötig, zusammen mit Präsentationen, die auf die Fragen der jeweiligen Interessensgruppen zugeschnitten sind und die zunächst einmal die Akzeptanz der Befunde sicherstellen müssen.

*Datenerfassung*

Die heute vorherrschende Form der Datenerfassung ist die manuelle Übertragung der Skalenwerte, der offenen Fragen und der Kommentare auf elektronische Datenträger am PC. Von der Möglichkeit, Daten einzuscannen, wird noch wenig Gebrauch gemacht. Die Scanner-Technologie ist noch nicht einfach und reliabel genug. Zur Zeit wird sie nur von einigen sehr großen Firmen verwendet. Bei kleineren Firmen ist die manuelle Dateneingabe in jedem Fall einfacher, billiger, zuverlässiger und organisatorisch flexibler. Man kann vorab entsprechende Eingabemasken aufsetzen und die Dateneingabe sofort mit dem Eintreffen der ersten Fragebögen beginnen. Die eingegebenen Daten können sofort für gewisse Grundauszählungen verwendet werden, die evtl. für weitere Nachfaßaktionen bzw. für die weitere Planung der Gruppengespräche relevant sein können. Die Dateneingabe von Nachzüglern ist problemlos, weil PCs überall verfügbar und die Eingabeprogramme leicht transportabel sind.

Das Scanning erfolgt dagegen in toto, d.h. ein bestimmter Termin wird für die Datenerfassung reserviert, an dem alle bis dahin gesammelten Fragebögen eingelesen werden. Ein quasi kontinuierliches Einlesen, das Datenauswertung für das Rücklaufcontrolling ermöglicht, ist damit unmöglich. Außerdem ist das Einscannen von handschriftlichen Kommentaren schon rein technisch sehr problematisch.

Kommentare werden bei manueller Eingabe zudem noch editiert, wenn dies erforderlich scheint, um die Anonymität des Kommentators zu schützen und die Inhalte sachorientiert zu halten. So werden ausgefallene Worte/Redewendungen durch gebräuchlichere ausgetauscht, Personennamen (wie z.B. "mein Vorgesetzter Wolfgang Müller") gestrichen und durch eine allgemeinere Aussage ersetzt (hier: "mein Vorgesetzter"), Beleidigendes in Sachliches verändert und überhaupt Ausdrucksweisen, die geeignet sind, eher Reaktanz statt konstruktiver Problemorientierung zu erzeugen, versachlicht. Diese Arbeit erfordert in jedem Fall eine Handbearbeitung der Texte und dabei auch Intelligenz und Einfühlungsvermögen.

Offene Fragen stellen i.allg. das größte Problem dar, weil sie einer Kodierung bedürfen. Nehmen wir als Beispiel die oft gestellte Frage danach, welche Fort- und Weiterbildungsmaßnahmen dem Befragten am meisten in seiner weiteren Entwicklung helfen würden. Hier ist es wenig sinnvoll, eine Liste von Vorgaben zu machen. Statt dessen läßt man z.B. bis zu drei Antworten zu. Die Antworten der Befragten umfassen dann oft Inhalte wie 'Rhetorik', 'Englisch', 'Produkttraining' usw., aber auch sehr viel Spezielles. Im Prinzip sollten alle diese Nennungen so kodiert werden, daß die Spezialinhalte in der Auswertung nicht nur unstrukturiert aufgelistet werden, sondern sinnvolle Gruppen bilden. Das ist in der Praxis nur dann zu erreichen, wenn von der Organisation selbst eine Kodierliste erstellt wird. Ansonsten verwendet man Kodierschemata, die die Standardantworten sinnvoll gruppieren, und kodiert die Spezialnennungen sequentiell. Diese müssen dann z.B. von der Trainingsabteilung im nachhinein per Hand geordnet werden.

*Berichte*

Auswertungen von Mitarbeiterbefragungen erfolgen in vielen Organisationen immer noch so, daß dicke Tabellenbände erstellt werden, aus denen sich dann die einzelnen Führungskräfte die sie interessierenden Zahlen per Hand herausziehen müssen, um sie ihren Mitarbeitern weiterzuberichten. Das ist einerseits aufwendig und fehleranfällig, andererseits hat es den Nachteil, daß zu viel Information allgemein zugänglich wird, die in gewisser Weise vertraulich ist. Im Grunde geht es weder die Vorgesetzten noch die Mitarbeiter von Abteilung A an, was die Umfrage in Abteilung B ergeben hat. Relevant ist lediglich der eigene Befund und - als Interpretationshilfen - noch die Daten für die Organisation allgemein und evtl. auch die für den Geschäftsbereich, dem die Abteilung angehört. Sind auch andere Daten zugänglich, dann kommt es typischerweise zu endlosen Vergleichereien statt zu einer Konzentration auf die eigenen Daten.

Es ist daher sinnvoll, statt eines großen Tabellenbandes viele kleinere Berichte zu erstellen, die jeweils auf einen besonderen Zweck abgestellt sind. Eine Standardauswertung dieser Art umfaßt normalerweise folgendes:

- einen Globalbericht, in dem die Befunde für alle Mitarbeiter der Organisation zusammenfassend dargestellt sind;
- Bereichsberichte, die die Befunde für alle Mitarbeiter eines bestimmten Bereichs enthalten, zusammen mit allen Kommentaren der Mitarbeiter dieses Bereichs;
- Abteilungsberichte, in dem die Befunde für die Mitarbeiter einer Abteilung bzw. jeder Gruppe von Personen, mit der später ein gesondertes Gruppengespräch geführt werden wird, berichtet werden;
- Spezialberichte für bestimmte Gruppen wie z.B. das mittlere Management;
- einen Kommentarband, der die Kommentare aller Mitarbeiter - geordnet nach Inhaltsgebieten - wiedergibt;
- einen Kreuztabellenband, in dem in kompakter Form die Äußerungen der Mitarbeiter zu allen geschlossenen Fragen nach allen demographischen Variablen aufgeschlüsselt sind.

*Statistische Datenaufbereitung*

Die überwiegende Mehrzahl der Items in Mitarbeiterumfragen sind geschlossene Items. Gehen wir einmal davon aus, daß die Items bipolar i.S. des Likert-Formats formuliert sind, dann stellt sich die Frage, wie man die Daten statistisch aufbereiten soll. Hier findet man in der Praxis Verschiedenes. Bisweilen wird für jedes Item die gesamte Verteilung berichtet, d.h. es wird angegeben, wie viele Befragte (in Prozent) die Kategorie 1 der Antwortskala gewählt haben, wie viele Kategorie 2 usw. (Hunsdiek, 1991). Das führt zu sehr umfangreichen Berichten, die für die Praxis meist zu wenig verdichtet sind. Folglich kommt es regelmäßig zum Wunsch an den externen Berater, die Dinge einmal in Worten zusammenzufassen - eine Aufgabe, die dann eher wenig methodisch verläuft.

Die meisten Analytiker verwenden daher Statistiken, die die wesentlichen Merkmale der Verteilungen ausdrücken. In der akademischen Forschung sind dies meist Skalenmittelwerte (Neuberger & Allerbeck, 1978; v. Rosenstiel et al., 1983). In der mehr praxisorientierten Forschung findet man dagegen eher graphische Darstellungen dieser Mittelwerte (Kellner et al., 1985; Süssenguth, 1991), weil sich damit die sonst immer wiederkehrende Frage erledigt, wie denn die Skala aussah und wie ihre Kategorien charakterisiert waren. Noch kompakter und gar nicht mehr erklärungsbedürftig ist es, den Prozentsatz der Personen, die einem Item zugestimmt haben (Zustimmungsprozent), zu berichten bzw. sowohl die Zustimmungs- wie die Ablehnungsprozente (Bruennecke & Canisius, 1991; Control Data Business Advisors, 1986; Opinion Research Corporation, 1986) anzugeben. Der Befund etwa, daß 70% der Mitarbeiter mit ihrem direkten Vorgesetzten mehr oder weniger zufrieden - aber eben doch "zufrieden" - waren, ist unmittelbar zu verstehen.

Borg (1989) hat nachgewiesen, daß Zustimmungssprozente sehr genau in Mittelwerte umzurechnen sind und umgekehrt, vorausgesetzt die Verteilung ist einigermaßen eingipfelig. Ist sie dies nicht, dann ist natürlich auch ein Mittelwert nur wenig deskriptiv. Die Eingipfeligkeit scheint aber für die in Mitarbeiterbefragungen verwendeten Items - zumindest bei größerem Stichprobenumfang - eher normal zu sein: Ein Test aller Items aus ingesamt 20 Organisationsumfragen ermittelte lediglich 7 Items, bei denen die Eingipfeligkeitshypothese statistisch abzulehnen war (Dip-Test). Dieser Befund ist deshalb wichtig, weil bei der Präsentation von Zustimmungsprozenten des öfteren bemerkt wird, daß man mit der Dicho- oder Trichotomisierung (ja/nein bzw. ja/teils-teils/nein, je nach Antwortformat) der Skalenwerte Information gegenüber dem Mittelwert verliert. Im übrigen läßt sich ein Eingipfeligkeitstest routinemäßig durchführen: Im Fall einer Ablehnung ist es sinnvoll, die gesamte Verteilung zu berichten. Bei kleinen Stichproben (N<30) ist der Zusammenhang von Zustimmungsprozenten und Mittelwerten allerdings nicht so eng, so daß es sich in diesem Fall empfiehlt, beide Statistiken zu berichten.

*Globalbericht*

Der Globalbericht wird für die Geschäftsleitung und das Koordinationsteam erstellt. Er besteht aus

- dem Executive Summary, in dem auf einer Seite die Hauptbefunde stichwortartig festgehalten werden (allgemeine Zielsetzung, Daten der Umfrage, Rücklaufquote, Zufriedenheitswerte im Vergleich zu Normwerten für die Branche, besonders wichtige oder auffällige Meinungen/Einstellungen unter der gegebenen Zielsetzung);
- dem Textteil, in dem Allgemeines zur Umfrage festgehalen wird (Ziele, Themen, Zahl der Berichte), die Rücklaufquote angegeben wird, allgemeine Zufriedenheitswerte im Vergleich zum Industriestandard und/oder im Vergleich zu früheren Umfragen dargestellt werden. Weiterhin ist es hier sinnvoll, zumindest die Zufriedenheitswerte auch hinsichtlich Altersgruppe, Geschlecht, Geschäftsbereich, Hierarchiestufe usw. herunterzubrechen; schließlich sollte noch in Worten dargestellt werden, welche Befunde sich für die verschiedenen Inhaltsbereiche ergeben haben;
- dem Tabellenteil, in dem alle Items in der Originalformulierung aufgeführt werden und die dazu erhobenen statistischen Kennwerte berichtet werden;
- dem Demographie-Teil, in dem die Verteilungen der demographischen Items dargestellt sind.

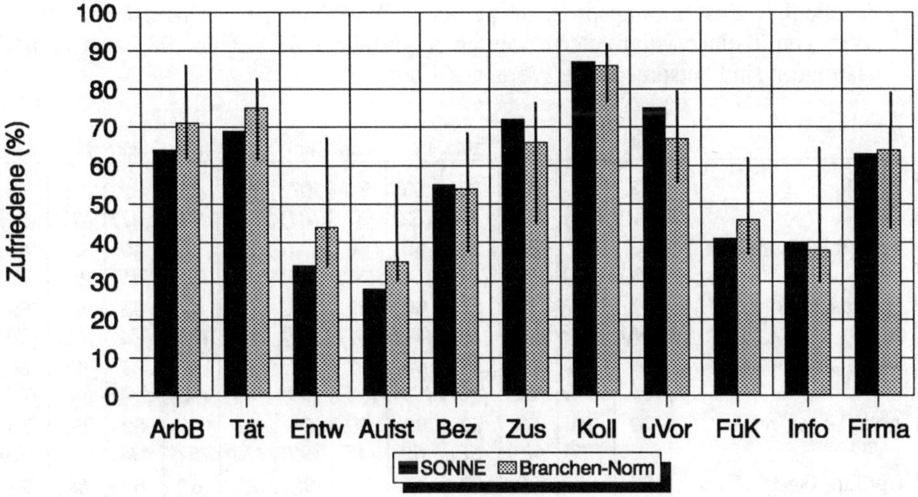


Legende: ArbB=Arbeitsplatzbedingungen; Tät=Tätigkeit, Entw=Entwicklungsmöglichkeiten, Aufst=Aufstiegsmöglichkeiten, Bez=Bezahlung, Zus=Zusatzleistungen, Koll=Kollegen, uVor=unmittelbarer Vorgesetzter, FüK=Führungskräfte, Info=Information und Kommunikation.

Abbildung 4.3. Zufriedenheitswerte ("Alles in allem bin ich zufrieden mit ...") für Mitarbeiter der Firma SONNE im Vergleich zu Branchennormen (Mittelwerte; Striche reichen vom 25%- zum 75%-Perzentil).

Im Textteil ist also z.B. eine Darstellung wie in Abbildung 4.3 sinnvoll, die zeigt, welche Befunde sich für die Items, die nach der allgemeinen Zufriedenheit mit den Arbeitsplatzbedingungen (ArbB), der Tätigkeit (Tät) usw. fragen, bei einer Umfrage in der Firma SONNE in 1991 ergeben haben im Vergleich zu Normwerten dieser Industriebranche (Computerindustrie). Die Normwerte stammen aus Mitarbeiterbefragungen bei ca. 20 Firmen innerhalb von 4 Jahren. Sie scheinen nicht besonders branchen- und zeitspezifisch zu sein, weil sie z.B. nach Umrechnung in Mittelwerte (mit den Formeln aus Borg, 1989) recht gut den von Neuberger & Allerbeck (1978) berichteten Statistiken entsprechen. Eine Darstellung wie Abbildung 4.3 ist in jedem Fall - auch wenn keine besonders einschlägigen Vergleichswerte vorliegen - wichtig, weil sie zeigen, wie verschieden die Erwartungswerte für die verschiedenen Inhaltsgebiete sind. In der Literatur findet man gelegentlich andere Aussagen. So schreibt z.B. Martin (1975): "Jede Feststellung oder Frage, auf die die Mitarbeiterantwort zu weniger als 75% positiv ist, wird normalerweise als negativ betrachtet". Die Aussage kommt dem natürlichen Wunsch nach absoluten Kriterien entgegen, ist aber letztlich unsinnig. Zufriedenheitswerte von 75% beim Thema 'Kollegen' verweisen auf mögliche Konflikte, während 75% Zufriedenheit bei 'Führungskräfte' ein außerordentlich guter Wert ist. Gleichzeitig zeigen die Normen auch die Grenzen dessen auf, was man sich an Zielen setzen sollte. Die Vorstellung etwa, daß man in jedem beliebigen Bereich "auf 100% kommen kann", ist unrealistisch.

Tabelle 4.1. Zustimmungsprozente zu den 'Alles-in-allem-bin-ich-zufrieden-mit-...'-Fragen in einer Mitarbeiterbefragung bei der Firma HiTEC in 1989; Werte in Klammern sind entsprechende Werte aus 1988.

| | abb | tät | ent | auf | bez | zus | kol | vor | man | i&k | f&o | aaz |
|---|---|---|---|---|---|---|---|---|---|---|---|---|
| Azubi | **83** | **87** | **48** | **30** | **86** | **70** | **87** | **60** | **29** | **52** | **60** | **83** |
| | *(77)* | *(94)* | *(32)* | *(17)* | *(62)* | *(57)* | *(81)* | *(56)* | *(48)* | *(47)* | *(80)* | *(91)* |
| gewerbl. Mitarbeiter | **73** | **77** | **39** | **25** | **65** | **30** | **80** | **69** | **35** | **40** | **61** | **64** |
| | *(71)* | *(75)* | *(37)* | *(21)* | *(61)* | *(36)* | *(76)* | *(61)* | *(53)* | *(45)* | *(82)* | *(73)* |
| techn.Ang., ohne PV | **57** | **77** | **35** | **25** | **60** | **49** | **88** | **65** | **42** | **43** | **45** | **69** |
| | *(65)* | *(78)* | *(29)* | *(24)* | *(64)* | *(47)* | *(85)* | *(56)* | *(38)* | *(24)* | *(62)* | *(70)* |
| kaufm.Ang., ohne PV | **58** | **72** | **39** | **27** | **62** | **52** | **87** | **71** | **39** | **31** | **48** | **66** |
| | *(65)* | *(74)* | *(27)* | *(26)* | *(66)* | *(46)* | *(86)* | *(64)* | *(42)* | *(24)* | *(66)* | *(73)* |
| Abtlg.Leiter, mit PV | **80** | **80** | **65** | **62** | **69** | **65** | **95** | **83** | **41** | **53** | **55** | **78** |
| | *(82)* | *(79)* | *(43)* | *(52)* | *(69)* | *(47)* | *(93)* | *(73)* | *(57)* | *(34)* | *(76)* | *(75)* |
| Ber.Ltr., Gesch.Fhrg. | **85** | **92** | **92** | **69** | **77** | **77** | **92** | **85** | **67** | **69** | **69** | **92** |
| | *(80)* | *(93)* | *(53)* | *(73)* | *(60)* | *(73)* | *(100)* | *(93)* | *(57)* | *(47)* | *(73)* | *(93)* |

Legende: abb=Arbeitsplatzbedingungen, tät=Tätigkeit, ent=Entwicklungsmöglichkeiten, auf=Aufstiegsmöglichkeiten, bez=Bezahlung, zus=Zusatzleistungen, kol=Kollegen, vor=direkter Vorgesetzter, man=Bereichsmanagement, i&k=Information und Kommunikation, f&o=Firma und Organisation, aaz=allgemeine Arbeitszufriedenheit.

Die Aufschlüsselung der Items in bezug auf demographische Variablen illustriert Tabelle 4.1. Sie zeigt die Zustimmungsprozente der Mitarbeiter verschiedener hierarchischer Stufen zu Items, die - wie in Abbildung 3.5 gezeigt - am Ende der inhaltlichen Blöcke nach der Gesamtzufriedenheit mit dem Thema des Blockes fragen.

Den Aufbau des Tabellenteils illustriert Abbildung 4.4. Hier sind die Items in den Originalformulierungen wiedergegeben, zusammen mit den empirisch ermittelten Zustimmungs- und Ablehnungsprozenten. Darunter sind in Klammern die entsprechenden Werte für Umfragen aus früheren Jahren angegeben. Das Zeichen "(--)" besagt, daß ein Item gleicher Bedeutung in der jeweiligen Umfrage nicht enthalten war. Die Fußzeile zeigt, wie viele Mitarbeiter (mindestens, maximal bzw. im Schnitt) zu den auf dieser Seite gezeigten Items auswertbare Antworten abgegeben haben. Insgesamt erkennt man hier, daß sich die Beurteilungen der Mitarbeiter über die drei Jahre 1989-1990 deutlich zum Positiven verändert haben.

Der Tabellenteil wäre kürzer, wenn man für die Items Abkürzungen verwenden würde. Die Erfahrung zeigt aber, daß es dann immer wieder zu Rückfragen zur genauen Formulierung der Items kommt. Dann wird im Originalfragebogen geblättert und eine Zuordnung des Itemkürzels zum Originalitem gesucht, die bei ähnlichen Inhalten nicht immer sofort gelingt. Die Konsequenz ist Zeitverlust und Ablenkung von der eigentlichen Aufgabe. Zudem umfaßt der Tabellenteil typischerweise bei einer Form wie in Abbildung 4.4 sowieso meist nicht mehr als höchstens 15 Seiten leicht lesbaren Textes.

Multivariate Auswertungen sind für die Berichtsbände selten sinnvoll, weil sie die Expertise der Leser überfordern, auch dann, wenn die Berichte durch einen Anhang ergänzt werden, der die Verfahren erklärt. Der Erfahrung nach werden solche Anhänge bestenfalls überflogen und die multivariaten Analysen ausgelassen. Analysen dieser Art gehören allenfalls in die Präsentationen (siehe unten).

Bivariate Korrelationen sind gelegentlich nützlich. Man muß aber, wie bei jeder Berichtserstellung, immer im Auge behalten, welchen technischen Hintergrund die Personen haben, für die die Berichte gedacht sind. Es gibt z.B. größere High-Tech Firmen, in denen über 60% der Mitarbeiter Diplom-Ingenieure sind, die derartige Kennzahlen und einen technischen Anhang zu lesen gewohnt sind. In anderen Firmen ist das nicht so: Da kann ein eher technischer Bericht zu einer Informationsüberlastung führen, die wiederum bewirkt, das nur noch die Teile aus dem Bericht entnommen werden, die in das vorgefertigte Bild des Lesers passen.

Bivariate Korrelationen lassen sich z.B. verwenden, um indirekt die Frage nach der Wichtigkeit der verschiedenen Aussagen zu prüfen. In einem Itemblock wie in Abbildung 3.5 kann man zu diesem Zweck die verschiedenen Items mit dem letzten Item des Blocks, das nach der allgemeinen Zufriedenheit mit dem jeweiligen Inhaltsgebiet fragt, korrelieren. Die Höhe der Korrelation gibt dann wieder, wie "wichtig" der angesprochene Inhalt für diese Zufriedenheit ist. Man erkennt aber gleich, daß Fehlinterpretationen leicht möglich sind, weil selbst ausgebildete Sozialwissenschaftler immer wieder dazu neigen, Korrelationen kausal zu deuten. So kann es zu naiven Erwartungen kommen, daß man nur an dieser oder jener Schraube drehen muß, um die Zufriedenheit zu erhöhen. Das Zustandekommen von globalen Zufriedenheitsurteilen ist aber i.allg. sehr viel komplexer (Campbell et al., 1976; Smith, 1992).

*Bereichsberichte*

Die Bereichsberichte, die für die Bereichsleiter erstellt werden, entsprechen im Aufbau weitgehend dem Globalbericht. Folgt man der Politik, Informationen so zu verbreiten, daß sie der konzentrierten Aktion im eigenen Bereich dienen, dann sollten aber alle hierfür unnötigen vergleichenden Tabellen weglassen werden. Dies gilt z.B. für eine Tabelle, in der die Befunde der verschiedenen Geschäftsbereiche einander gegenüber gestellt werden. Ansonsten müssen Tabellen, in denen bestimmte Items wie die Zufriedenheitsitems gegenüber demographischen Variablen aufgeschlüsselt werden, natürlich für die Mitarbeiter des jeweiligen Bereichs neu berechnet werden.

Ein Eintaxieren der eigenen Daten kann den Bereichsleitern dadurch ermöglicht wird, daß ihnen aufgezeigt wird, wo ihr Bereich in der Verteilung der anderen Bereiche liegt, betrachtet für eine Reihe relevanter Kriterien. Diese Kriterien können die Items selbst sein, aber auch Indizes, die aus den Items ableitet sind. Ein solcher Index wird berechnet als normierter Summenwert über eine Reihe von Items, die inhaltlich Ähnliches ausdrücken. Nehmen wir z.B. die Items "Ich bin stolz auf meine Firma" und "Ich überlege ernsthaft, die Firma in den nächsten 12 Monaten zu verlassen". Beide Items seien einer 7-stufigen Likert-Skala gemessen, mit 1='stimmt genau'. Wir konstruieren einen 'Commitment'-Index (Co) dadurch, daß wir den Mittelwert der

**Information und Kommunikation**

| Frage/Feststellung | | Zust % | Ablhg % |
|---|---|---|---|
| 1. Ich bekomme stets die Informationen, die ich brauche, um gute Arbeit zu leisten. | | **62** | **24** |
| | *H'89* | *(52)* | *(34)* |
| | *H'88* | *(51)* | *(38)* |
| 2. HiTEC informiert uns hervorragend über die Dinge, die uns betreffen. | | **56** | **25** |
| | *H'89* | *(37)* | *(45)* |
| | *H'88* | *(--)* | *(--)* |
| 3. In unserem Geschäftsbereich werden den Mitarbeitern die Gründe für wichtige Veränderungen klar kommuniziert, bevor sie eingeführt werden. | | **42** | **36** |
| | *H'89* | *(--)* | *(--)* |
| | *H'88* | *(--)* | *(--)* |
| 4. Ich fühle mich gut informiert über das, was in meiner Abteilung passiert. | | **63** | **25** |
| | *H'89* | *(--)* | *(--)* |
| | *H'88* | *(--)* | *(--)* |
| 5. Der Informationsfluß und die Kommunikation ist sehr gut zwischen der Zentrale und den Geschäftsstellen. | | **37** | **23** |
| | *H'89* | *(--)* | *(--)* |
| | *H'88* | *(--)* | *(--)* |
| 6. Ich bekomme genügend Information über die wirtschaftliche Situation der Firma. | | **63** | **22** |
| | *H'89* | *(52)* | *(35)* |
| | *H'88* | *(28)* | *(57)* |
| 7. Ich bekomme genügend Information über die Kundenzufriedenheit. | | **41** | **40** |
| | *H'89* | *(32)* | *(48)* |
| | *H'88* | *(24)* | *(59)* |
| 8. Alles in allem bin ich sehr zufrieden mit der Information und Kommunikation bei HiTEC. | | **52** | **22** |
| | *H'89* | *(40)* | *(38)* |
| | *H'88* | *(31)* | *(47)* |

(min=589, max=757, Schnitt=713)

Abbildung 4.4. Beispielseite aus dem Tabellenteil eines Globalberichtes für die Firma HiTEC aus dem Jahr 1990; Werte in Klammern entstammen Umfragen aus 1989 bzw. 1988, so weit vergleichbare Items vorhanden sind.

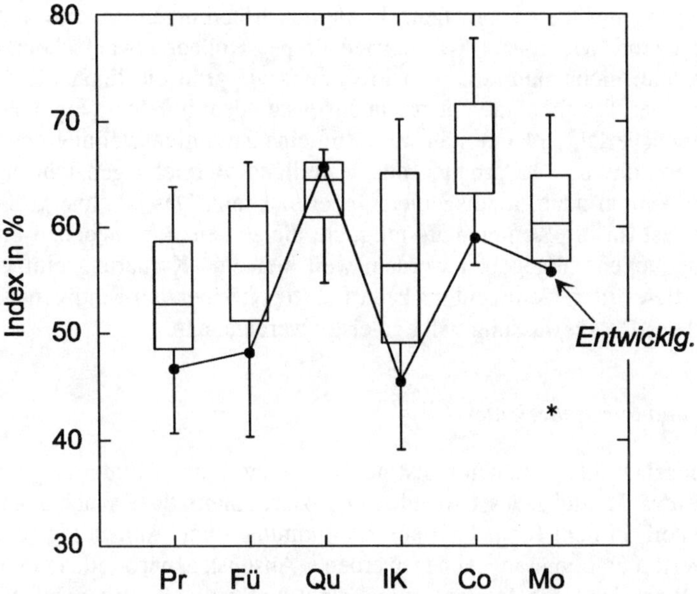


Abbildung 4.5. Boxplots für Geschäftsbereiche (Firma X) und sechs Indizes (siehe Text); Linienzug entspricht Geschäftsbereich 'Entwicklung'.

Antworten zu diesen Items, M, berechnen und dann Co=100-(M-1)·100/6 setzen. Falls die Antworten für beide Items gleich 1 sind, dann ist Co=100; sind die Antworten beide gleich 7, dann ist Co=0; ansonsten liegt Co zwischen 0 und 100.

Abbildung 4.5 zeigt eine Darstellung solcher Indizes für Pr='Produktivität', Fü='Führung', Qu='Qualität', IK='Information-Kommunikation', Co='Commitment' und Mo='Motivation'. Sie bilden die Eingänge der Abszisse. Die Verteilungen der Indizes für die verschiedenen Geschäftsbereiche der Firma X sind durch Boxplots repräsentiert. (Die oberen/unteren Deckel der Boxen sind definiert durch die 75%- bzw. 25% Perzentile; der Querstrich in der Box zeigt an, wo der Median der Verteilung liegt; die Striche oben und unten reichen bis zum maximalen bzw. minimalen Wert, vorausgesetzt diese sind nicht weiter als das 1.5-fache der Boxlänge entfernt; die Sterne sind Outliers. Siehe Tukey, 1977.) Der Linienzug verbindet die Indizes des Geschäftsbereichs 'Entwicklung'. Er liegt überall im Schwanzende des "Hauptfeldes" der Geschäftsbereiche der Firma X; nur bei 'Qualität' ist er im vorderen Hauptfeld.

Im Tabellenteil werden den Zustimmungs- und Ablehnungsprozenten Vergleichswerte zugeordnet. Es ist nützlich, bei jedem Item die entsprechenden Werte für die Mitarbeiter der gesamten Organisation anzugeben. Bei Wiederholungsumfragen sind zudem die Werte aus früheren Befragungen, soweit die Items vergleichbar sind, interessant. In kleineren Firmen ist es sinnvoll, hinter der Spalte der Ablehnungsprozente noch eine weitere Spalte einzufügen, die die Mittelwerte enthält. Die Mittelwerte sind deshalb wichtig, weil sich Prozentwerte und Mittelwerte erst ab einer gewissen Stichprobengröße entsprechen. (In kleinen Abteilungen sind z.B. extreme Zustimmungsprozente wie etwa 100% Zufriedene bei 'Kollegen' wahrscheinlicher. Aus diesen kann man nicht mehr stabil rückrechnen, wie groß die Intensität der Zufriedenheit war.) Das Tabellenblatt entspricht ansonsten dem in Abbildung 4.4.

Den Bereichsberichten kann man weiterhin eine Zusammenstellung der Kommentare anhängen, die die Mitarbeiter des jeweiligen Bereichs gemacht haben. Die Kommentare sollten nach Inhaltsgebieten geordnet sein. Das ist ohne größeren Aufwand zumindest für die Kommentare möglich, die zu den verschiedenen Inhaltsblökken des Fragebogens abgegeben werden, weil hier eine Kodierung einfach ist. Ein weiteres Sortieren der Kommentare bedarf dagegen einer aufwendigen Kodierung, die während der Datenerfassung nicht geleistet werden kann.

*Abteilungs- und Spezialberichte*

Die Abteilungsberichte bestehen meist nur aus einem kurzen Einleitungsteil, der das Wesentliche des Textteils des Globalberichts zusammenfaßt. Danach kommt gleich der Tabellenteil, in dem für jedes Item Zustimmungs- und Ablehnungsprozente und die Mittelwerte der Items angegeben werden. Ansonsten wird jedem Item der entsprechende Wert des Globalberichts zugeordnet und, so weit vorhanden, Vergleichswerte dieser Abteilung aus früheren Umfragen. (Infolge der immer schnelleren Restrukturierungen in der Industrie tritt allerdings zunehmend häufig der Fall ein, daß eine Abteilung in der jetzigen Form "neu" ist. Dann muß, falls möglich, für die früheren Umfragen eine Vergleichs-gruppe neu zusammengestellt werden und für diese eine Auswertung erstellt werden.)

Vergleichswerte können in besonderen Fällen auch aus anderen Quellen stammen. Als Beispiel sei der Fall genannt, in dem die Bank eines Autoherstellers eine Mitarbeiterbefragung durchführte und gleichzeitig Händler und Niederlassungen befragte. Dabei wurden eine Reihe von Items in allen drei Umfragen verwendet, insbesondere solche, die der Leistungsbeurteilung der Bank, ihrer Mitarbeiter, Produkte und Dienstleistungen dienten. Ein solches Item war z.B.: "Die Mitarbeiter der Bank sind stets freundlich und hilfsbereit." In der Auswertung der einzelnen Filialen der Bank - hier 'Abteilungen' gleichzusetzen - wurden die Selbstbeurteilungen der Mitarbeiter der Filiale verglichen mit denen der Händler bzw. der Niederlassungen der jeweiligen Region. Zusätzlich wurde noch, wie üblich, der von allen Mitarbeitern der Bank erhobene Wert hinzugefügt. Damit ergaben sich interessante Vergleichsmöglichkeiten.

Der Tabellenteil der Abteilungsberichte sollte noch einem anderen Zweck dienen. Seine Seiten sollten so angelegt sein, daß sie direkt auf Overhead-Folien kopiert werden können. Die Folien werden dann in den Gruppengesprächen verwendet, um den Mitarbeitern das versprochene detaillierte Feedback über die Umfrage zu geben. Hierfür ist es besonders wichtig, daß alle Items in vollständiger Form wiedergegeben werden. Hinzu kommen natürlich noch Gesichtspunkte wie Lesbarkeit und Verständlichkeit. Schließlich ist es noch nützlich, die Items in der gleichen Reihenfolge und Blockbildung wie im Fragebogen zu präsentieren, weil in dieser Beziehung durch das Ausfüllen der Fragebögen bereits eine gewisse Vertrautheit besteht.

Die Kommentare der Mitarbeiter der einzelnen Abteilungen sollten *nicht* in den Abteilungsberichten wiedergegeben werden. Kommentare sollten nur im Kommentarband (siehe unten) und in den Bereichsberichten dokumentiert werden, weil auf Abteilungsebene fast immer identifizierbar ist, von wem die Kommentare gemacht wurden. Hierin können die Mitarbeiter eine Verletzung der Anonymitätszusage sehen. Das übliche Argument ist das, daß sie nicht gewußt haben, daß die Kommentare in dieser Form, also weitgehend wörtlich, wiedergegeben würden, sondern daß die von ihnen gemachten Angaben irgendwie anders verarbeitet würden. In den Gruppengesprächen haben die Mitarbeiter zudem sowieso Gelegenheit, sich zu den Items der Umfrage und den Befunden nochmals kommentierend zu äußern.

Schließlich sind in der Datenauswertung stets noch einige Spezialberichte zu erstellen. Diese sind meist Auswertungen, die als Grundlage für besondere Gruppengespräche dienen. Ein derartiges besonderes Gruppengespräch wird i.d.R. mit den mittleren Führungskräften durchgeführt. Es dient dazu, die besonderen Probleme dieser Gruppe zu klären. Hierfür muß eine Auswertung der Umfragedaten dieser Gruppe erstellt werden. Da diese dem gleichen Zweck dient wie ein Abteilungsbericht und unter ähnlichen Bedingungen verwendet wird, kann ein solcher Spezialbericht nach dem gleichen Schema erstellt werden wie ein Abteilungsbericht.

*Kommentarband*

Für die Mitglieder der Geschäftsleitung und des Koordinationsteams wird ein Kommentarband erstellt, der alle Kommentare, die in der Umfrage gemacht wurden, darstellt. Geordnet werden diese Kommentare nach den inhaltlichen Blöcken des Fragebogens. Eine weitergehende Ordnung der Kommentare ist sehr aufwendig. Sie erfordert zunächst die Erstellung geeigneter Kodierungskategorien, die in manchen Inhaltsbereichen (z.B. bei den Arbeitsplatzbedingungen oder der Tätigkeit) sehr viele organisationsspezifische Elemente enthalten müssen. Software-Entwickler sprechen über ihren Arbeitsplatz und ihre Tätigkeit in Hunderten von Akronymen, die sich von den eines Arbeiters in einem zentralen Ersatzteillager der Autoindustrie sehr unterscheiden. Ein Kodierschema, daß alle diese Kategorien enthält, wäre aber nicht praktikabel. Zudem muß der Kodierer selbst erst einmal verstehen, was der Befragte gemeint hat, um es überhaupt kodieren zu können.

Es ist schwierig vorher abzuschätzen, wie viele Kommentare abgegeben werden. Nach den Erfahrungen des Autors kommentieren zwischen 30% und 60% der Mitarbeiter. Die Kommentare sind dabei in ihrer Länge sehr unterschiedlich. Die Länge selbst ist mehr für die einzelne Person typisch als für den Inhalt: Manche Personen schreiben ganze Geschichten und verwenden dazu z.T. noch die Rückseiten des Fragebogens oder zusätzliche Blätter, andere schreiben dagegen nur sehr knappe Kommentare bei wenigen Inhaltsthemen. Grob geschätzt - und natürlich abhängig von der Formatierung des Textes - kann man mit ca. 2 Seiten Kommentare pro 10 Mitarbeiter rechnen (12-Punkt Proportionalschrift), also einem möglicherweise recht dicken Berichtsband.

*Kreuztabellenband*

Zumindest für den Gebrauch durch den externen Berater ist ein Band von Kreuztabellen notwendig, in dem jedes Item in bezug auf alle demographischen Variablen (einschließlich Abteilungen und Bereiche) aufgeschlüsselt wird. Da im Verlauf des weiteren AEMP immer wieder Fragen danach auftauchen, wie denn ein bestimmtes Item z.B. von Männern und wie von Frauen beantwortet wurde, muß diese Information in kompakter und leicht zugänglicher Form vorhanden sein.

Am einfachsten ist eine Tabellierung derart, daß die Kategorien der demographischen Variablen die Zeilen und die Items die Spalten von Matrizen bilden, deren Eingänge die Zustimmungsprozente der Befragten sind, wie in Tabelle 4.1 illustriert. Dunham & Smith (1979, S.110) schlagen dagegen vor, statt der Zustimmungsprozente eine Art Einfärbungstechnik zu verwenden, bei der Zellen mit überdurchschnittlichen Werten dunkel, solche mit durchschnittlichen Werten grau und die Zellen mit unterdurchschnittlichen Werten weiß markiert werden. Das Problem beginnt aber offensichtlich mit der Entscheidung darüber, was als "durchschnittlich" gelten soll, weil ja hierfür offensichtlich ein Wertbereich und nicht einfach ein bestimmter Wert definiert werden muß. Zudem nützt eine derartige Datenbank für das erwähnte Problem, eine umfassende Hardcopy für evtl. notwendige differenzierte Antworten zu haben, so gut wie nichts.

*Software*

Die beschriebenen Auswertungen lassen sich mit Standardsoftware wie SPSS, SYSTAT oder SAS nur eingeschränkt durchführen. Keines dieser Systems ist beispielsweise in der Lage, den gesamten Text der Items oder die Kommentare der Befragten zu verarbeiten. Keines kann zudem Vergleichswerte früherer Umfragen aufnehmen. Unlösbar sind zudem Zuordnungen von Items und/oder Organisationseinheiten aus verschiedenen Umfragen. Viele weitere Punkte könnten hier genannt werden, aber diese wenigen zeigen schon, daß man mit statistischer Standardsoftware nur Auswertungen erstellen kann, die erhebliche Nacharbeit (Übertragungs-, Zuordnungs- und Schreibarbeit) per Hand erfordern. Das kostet Zeit und Geld und ist fehleranfällig.

Der Autor hat für Mitarbeiterbefragungen und die hierbei notwendigen Auswertungen ein umfangreiches Softwarepaket ("Report") für den PC erstellt. Es erlaubt insbesondere die Erstellung druckfertiger Tabellen wie oben beschrieben, inklusive vollständiger Itemtexte, Kategorienlabels, komplizierter Zuordnung von Vergleichsumfragen, Verwendung von Selektionsfiltern, Rekodierungen usw.. Das Programm besitzt für jede Form relevanter Tabellen und Berichtsseiten besondere Prozeduren.

Programme dieser Art haben den Vorteil, die Datenauswertung erheblich reliabler zu machen und prinzipiell jeden beliebigen Bericht "per Knopfdruck" erstellen zu können. In den USA gibt es besondere Firmen, die diese Auswertungsarbeit mit entsprechender Software im Auftrag durchführen. In Deutschland wird dagegen, wie die Praxis zeigt, immer noch auf Studenten mit Statistikkenntnissen zurückgegriffen, die mit solch einer Auswertungsarbeit aber überfordert sind.

*Präsentationen*

Ein wichtiger Teil der Datenanalyse ist dic Erstellung von Präsentationen. Die Geschäftsleitung erwartet in jedem Fall eine Präsentation der Umfragebefunde, nicht nur einen Berichtsband. Sinnvoll ist eine Präsentation ebenfalls für das Koordinationsteam, weil dieses auch im weiteren Verlauf des AEMP eine zentrale Rolle spielt und daher über die allgemeinen Befunde sehr gut informiert sein sollte. In größeren Firmen kann es auch sinnvoll sein, dem Betriebsrat eine ähnliche Präsentation zu geben.

Formal unterscheiden sich Präsentationen von Berichten vor allem darin, daß sie auf ein besonderes Kommunikationsmedium, nämlich Overhead-Projektionen, ausgerichtet sind. Sie verwenden daher wenig Text (nur Stichworte) und viel Grafik. Inhaltlich zeichnen sich Präsentationen dadurch aus, daß sie die Iteminhalte in einer Top-down-Perspektive reorganisieren. Die Blockbildung der Items im Fragebogen entspricht ja weitgehend einer Mitarbeitersicht, d.h. die Items sind hier im Sinne der Denkkategorien des Mitarbeiters gruppiert, so wie sie z.B. die Arbeitszufriedenheits- und Arbeitswerteforschung empirisch ermittelt hat (MOW, 1987; Neuberger & Allerbeck, 1978). Präsentiert man die Befunde in diesem Raster, dann kommt es immer wieder zu Rückfragen, was denn das alles impliziere für das Management von Produktivität, Qualität, Kundenorientierung usw., was man daraus für TQM-Programme folgern müsse, von welcher Veränderungs-bereitschaft der Mitarbeiter man ausgehen müsse usw.. Das Management denkt also teilweise in anderen Kategorien und versucht die Befunde in diese zu übersetzen. Es ist daher sinnvoll, diese Übersetzungsarbeit schon - so weit das möglich ist - vorab zu leisten. Grundlage dafür sind allgemeine Managementkategorien und die vereinbarte Zielsetzung des AEMP. Für die Gruppengespräche der Mitarbeiter sind keine besonderen Präsentationen nötig. Hier genügen die Tabellenseiten aus den jeweiligen Berichten (wie in Abbildung 4.4 illustriert).

Im Prinzip kann man beim Aufbau einer Präsentation für die Geschäftsleitung so vorgehen, daß man zunächst die wichtigen Management-Kategorien definiert, denen die Items zugeordnet werden sollen. Solche Kategorien können unter anderem folgende sein: Effizienz, Effektivität, Produktivität, Qualität, Führung und Führungskräfte, unmittelbare Vorgesetzte, Firmenwerte nach innen und außen, Information und Kommunikation, Entwicklung, Bezahlung und Leistungsbeurteilung, Arbeitsplatzbedingungen, Veränderungsmanagement, strategische Ziele und Visionen, und ähnliches. Diese Kategorien sind typischerweise nicht immer scharf voneinander abgegrenzt. Semantisch scharfe, erschöpfende Kategorien sind allerdings auch selten sinnvoll: Wichtig ist vielmehr, daß das Kategoriensystem dem Sprachgebrauch der Gruppe entspricht, für die die Präsentation erstellt wird. Zu beachten ist dabei jedoch, daß allzu umfassende und sehr facettenreiche Kategorien zu vermeiden sind, weil sie die Präsentation unübersichtlich machen. Einfachere ("eindimensionale") Kategorien sind wirkungsvoller zu kommunizieren.

Abbildung 4.6. Beispielseite aus einer Präsentation mit bewertender Gruppierung der Items unter der Überschrift 'Effizienz'.

**Effizienz**

| | Zust. | Ablhg. |
|---|---|---|
| **positiv:** | | |
| • Aufgaben sind völlig klar | 94% | 3% |
| • habe genügend Freiheit, wie ich meine Arbeit mache | 85% | 10% |
| • beschlossene Veränderungen werden zielstrebig durchgeführt | 67% | 17% |
| • Abteilung wäre erfolgreicher durch anderen Arbeitsablauf | 41% | 30% |
| • Vorschriften engen stark ein | 22% | 59% |
| **verbesserungsfähig:** | | |
| • zu viele Dinge werden hier doppelt gemacht | 65% | 13% |
| • ich leiste häufig Arbeit, die andere tun müßten | 54% | 32% |
| • zu viel Bürokratismus | 53% | 32% |
| • Probleme werden hier schnell behoben | 32% | 43% |
| • Mitarbeiter werden auf Veränderungen gut vorbereitet | 34% | 52% |

Die Zuordnung der Items zu diesen Kategorien ist meist nicht sehr schwierig, vorausgesetzt man besteht nicht darauf, daß diese eindeutig ist. Ein Item wie "Bei uns werden viele Dinge doppelt gemacht" läßt sich z.B. den Kategorien 'Effizienz', 'Produktivität', 'Qualität', aber auch in 'Führung' zuordnen - oder aber in allen diesen Kategorien gleichzeitig. Zudem müssen in der Präsentation auch nicht alle Items dargestellt werden. Manche der Items (trojanische Pferde, Aktionsitems) haben ja sowieso überwiegend besondere Aufgaben im Rahmen des AEMP.

Ein weiterer Gesichtspunkt bei der Itemklassifikation ist der, daß die Präsentation einfach bleiben muß. Das heißt, daß jede Kategorie mit höchstens ca. 10 Items identifiziert werden sollte und nicht jedes Item, das irgendwie etwas mit dieser Kategorie zu tun hat, aufgeführt wird. Durch diese Beschränkung wird zudem die Mehrfachklassifikation von Items reduziert.

Gegeben eine Kategorie und die Items, die sie messen, kann man für die Präsentation eine Tafel aufsetzen in der links stichwortartig die Items formuliert sind und rechts die Zustimmungs- und Ablehnungsprozente erscheinen (analog zu Abbildung 4.4, aber mit sehr viel weniger Text). Nützlich ist es zudem, die Items zu gruppieren in Bewertungsklassen wie 'positiv', 'normal' und 'problematisch' oder in 'positiv' und 'verbesserungsfähig'. Abbildung 4.6 illustriert dies mit einem Beispiel aus der Praxis.

Eine bewertende Gruppierung setzt allerdings erhebliche Expertise voraus und sollte in jedem Fall nur als Anregung oder als Einstieg in eine Diskussion, nicht als gesicherte Aussage verstanden werden. Gesicherte Bewertungen sind allein schon deshalb nicht allgemein möglich, weil bei einer Erstumfrage in einer Organisation überhaupt keine internen Vergleichswerte vorliegen. Sagen also z.B. nur 30% der Mitarbeiter, daß sie "volles Vertrauen in die Geschäftsleitung haben", dann kann dieser Wert einen Aufwärts- oder einen Abwärtstrend anzeigen oder auch keine Veränderung. Je nachdem, wie der Trend verläuft, hat er eine andere Bedeutung. Liegen Vergleichszahlen vor, dann sollten diese deshalb in jedem Fall in der Präsentation erscheinen.

Nach jeder Tafel dieser Art kann man seine Items in bezug auf wichtige demographische Variablen (insbesondere Geschäftsbereiche und Hierarchiestufen) aufschlüsseln und die Ergebnisse in Form von Balkendiagrammen darstellen. Abbildung 4.7 zeigt hierfür ein Beispiel, das die "normale" Verteilung der Antworten verschiedener Hierarchiestufen auf die Frage nach der Abhängigkeit der Beförderung von Fähigkeit und Leistung wiedergibt. Ist der Verlauf anders, sollte das zumindest dazu führen, daß hier weiter nachgefragt wird.

Die Bewertung solcher Diagramme setzt also wieder eine gewisse Expertise voraus. So weiß man z.B., daß Personen mittlerer Betriebszugehörigkeit i.allg. kritischer sind als Neulinge oder Veteranen; daß Mitarbeiter der Marketingabteilungen i.allg. positiver sind als z.B. Mitarbeiter der Forschungs- und Entwicklungsabteilung; daß die Zufriedenheit mit allen Aspekten der Information und Kommunikation positiv mit der Hierarchiestufe korreliert usw.. Sind also z.B. die Mitarbeiter aus dem Marketing besonders kritisch, ist das für den Experten ein Hinweis auf besondere Probleme in diesem Geschäftsbereich.

Die Präsentation wird sinnvollerweise eingeleitet mit einer Darstellung der allgemeinen Ziele und den allgemeinen Zufriedenheitswerten (wie in Abbildung 4.3). Bevor man dann zu den Befunden für die einzelnen Items oder Itemgruppen kommt, sollte man jeweils eine kompakte Ergebnisvorschau bringen. Die nachfolgenden Darstellungen sind dann quasi die empirischen Nachweise für die aufgestellten Thesen. Es ist weiter nützlich, während der Präsentation (durch entsprechende Zwischenfazits) bzw. an ihrem Ende (durch Ergebniszusammenfassungen) auf ein Gesamtbild zurückzukommen, damit so ein roter Faden hergestellt wird. Die Erfahrung zeigt, daß die Zuhörer oft in den Daten "untergehen" und Schwierigkeiten haben, ein solches Gesamtbild selbst zu synthetisieren. Es fällt ihnen leichter, eine These oder ein Fazit zu hinterfragen und zu korrigieren.

Insgesamt ist in der Präsentation darauf zu achten, die Zuhörer nicht mit Informationen zu überlasten. Solche Überlastungen kommen leicht dadurch zustande, daß "interessante", aber letztlich nicht sonderlich relevante Informationen über maximale oder minimale Zustimmungsprozente (z.B. in den Abteilungen) berichtet werden. Andere Quellen der Informationsüberflutung sind weniger offensichtlich. Sie liegen zum einen in einer mittels DTP erzeugten überkomplexen Formatierung (Fettdruck, Unterstreichung, Cliparts, Rahmen, Schattierungen, Farben, Ikonen usw.), zum anderen in bestenfalls irrelevantem Schnickschnack bei den Grafiken (z.B. 3D-Balken statt flächiger Balken) (siehe Wilkinson, 1990).

Abbildung 4.7. Grafische Darstellung der Antworten auf das Item 'Beförderungen werden hier von Fähigkeit und Leistung bestimmt'; Antworten aufgeschlüsselt für verschiedene Hierarchiestufen.

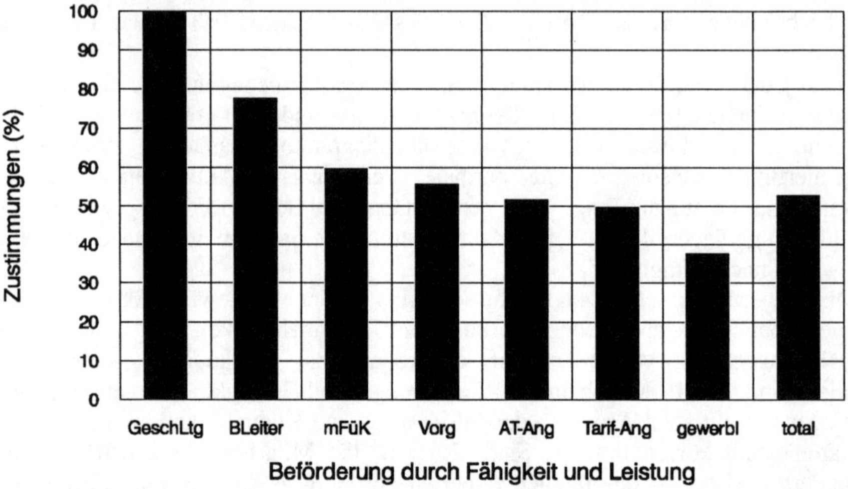


*Erstmitteilung für die Mitarbeiter*

Schließlich muß in der Datenanalyse noch eine Kurzinformation über die Umfrage produziert werden, die den Mitarbeitern als schnelle, schriftliche Rückmeldung schon vor den Gruppengesprächen zugeht. Es liegt nahe, hierfür eine Art schriftlicher Zusammenfassung der Hauptergebnisse verfassen. Die Praxis zeigt aber, daß es fast unmöglich ist, es hierbei Jedem Recht zu machen. Viele vermissen gerade ihr Thema, sehen die Schwerpunkte falsch gesetzt, nehmen Anstoß an bewertenden Aussagen oder meinen gar, eine gewisse Zensur zu erkennen, weil "natürlich" auf kritische Dinge nicht, oder nur beschönigend eingegangen wurde.

Die einfachste Lösung, die das Interesse der Mitarbeiter nach unzensierter Information befriedigt und die schnell zu realisieren ist, ist eine Zusammenfassung der Zielsetzung, des Ablaufs und der Rücklaufquoten, gefolgt von einer nüchternen Darstellung der Befunde in Form einer Auflistung bestimmter, ausgewählter Items und der Antworten ohne weitere Bewertung und Kommentierung. Hunsdiek (1991) schlägt hierfür vor, alle Items mit den Zustimmungsprozenten zu jeder Antwortkategorie zu verwenden. Statistisch reicht es aber aus, wie gezeigt, eine Tabelle zu erstellen, in der in jeder Zeile links ein Item in Kurzform erscheint und rechts der dazu beobachtete Zustimmungsprozentwert für alle Mitarbeiter der Organisation. Tabelle 4.2 illustriert eine solche Darstellung, die sich insgesamt noch durch Blocküberschriften gliedern ließe.

Auf keinen Fall sollten die Daten in der Erstmitteilung weiter heruntergebrochen werden, weil damit nur unkontrollierten Diskussionen und unnötigen Spekulationen Vorschub geleistet wird. Die Diskussion über die Befunde sollte in den Gruppengesprächen geführt werden. Unter gewissen Umständen ist es sinnvoll, nur einen Ausschnitt der Befunde (z.B. die allgemeinen Zufriedenheitswerte) wiederzugeben und auf die ausführlichen Rückmeldungen in den Gruppengesprächen zu verweisen. Die Auswahl der präsentierten Items erfolgt zusammen mit dem Koordinationsteam und in Absprache mit der Geschäftsleitung und dem Betriebsrat. Der Grund für eine Auswahl der Inhalte kann darin liegen, daß die Erstmitteilungen in falsche Hände geraten könnten. Als Beispiel sei hier ein Fall genannt, in dem man wenige Tage nach Herausgabe der Erstmitteilungen in der lokalen Tagespresse nachlesen konnten, wie gering das Vertrauen der Mitarbeiter dieser Firma in die Qualität ihrer Produkte ist. Solche Informationen können schweren Schaden für die Wettbewerbsfähigkeit oder sogar das Überleben einer Firma nach sich ziehen, was natürlich nicht im Interesse der Mitarbeiter liegt.

Tabelle 4.2. Ausschnitt aus einer Erstmitteilung der Umfragebefunde für die Mitarbeiter.

| **Aussage** | **Zust (%)** |
|---|---|
| ..... | |
| Bei HiTEC werden neue Ideen der Mitarbeiter immer sehr geschätzt | 67 |
| Dienstleistungen werden groß geschrieben bei HiTEC .................... | 59 |
| HiTEC reagiert schnell auf Kundenwünsche .................................. | 50 |
| HiTEC hat bei den Kunden einen guten Ruf .................................... | 40 |
| Wüßte, wie HiTEC die Kundenzufriedenheit erhöhen könnte ........... | 71 |
| ..... | |

# 5. Feedback und Gruppengespräche

Liegen die Befunde der Umfrage vor, dann kommt es im AEMP zu einem intensiven Prozeß der Rückmeldung an die Mitarbeiter. Dabei werden die Daten noch weiter im Hinblick auf ihre Hintergründe geklärt. Beides erfolgt in Gruppengesprächen, die den Übergang von der Auftau- zur Einbindungsphase darstellen.

## 5.1 Feedback allgemein

Unter Feedback verstehen wir die Information der Mitarbeiter und der Führungskräfte über die Ergebnisse der Umfrage. Das Feedback erfolgt in Form von Präsentationen, schriftlichen Mitteilungen und Berichten. Für das mittlere Management bzw. für die Abteilungen werden Feedback-Informationen auch im Rahmen besonderer Gruppengespräche gegeben, die zudem dazu dienen, die quantitativen Umfragebefunde zu diskutieren und durch differenzierte qualitative Informationen zu ergänzen.

*Informationspolitik*

Eine Mitarbeiterumfrage generiert viele Daten, für deren Verteilung eine Informationspolitik formuliert werden muß. Auf keinen Fall sollten diese Daten unbeschränkt zugänglich sein, so daß sich z.B. Abteilung X über die Ergebnisse von Abteilung Y oder Vorgesetzter A über Vorgesetzten B informieren kann. Für die Daten der einzelnen Abteilungen, Geschäftsbereiche und Vorgesetzten muß - wie für die der einzelnen Mitarbeiter auch - eine gewisse Vertraulichkeit sichergestellt sein. Im Grunde gehen Abteilung X die Befunde von Abteilung Y nichts an. Abteilung X sollte sich vielmehr auf ihre eigenen Daten konzentrieren. Nur um diese besser bewerten zu können, werden diese im Abteilungsbericht in Beziehung gesetzt zu den Werten der Gesamtfirma und evtl. noch zusätzlich zu denen des Geschäftsbereichs.

Die Informationen der verschiedenen Berichte über die Umfrage werden nach dem gleichen Prinzip weitergegeben: Vergleichsdaten werden nur zur Verfügung gestellt für *übergeordnete* Organisationseinheiten, nicht für solche auf gleicher Organisationsebene. Die einzige Ausnahme für dieses Prinzip ist der Globalbericht, in dem die verschiedenen Geschäftsbereiche in bezug auf ausgewählte Items (insbesondere Zufriedenheitsfragen) miteinander verglichen werden. Dieser Vergleich ist auf der Ebene der Geschäftsleitung durch die besondere Aufgabenstellung dieser Gruppe gerechtfertigt.

Die physische Weitergabe von Berichten sollte ebenfalls einer strengen Kontrolle unterliegen und prinzipiell restriktiv gehandhabt werden. Stets sollte nur eine minimale Anzahl von Berichten erstellt werden. Abteilungsberichte sollten z.B. nur an den/die Vorgesetzen der Abteilung gehen, an das diese Abteilung betreuende Mitglied des Koordinationsteams und an den externen Berater, aber i.allg. nicht an die Geschäftsbereichsleiter und auch nicht an jeden Mitarbeiter. Die Geschäftsbereichsleiter werden so einerseits vor einer Informationsüberflutung geschützt, andererseits soll verhindert werden, daß sie sich allzu sehr in die einzelnen Abteilungen "einmischen", statt den Bereich insgesamt zu führen. (In besonderen Fällen wie etwa bei Problemen in der Beziehung von Abteilungsvorgesetzten und ihren Unterstellten, in die Abteilung selbst zu keiner Lösung kommt, erfolgt über das Koordinationsteammitglied sowieso eine Eskalation der Thematik.) Die Mitarbeiter brauchen zunächst keine Berichte, weil sie die Daten in den Gruppengesprächen präsentiert bekommen und dort dazu weiter Stellung nehmen können. Man kann zulassen, daß sie die Abteilungsberichte später persönlich beim Vorgesetzten, dem Koordinationsteam oder dem externen Berater einsehen können. (In der Praxis machen sie hiervon so gut wie nie Gebrauch, weil die Umfrage nach den Gruppengesprächen in gewisser Weise überholt ist.) Die Verteilung von vielen schriftlichen Berichten erhöht jedenfalls die Gefahr einer unkontrollierten Informationsverbreitung und setzt ganz allgemein die falschen Signale.

*Feedback und Verhalten der Zuhörer*

In der Praxis kann man eine gewisse Gesetzmäßigkeit im Verhalten der Zuhörer beim Feedback beobachten. Ihre Beziehung zu den Daten der Umfrage bildet sich in typischen Abläufen aus. Zunächst sind die Mitarbeiter allgemein interessiert zu hören, welche Befunde die Umfrage gebracht hat. Diese werden von den Zuhörern so lange ohne Widerstand akzeptiert, so lange sie ihren Erwartungen und Wünschen entsprechen. Die einzige Kritik, die dabei bisweilen geäußert wird, ist die, das alles "nicht überraschend" sei, daß man das alles "sowieso schon gewußt habe". Erst der Vergleich mit vorhergesagten Werten eliminiert dieses Problem. Dazu kann man entweder vorab eine besondere Erhebung durchführen (siehe Kapitel 3, letzter Abschnitt) oder einfach während des Feedbacks ab und zu gewisse Befunde abdecken und die Zuhörer "raten" lassen, wie die Zahlen aussehen. Bei falsch vorhergesagten/geratenen Befunden ist es meist so, daß die Mitarbeiter, die sich hierzu äußern, "kritischere" Werte angeben als die empirisch beobachteten. Ihnen erscheinen z.B. der Vorgesetzte oder die Arbeitsplatzbedingungen als "zu positiv" beurteilt. Zur Erklärung werden dann Fehler in der Auswertung, Mißverständnisse bei der Beantwortung der Fragen, Tippfehler in den Berichten, Fehler bei den Selektionskriterien, eine Verwechslung des gesamten Datensatzes u.ä. vermutet. Solche Bedenken sind aber meist dadurch eliminierbar, daß der Rückmeldende mittels der demographischen Daten zeigen kann, daß tatsächlich die für diese Gruppe relevanten Daten selegiert wurden. (Wichtig ist dabei natürlich, daß die Beteiligungsquote zumindest so hoch ist, daß die Statistiken die Mehrheit der Mitarbeiter charakterisieren.) Die Glaubwürdigkeit der Daten geht allerdings i.d.R. schlagartig verloren, wenn in der Auswertung ein Fehler nachzuweisen ist. Ist z.B. ein Tippfehler passiert - etwa derart, daß '16 Frauen' geschrieben wurde, obwohl die Abteilung nur '10 Frauen' hat -, dann hat es der Rückmeldende fortan sehr schwer, Befunde, die nicht den Erwartungen oder den Wünschen entsprechen, zu vermitteln.

Betrachten wir nun den zweiten Fall von Abweichungen. So lange die Daten gut für das Selbstbild der Mitarbeiter sind, ist der Rückmeldende nicht gefordert. Diese Nachrichten werden unkritisch übernommen und der Rückmeldende ist entsprechend beliebt. Die Stimmung ändert sich, wenn er Befunde darstellt, die die Zuhörer schlecht aussehen lassen, oder die von ihnen selbst Anstrengungen und Aktionen verlangen, oder wenn er selbst durch entsprechende Vergleichswerte den positiven Eindruck der Befunde in Frage stellt. Nun gerät der Rückmeldende unter Beschuß. Für ein erfolgreiches AEMP wird es dann entscheidend, die Zuhörer dazu zu bringen, zunächst die Daten als solche anzunehmen mit dem weiteren Ziel, die Komponenten der "Eigenverschuldung" bzw. der Möglichkeiten der Veränderbarkeit der Situation durch eigene Aktivitäten zu erkennen.

Verschiedene Abwehrreaktionen der Zuhörer und Möglichkeiten, hierauf zu reagieren, sind u.a. die folgenden:

- Zweifel an der Stichprobe. Das beste Gegenargument ist hier eine Vollbefragung mit sehr hoher Rücklaufquote.
- Das Bild ist verzerrt durch die Personen, die man nicht genau zuordnen kann. Bestimmte Vergleiche innerhalb der Organisation können dadurch erschwert werden, daß sich manchen Befragte im Hinblick auf die demographischen Variablen nicht identifizieren. Borg (1991a) hat gezeigt, daß sich solche Personen vergleichsweise kritisch äußern. Organisationseinheiten, denen nur ein vergleichsweise kleiner Prozentsatz ihrer Mitarbeitern eindeutig zugeordnet werden kann, müssen also mit einem etwas "geschönten" Meinungsbild rechnen. Es ist allerdings ebenso nachgewiesen, daß dieser Effekt zwar signifikant, aber in seiner Größe praktisch kaum von Bedeutung ist.
- Zweifel an den Items. Typische Argumente sind, daß die Fragen falsch gestellt wurden (z.B. derart, daß ein Likert-Antwortformat nicht funktioniere); daß die Fragen nicht richtig verstanden wurden; daß die Befragten eigentlich etwas ganz anderes ausdrücken wollten usw. Hier ist es nützlich, nochmals kurz darauf einzugehen, wie es zu dem Fragebogen kam, welche Befunde zur Validität der Items vorliegen (andere Erhebungen, Korrelationen, Antwortformate, Split-Sample Forschung u.ä.), wie hoch die Beteiligungsquote war, wie die Daten analysiert wurden usw..
- Umdeutung negativer Befunde als normale Befunde. Eine weitere Coping-Strategie besteht darin, die Bewertung der Befunde anzuzweifeln und die schlechten Befunde als "eigentlich gar nicht so schlecht" umgedeutet. Dazu werden zunächst die Norm- und Vergleichswerte hinterfragt. Sind z.B. die Industriestandards (wie z.B. die in Abbildung 4.3) wirklich relevant? Sind die Normen wirklich repräsentativ? Ist Repräsentativität überhaupt von Bedeutung? Ist nicht unsere Firma etwas ganz Be-

sonderes? Usw. Die Fragen sind berechtigt und verweisen darauf, daß derartige Normen nur einen ersten Bezugspunkt vermitteln können. Interessanter sind meist interne Normen, wie z.B. die Vergleiche verschiedener Geschäftsbereiche untereinander und Trends aus Umfragen zu verschiedenen Zeitpunkten. Die Frage, warum etwa die Führungskräfte im Geschäftsbereich X viel besser bewertet werden als im Bereich Y, ist nicht mehr so akademisch. Zudem können Normen auch aus den eigenen Ansprüchen abgeleitet werden. Ein "durchschnittlicher" Wert kann hierbei als sehr problematisch oder als durchaus zufriedenstellend bewertet werden. Einmal darauf angesprochen neigen allerdings zumindest Manager dazu, Werte die dem "Durchschnitt" entsprechen, als nicht akzeptabel einzustufen.

- Umdeutung der Daten: Die Mitarbeiter haben das so nicht gemeint. Hier erweisen sich die Kommentare oft als außerordentlich hilfreich. So wehrte sich z.B. die Geschäftsleitung eines süddeutschen Verlagshauses gegen sehr negative Befunde mit dem Argument, daß die Mitarbeiter in dieser Branche eben einfach naturgemäß viel kritischer seien und daß schlechte Skalenwerte hier anders zu sehen seien. Die Kommentare ließen in ihrer Schärfe und Menge aber keinen Zweifel daran, daß die Mitarbeiter ein sehr kritisches Verhältnis zur Geschäftsleitung hatten.
- Aussagen sind faktisch falsch. Hier werden nicht die Daten bezweifelt, sondern die Antworten selbst. Das Argument ist, daß die Aussagen der befragten Mitarbeiter schlicht nicht stimmen. Das Gegenargument ist, daß für das Verhalten der Mitarbeiter entscheidend ist, wie sie die Dinge sehen, nicht wie sie "wirklich" sind.
- Wegerklären der Verantwortlichkeit. Die schlechten Ergebnisse werden externen, von den jeweilig Betroffenen nicht beeinflußbaren Faktoren zugerechnet: "Liegt alles an der Zentrale, am Markt, an der Konzernmutter, ... ", "wir können da leider gar nichts dran machen" usw. In einer Präsentation sollte sich der Moderator nicht argumentativ auf solche Erklärungen einlassen, weil er entweder zuwenig von der Sache versteht oder es ansonsten zu zeitraubenden Diskussionen kommen kann. Er kann aber darauf verweisen, daß sich ähnliche Argumente in vielen anderen Firmen bei genauerem Hinsehen fast immer als zumindest teilweise unbegründet erwiesen haben. Es zeigte sich vielmehr, daß viele Dinge sehr wohl auf fast jeder Ebene beeinflußbar sind.
- Lamentieren, Jammern und Stöhnen. Man beklagt, daß alles so miserabel ist. Auswege aus der Situation werden nicht ins Auge gefaßt. In diesem Fall kann appelliert werden an Rückkehr zu Sachlichkeit und konstruktiver Arbeit statt larmoyantem Selbstmitleid.

## 5.2 Präsentationen

Die Rückmeldung der Umfragebefunde erfolgt über drei Kanäle: Schriftliche Erstmitteilung an alle Mitarbeiter, Präsentationen innerhalb der Gruppengespräche und besondere Präsentationen für einige Gruppen innerhalb der Organisation. Wir beschreiben zunächst zwei solche besonderen Präsentationen, weil sie zeitlich vor den Gruppengesprächen liegen und sich in Form, Inhalt und Zielsetzung von diesen unterscheiden. Sie basieren auf einer besonderen Auswertung (siehe Kapitel 4: 'Präsentationen'), die die Umfragedaten mehr in betriebswirtschaftlich relevanten Kategorien aufbereiten.

*Präsentation bei der Geschäftsleitung*

Einen besonderen Stellenwert im Rahmen eines AEMP hat die Präsentation der Umfragebefunde für die Geschäftsleitung. Im allgemeinen hat die Geschäftsleitung als Gruppe mit dem AEMP seit Wochen keinen Kontakt mehr gehabt. Die Präsentation muß daher nicht nur die Umfragebefunde darstellen und ihre Akzeptanz sicherstellen, sondern auch das Interesse der Geschäftsleitung am AEMP revitalisieren. Zudem muß sichergestellt werden, daß die Führungskräfte darüber informiert sind, in welcher Phase sich das AEMP befindet und welche Schritte als nächste ablaufen.

Beim Feedback bei der Geschäftsleitung gilt als Besonderheit, daß diese Gruppe nicht selten besonders defensiv ist, weil sie für die meisten Probleme in einer Organisation direkt oder indirekt verantwortlich gemacht werden kann. Im Grunde ist es normale Praxis, daß die Geschäftsleitung darauf bedacht ist, Verantwortlichkeit von sich abzuweisen und so den Handlungsbedarf "nach unten" zu verlagern. Der externe Berater, der sinnvollerweise die Präsentation durchführt, muß daher von vornherein damit rechnen, daß "schlechte" Nachrichten hinterfragt, umgedeutet oder abgelehnt werden, wie oben beschrieben. Zudem ist es wahrscheinlich, daß er selbst Zielscheibe der Kritik wird. So wird beispielsweise in aller Regel versucht, Schwachstellen in der Expertise des Beraters zu entdecken, um so die Umfragebefunde und ihre Bewertungen anzweifeln zu können.

Der Berater muß sich außerdem darauf einstellen, daß die Geschäftsleitung natürlich immer auch eine Gruppe von Personen unterschiedlicher Interessen ist. Wenn der Geschäftsführer nicht der eigentliche Motor hinter dem AEMP ist, dann kommt dem Berater die vor diesem Hintergrund oft schwierige Aufgabe zu, die Geschäftsleitung auf die ursprüngliche Zielsetzung des AEMP hin erneut zu verpflichten. Dafür ist es in jedem Fall sinnvoll, die Unterschiede zwischen den verschiedenen Geschäftsbereichen nicht so stark zu betonen, daß einige Mitglieder dieses Teams ihr Gesicht zu verlieren drohen, sondern daß neben den Unterschieden auch immer wieder das Gesamtinteresse an allgemein guten Werten herausgestellt wird.

*Andere Präsentationen*

Die Präsentation, die vor der Geschäftsleitung gehalten wird, wird vom Inhalt her vor dem Koordinationsteam wiederholt. Die Zielsetzung ist dabei aber lediglich, das Team möglichst gründlich über die Umfragebefunde zu informieren. Jedes einzelne Mitglied soll ein umfassendes Bild der Meinungen und Einstellungen aller Mitarbeiter und der verschiedenen Gruppen der Mitarbeiter bekommen. Damit werden die nachfolgenden Gruppengespräche und Aktionsplanungen in den Abteilungen erleichtert, die von diesem Team maßgeblich mitbestimmt werden.

Bisweilen wird eine Präsentation in ähnlicher Form vor dem Betriebsrat gewünscht. Dabei wird die Zielsetzung nochmals reduziert: Es geht nur noch um eine globale Information über die Umfragebefunde. Auf Unterschiede zwischen Geschäftsbereichen wird nur am Rande eingegangen. (Unterschiede zwischen Abteilungen werden in den Präsentationen grundsätzlich sowieso nicht herausgearbeitet.) Zu beachten ist dabei insbesondere, daß sich die Rolle des Betriebsrates nicht ausweitet und er nun daran geht, voreilig Vorschläge für Verbesserungsmaßnahmen zu machen. Alle Präsentationen erfolgen als Zwischeninformationen, d.h. vor Abschluß der qualitativen Aufarbeitung der Umfragebefunde in den Gruppengesprächen sollte keine Aktionsplanung beginnen.

## 5.3 Gruppengespräche

Die Gruppengespräche sind für die meisten Mitarbeiter die wichtigste Form der Rückmeldung über die Umfrageergebnisse. Gleichzeitig dienen sie dazu, die Befunde zu diskutieren und dabei die jeweiligen Details und Hintergründe weiter zu verdeutlichen. Auf der Grundlage der quantitativen und der qualitativen Informationen wird dann die Aktionsplanung vorgenommen. Zudem haben die Gruppengespräche die wichtige Funktion, die Mitarbeiter zu einem Abgleich ihrer Meinungen und Einstellungen zu bringen. Die Aussagen der Einzelnen werden so relativiert. Die Öffentlichkeit der Diskussion und das Festhalten von erklärenden Informationen schafft außerdem ein Commitment der Gruppe ihrer eigenen Situationsbeschreibung gegenüber. Die Dinge kommen einmal allesamt "auf den Tisch", werden dadurch in ihrer relativen Bedeutung klarer und bekommen aus Sicht der Mitarbeiter den Stempel: "So ist es!". Diese Festlegung führt dazu, daß man aus einer Phase des unverbindlichen Lamentierens herauskommt und den logisch nächsten Schritt, die Planung und Umsetzung von Verbesserungsmaßnahmen, einleiten kann.

Es kann jedoch vorkommen, daß die Situationsanalyse der Gruppe, die sich in den Gruppengesprächen ergibt, objektiv falsch ist oder mit den strategischen Zielen der Organisation nicht kompatibel ist. So zeigten sich z.B. die Mitarbeiter aus der Verwaltung einer Computerfirma davon überzeugt, daß für ihre Tätigkeit in den nächsten Jahren keine besonderen Veränderungen zu erwarten seien, obwohl rasante Entwicklungen in der Informationstechnologie sicher erschienen. In einem anderen Fall stufte sich eine Gruppe als sehr kundenorientiert ein, während eine gleichzeitige Befragung der Kunden ein eher negatives Bild zeigte. In Fällen wie diesen können die Moderatoren in den Gruppengesprächen versuchen, diese Meinungen zu hinterfragen. Im Fall des Nicht-Erkennens von anstehendem Wandel - mit entsprechenden Auswirkungen auf die Bereitschaft zur Fort- und Weiterbildung - können hierbei die globalen Vergleichswerte nützlich sein, im letzteren ist die Dissonanz von Selbst- und Fremdbild ein natürlicher Ansatzpunkt für die Diskussion. Wenn eine solch kleine Intervention nicht ausreichend ist, werden diese Themen Bestandteil der Aktionspläne.

*Allgemeines Format der Gruppengespräche*

Das typische Gruppengespräch ist eine Sitzung von drei Stunden Dauer. Ein externer Berater als Hauptmoderator und ein Mitglied des Koordinationsteams (aus einem fremden Geschäftsbereich) als Komoderator präsentieren dort zunächst die Befunde der Umfrage für diese Gruppe und moderieren dann eine Diskussion über diese Befunde.

Abbildung 5.1 zeigt exemplarisch ein solches Gruppengespräch für Mitarbeiter aus der Produktion eines mittelständischen Unternehmens. Man erkennt an der Kopfseite des Raums eine (halbverdeckte) Leinwand, auf der die Umfragebefunde mittels eines Overheadprojektors dargestellt werden. Die Moderatoren verlesen zunächst die Ergebnisse und fragen dann nach weiteren Erklärungen dazu. Die Notwendigkeit für eine solche Aufarbeitung der Umfragebefunde ergibt sich schon aus der teilweise recht allgemeinen Formulierung der Items. So liefert z.B. ein Item wie "Ich bin sehr zufrieden mit der EDV" nur einen ersten Hinweis auf die EDV-Situation. Was jedoch jeweils mit "EDV" gemeint ist, kann von Abteilung zu Abteilung ganz verschieden sein und muß im Einzelnen ausdifferenziert werden.

Zur Klärung solcher Fragen eignet sich die übliche Moderationstechnik. Die Mitarbeiter haben hierzu jeweils einen Stapel Karten und Filzstifte. Sie vermerken auf den Karten stichwortartig ihre Anmerkungen. Sie gehen dabei nach Möglichkeit simultan vor. Die Moderatoren sammeln diese Karten immer wieder ein, versuchen evtl. eine genauere Klärung der Stichworte und hängen diese dann an die Pinwände. Abbildung 5.2 zeigt ein Bild mit solchen Pinwänden. Hier hält ein Moderator eine Karte mit der Anmerkung "Peter-Prinzip" hoch und versucht nochmals, diesen Kommentar genauer zu differenzieren (was, wer, wann, wo usw.). Die Aufgabe der Moderatoren ist es dabei, die Situation so genau und konkret wie möglich zu beschreiben, damit dann ebenso differenzierte Aktionen geplant werden können. Ist ein Themenblock abgearbeitet, gehen die Moderatoren zum nächsten Block über.

In der Literatur wird meist (unkritisch) befürwortet, die Gruppengespräche auch dazu zu nutzen, mit den Mitarbeitern Lösungsvorschläge zu besprechen bzw. die Mitarbeiter dazu zu motivieren, solche Vorschläge zu machen (Dunham & Smith, 1979; Hellriegel et al., 1992). Nach der Erfahrung des Autors ist dies nicht empfehlenswert. Im Gegenteil: Lösungsvorschläge sollten von vornherein strikt ausgeklammert werden. Vorschläge werden nämlich in Gruppengesprächen schnell geäußert. Sie werden naturgemäß eher spontan, oft ohne genaue Analyse der Probleme, ohne Kenntnis der Firmenstrategie und der zur Verfügung stehenden Ressourcen (Personal, Geld, Zeit) gemacht. Zudem kann die Situationsanalyse der Mitarbeiter objektiv falsch sein oder nicht in die Firmenstrategie passen. Ein ganz simples Beispiel aus der Praxis ist der Fall, in dem ein Mitarbeiter forderte, daß die PCs größere Festplatten brauchen. Bei einer Vor-Ort-Besichtigung stellte sich dann heraus, daß die PCs mit vielen unnötigen Dateien überladen waren. Erforderlich war also eher ein Training in Datei-Management. Ein weniger offensicht-liches Beispiel berichtet Porras (1987): Die Teilnehmer regen hier an, daß man "ein besseres Kosten-Controlling bräuchte". Hier wird eine Lösung vorgeschlagen, aber es bleibt unklar, wofür eigentlich. (Sind die Kosten zu hoch? Erhalten die Mitarbeiter nur ungenaue Rückmeldungen?)

Abbildung 5.1. Gruppengespräch mit Mitarbeitern eines mittelständischen Unternehmens.

Abbildung 5.2. Pinwände mit Kommentarkarten aus Gruppengespräch.

Abbildung 5.3. Gruppengespräch mit Mitarbeitern eines internationalen Computerherstellers.

Diese Handlungsorientierung, bei der die Problemanalyse implizit in Vorschläge verpackt wird, findet sich besonders bei Führungskräften. Sie klärt i.allg. die Problemlage nicht und verkennt, daß es fast immer mehrere Lösungen für ein Problem gibt.

Sind Vorschläge einmal formuliert, dann sind sie nur schwer zu modifizieren und führen zu entsprechenden Erwartungen ("Warum wird das jetzt nicht gemacht?"). Es ist besser, die Gruppengespräche auf Problemdarstellung, -differenzierung und -akzeptanz zu beschränken und Lösungsvorschläge einer späteren Phase vorzubehalten, die einer sorgfältigen Analyse und Bewertung nachfolgt.

*Psychologische Bedingungen der Gruppengespräche*

In den Sitzungen erhalten die Teilnehmer Informationen, die ihre Arbeitssituation, sie selbst und evtl. auch ihr eigenes Verhalten betreffen. Zudem sollen die Befunde akzeptiert werden, eigene Verantwortlichkeit übernommen, weitere differenzierende Erklärungen zu den Daten abgegeben werden usw. Bei allen Themen - außer bei dem Themenblock 'Vorgesetzter' - sind der/die direkte(n) Vorgesetzte(n) anwesend. Das ist für Viele eine ungewohnte Situation, die nicht einfach zu bewältigen ist.

Die Motivlage ist zudem von Anfang an komplex. Zum einen ist in den meisten Organisationen, in denen solche Gruppengespräche nicht an der Tagesordnung sind, anfangs ein gewisses Unbehagen zu spüren, da die Mitarbeiter nicht genau wissen, was sie erwartet. Vorgesetzte sind oft besonders verunsichert, weil sie nicht einschätzen können, wie die "Aufwärtsbeurteilung" im Rahmen der Gruppengespräche ablaufen wird. Die Mitarbeiter haben dagegen vielfach Angst, daß ihnen kritische Äußerungen später Nachteile bringen können. Andererseits haben viele die Hoffnung, daß es eine Möglichkeit gibt, Probleme anzusprechen und Lösungen zu finden. Allen gemeinsam ist das Interesse an den Umfragebefunden als solchen.

In dieser Situation ist es klar, daß die Moderatoren der Gruppengespräche eine gewisse Seniorität mitbringen müssen. Diese bekommen sie teilweise allein durch ihren Informationsvorsprung gegenüber den Teilnehmern, teilweise auch durch vorherige Erfahrung oder Training, und teilweise durch ihr allgemeines psychologisches Geschick, die Gruppe zielorientiert, aber diplomatisch zu führen. Die verbreitete Praxis, die Gruppengespräche von den Vorgesetzten der Abteilung selbst durchführen zu lassen, ist jedenfalls i.allg. fragwürdig, allein schon deshalb, weil sie möglicherweise - drastisch ausgedrückt - den Bock zum Gärtner macht.

*Organisatorische Vorbereitung der Gruppengespräche*

Die Gruppengespräche müssen organisatorisch gut vorbereitet sein. Die Gruppen sollten so eingeteilt werden, daß sie nicht mehr als etwa 25 Personen umfassen. Bei voraussagbar lebhaften oder artikulierten Gruppen (z.B. Azubis, Entwicklungsabteilungen) kann man diese Schranke auch niedriger ansetzen, weil sonst die Zeit nicht ausreicht, um sämtliche Inputs zu bearbeiten. Für die Gruppe muß, in Abstimmung mit den Vorgesetzten, ein Zeitplan aufgestellt und an alle Mitarbeiter kommuniziert werden.

Dabei kann der Fall eintreten, daß eine Gruppe nicht geschlossen an einem Gruppengespräch teilnehmen kann, weil ihre Arbeit nicht völlig ruhen kann. Man sollte dann das Gruppengespräch entweder mit so vielen Mitarbeitern wie möglich durchführen (als Stichprobe), zwei oder mehr Veranstaltungen planen oder in die Abendstunden ausweichen. Aus der Erfahrung vieler Gruppengespräche zeigt sich, daß die Mitarbeiter oftmals bereit sind, hierfür auch einen Teil ihrer Freizeit zu opfern. (Das kann allerdings auch darauf hindeuten, daß sie überzogene Erwartungen an die Gruppengespräche haben.)

Sobald der Zeitplan für die Gruppengespräche feststeht, müssen die Mitarbeiter davon informiert werden. Zudem muß beschrieben werden, in welchen Räumen die Gruppengespräche stattfinden und evtl. wo diese liegen. Wenn nötig muß auch die An- und Abfahrt organisiert werden. Die Verantwortlichkeit hierfür sollte beim Vorgesetzten der Abteilung liegen.

Der Raum für die Gruppengespräche sollte nach Möglichkeit groß genug sein, damit sich die Teilnehmer noch gut bewegen können. Zudem muß ausreichend Platz für Stellwände, für das Schreiben und Einsammeln von Karten und evtl. noch für eine Getränkeecke vorhanden sein. Ein allzu enger Raum führt zudem schnell zu Ermüdungserscheinungen. Man sollte daher mit etwa 2-3 qm pro Person rechnen.

Eine ausreichende Größe des Raums ermöglicht es auch, eine offene Gesprächsatmosphäre ("runder Tisch") zu schaffen. Abbildung 5.1 zeigt also ein Beispiel dafür, wie es *nicht* sein sollte: Hier ist zu wenig Platz vorhanden, so daß die Mitarbeiter beengt und wie in der Schule dasitzen. Bei mehr Platz könnte man die Stühle locker im Halbkreis aufstellen oder einige Tische in U-Form zusammenstellen, wie am Beispiel von Abbildung 5.3 veranschaulicht. Das erleichtert sowohl das Schreiben von Karten, als auch die Arbeit der Moderatoren. Zudem wird dadurch nicht alles nach vorne auf die Moderatoren hin ausgerichtet, so daß sich auch unter den Mitarbeitern eine gewisse Diskussion entwickeln kann.

Für ein Gruppengespräch sollte man 3-4 Stellwände (Pinboards) haben. Das sonst benötigte Material für Gruppengespräche dieser Art ist kommerziell erhältlich (vorgeschnittenes Packpapier zum Behängen der Stellwände; verschieden farbige Karten, auch als "Wolken" für Überschriften; Nadeln, Filzstifte, Klebstifte, Punkte auf Klebestreifen) und in den meisten Industrieunternehmen zumindest in der Trainingsabteilung vorhanden. Man braucht etwa 8 Plakate; 300 Pin-Nadeln; 4 Filzstifte mehr als Teilnehmer in der Gruppe sind; einen breiten Filzschreiber für den Moderator; mindestens 30 Karten pro Teilnehmer; mindestens 2 Klebestifte; und mindestens 6 Klebepunkte pro Teilnehmer. Benötigt werden ferner ein Overheadprojektor (mit Ersatzbirne), eine Projektionswand und ein Zeigestab. Das Mitglied des Koordinationsteams bringt noch folgendes mit: Eine Kopie des Originalfragebogens, den Bericht für diese Gruppe und den auf Folien kopierten Tabellenteil.

Die Vorgesetzten der Abteilung bekommen den Bericht am Tag vor dem Gruppengespräch, damit sie sich auf das Gruppengespräch vorbereiten können und von den Daten nicht überrascht werden. Das ist insbesondere dann wichtig, wenn sie selbst "schlecht abschneiden", weil in solchen Fällen die natürliche erste Reaktion

Abwehr ist. Das Mitglied des Koordinationsteams muß dem Vorgesetzten klarmachen, daß die Informationen zu diesem Zeitpunkt streng vertraulich sind; er darf aufgrund seines Vorab-Wissens nichts unternehmen, sondern muß das Gruppengespräch abwarten und dann den Aktionsplan bzw. die Themen für den Aktionsplan zusammen mit dem Aktionsplanungsteam erarbeiten. Außerdem wird dem Vorgesetzten erklärt, daß er während des Gruppengesprächs beim Thema 'Vorgesetzter' gebeten werden wird, den Raum im Interesse einer fruchtbaren Diskussion zu verlassen. Die Ergebnisse zu diesem Thema werden ihm im Anschluß an das Gruppengespräch in neutraler Form von den Moderatoren erläutert.

*Inhaltliche Vorbereitung der Gruppengespräche*

Das Mitglied muß den Bericht der Gruppe vor dem Gruppengespräch sorgfältig durcharbeiten. Er stellt sich dabei insbesondere die Frage, ob die Informationen im Bericht ausreichen für die konkrete Aktionsplanung. Wird z.B. nur klar, daß die Mitarbeiter mit der Leistungsbeurteilung unzufrieden sind, dann lassen sich erst dann Verbesserungs-maßnahmen einleiten, wenn im Detail herausgearbeitet ist, wo eigentlich die Probleme liegen. Eine solche Problemdifferenzierung kann der externe Berater i.allg. nicht leisten, weil er in der Regel die Interna der Organisation nicht so gut versteht wie die Mitglieder des Koordinationsteams. Im übrigen sind auch nur letztere an der Aktionsplanung auf Abteilungsebene beteiligt.

Das Koordinationsteammitglied kann die Themen/Items, die er im Gruppengespräch weiter klären will, auf den Overheadfolien markieren, z.B. durch Einkringeln der scheinbar problematischen Werte durch rote Kreise. Hierbei ist eine gewisse Zurückhaltung notwendig: Anfänger neigen dazu, alles einzukringeln. Sie bilden sich auch keine Theorie darüber, ob und wie die Probleme vernetzt sind, d.h. welche Probleme die eigentlichen Quellprobleme sind und welche nur Symptome. Das kann dazu führen, daß im Gruppengespräch vorwiegend Symptome diskutiert werden und nicht versucht wird, gelegentlich auch einmal weiter nachzufragen. Sinnvoll ist es zudem, auch einige "grüne" Kringel zu setzen für die Inhalte, die dem Moderator besonders positiv erscheinen, um dem Eindruck entgegenzuwirken, daß es in der Abteilung überhaupt nur Probleme gibt.

*Ablauf der Gruppengespräche*

Der Ablauf der Gruppengespräche ist im Prinzip einfach. Nach einer Aufwärm- und Einleitungsphase wird jeweils ein inhaltlicher Block präsentiert und dann diskutiert. Es ist allerdings wichtig, daß die Moderatoren sich an einen genauen Fahrplan halten, weil sonst die eingeplanten 3 Stunden schnell zu knapp werden. Zudem ist es erforderlich, in der Einleitungsphase einige Informationen zu vermitteln, die den Rahmen der Veranstaltung definieren. Im folgenden stelle ich eine Vorgehensweise dar, die sich in der Praxis in Hunderten von Gruppengesprächen als sinnvoll erwiesen hat.

*(1) Einstieg*

Beginnen wir mit dem Einstieg. Die Mitarbeiter kommen in den Raum der Veranstaltung und suchen sich selbst einen Sitzplatz. Die Moderatoren fangen pünktlich an, begrüßen die Teilnehmer und stellen sich selbst kurz vor. Wichtig ist insbesondere die Rolle des Mitglieds des Koordinationsteams zu klären, weil diese Person den Teilnehmern möglicherweise bekannt ist und sie sich fragen, wieso z.B. ein "Marketing-Mann" oder ein "Controller" in diesem Gruppengespräch beteiligt ist. Die Moderatoren erklären dann grob den Ablauf und die Ziele der Sitzung und ihre Dauer.

*(2) Aufwärmen*

Bisweilen erweist es sich als nützlich, vor dem eigentlich Einstieg in die Daten der Umfrage noch eines der vor allem im Trainingsbereich beliebten Aufwärm-Spielchen durchzuführen (Schnelle & Stoltz, 1976). Dazu kann man z.B. auf eines der Plakate an den Stellwänden eine Kunin-Skala malen (Abbildung 2.1), zusammen mit der Frage "Wie ist Ihre Stimmung heute morgen?". Die Teilnehmer werden dann aufgefordert, aufzustehen und entsprechend einen Punkt (von den bereitliegenden Klebebändern) in diese Skala zu kleben. Die Moderatoren beobachten den Klebevorgang nicht. Wenn alle Teilnehmer ihren Punkt geklebt haben, schauen sie sich das Ergebnis zusammen mit den Teilnehmern an. Meist ergibt sich hierbei ein überwiegend positives Stimmungsbild, was sich als Einstieg in die Zufriedenheitsthematik der Umfrage eignet. Bei Anzeichen schlechter Stimmung wird nach dem Grund gefragt und dieser auf dem Plakat vermerkt. (Typische Beispiele hierfür sind: "Das Gruppengespräch wurde zu spät angekündigt." oder "Ich habe eigentlich keine Zeit.") Das gibt den Moderatoren nochmals Gelegenheit auf die Wichtigkeit der Veranstaltung über den Tag hinaus hinzuweisen, die von einer momentan schlechten Stimmung nicht beeinflußt werden sollte. Es geht um Grundlegendes für jeden.

Ob man ein solches Aufwärm-Spielchen durchführen sollte oder nicht, kann man nicht allgemein beantworten. Sie kosten etwas Zeit und können u.U. als "läppisch" empfunden werden. Bei steifen oder unsicheren Gruppen können sie dagegen die Atmosphäre entspannen.

*(3) Ankündigungen*

Im Gruppengespräch werden dann eine Reihe von Ankündigungen erforderlich. Zunächst wird dargestellt, in welcher Weise vorgegangen wird und was dabei erreicht werden soll. Das Ablaufschema ist: Darstellung der Befunde pro Themenblock, Karten schreiben mit weiteren Erklärungen, Diskussion dieser Beiträge, Anhängen an die Pinwände, Gruppierung der Beiträge in inhaltlich Zusammengehöriges, Formulierung von Überschriften für die Cluster ("Problemthemen"). Es ist nützlich, an dieser Stelle ein Bild wie Abbildung 5.2 zu zeigen, damit sich die Teilnehmer etwas vorstellen können. Gleichzeitig dient ein solches Bild als Motivation für eine rege Mitarbeit.

Ankündigt wird weiter, daß die Pinwände abfotografiert werden. Von den Fotos werden 4 Protokolle erstellt. Die Protokolle bekommen die Personen, die für die Aktionsplanung zuständig sind, d.h. das die Gruppe betreuende Mitglied des Koordinationsteams, der Abteilungsleiter, der Vertreter der Mitarbeiter im Aktionsplanungsteam und der externe Berater. Die Protokolle sind vertraulich zu behandeln.

Anschließend wird mitgeteilt, wie man verfahren wird: Die Befunde für jeden Themenblock werden dargestellt, dann bzw. dabei werden von den Teilnehmern Karten mit weiteren Erläuterungen geschrieben, diese werden dann diskutiert, an die Pinwände gehängt und nach Möglichkeit zu inhaltlich zusammengehörigen Problemthemen gruppiert. Die Gruppierungen bekommen eine Überschrift.

Angekündigt wird weiter, daß Vorgesetzte beim Themenblock 'Vorgesetzter' im Interesse einer fruchtbaren Diskussion den Raum verlassen. Zusätzlich werden bei diesem Themenblock die Karten von den Moderatoren geschrieben bzw. neu geschrieben, damit der Einzelne nicht an seiner Handschrift zu erkennen ist. Die Beiträge auf den Karten werden den Vorgesetzten vom externen Berater im Anschluß an das Gruppengespräch in neutraler Form erläutert.

Schließlich muß die Anonymität personenbezogener Aussagen zugesichert und eingefordert werden: "Alles was hier in diesem Raum über Personen gesagt wird, bleibt in diesem Raum; weitergegeben wird nur, was auf den Pinwänden hängt." Die Mitarbeiter müssen diese Beschränkung verstehen und akzeptieren. Es darf nicht dazu kommen, daß sie z.B. im Anschluß an das Gruppengespräch in der Kantine weitererzählen, daß man es "dem Müller" aber gegeben habe. Das schadet letztlich der Gruppe selbst. Umgekehrt muß auch klar werden, daß das, was "nicht an den Pinwänden hängt" bzw. was sich nicht schon direkt aus der Umfrage selbst ergibt, in der nachfolgenden Aktionsplanung nicht bearbeitet werden kann.

*(4) Globale Befunde*

Bevor mit der eigentlichen Gruppenarbeit begonnen wird, werden einige allgemeine Befunde dargestellt. Dies sind insbesondere die Beteiligungsquote und ein Diagramm wie in Abbildung 4.3, in dem die allgemeinen Zufriedenheitswerte der Organisation insgesamt im Vergleich etwa zu einem einschlägigen Industriedurchschnitt dargestellt sind.

*(5) Abarbeiten der Themenblöcke*

Das gruppenspezifische Feedback und die Diskussion der Befunde verläuft sinnvollerweise in der Reihenfolge, in der die Themenblöcke im Fragebogen geordnet sind. Diese Reihenfolge entspricht in gewisser Weise einer Ordnung vom Konkreten (Arbeitsplatzbedingungen) zum Weichen und Allgemeinen (z.B. Organisationskultur). Es fällt den Teilnehmern i.allg. leicht, sich differenziert zu ihren Arbeitsplatzbedingungen oder zu ihrer Tätigkeit zu äußern. Damit bieten Themen dieser Art gleichzeitig die Möglichkeit, die Prinzipien der Datenaufarbeitung einzuüben.

Die Moderatoren sollten bei der Diskussion darauf drängen, daß die Anmerkungen und Kommentare auf den Karten so konkret und präzise wie möglich formuliert werden. Je klarer die Probleme erkannt sind, desto einfacher ist es, entsprechende Verbesserungsmaßnahmen zu formulieren. Die Moderatoren sollten im Zweifelsfall lieber eine Art "Dummstell"-Technik verwenden und nachfragen: "Ist mir nicht ganz klar; muß ich selbst später anderen erklären können, können Sie mir das deutlicher machen?"

Grundsätzlich gilt natürlich, daß die Moderatoren keinen Diskussionsbeitrag negativ bewerten dürfen. Sie können evtl. zurückfragen, wie das gemeint ist, wie die anderen Teilnehmer das sehen, ob man hierfür eine noch genauere Formulierung oder ein treffenderes Stichwort finden könne, usw..

Die Karten der Teilnehmer werden also nicht automatisch an die Pinwände gehängt, sondern erst dann, wenn sie leserlich sind (evtl. neu schreiben!); wenn die Stichworte klar sind; wenn klar ist, in welche inhaltliche Nachbarschaft sie zu hängen sind; wenn ihre Aussage nicht schon an der Pinwand vertreten ist. Im letzteren Fall fragen die Moderatoren die Teilnehmer, ob das der Fall ist oder nicht. Antworten diese mit Nein, dann muß geklärt werden, was der Unterschied ist. Ansonsten wird die Karte vernichtet.

Gelegentlich kommt es unter den Teilnehmern zu einem Dissenz darüber, ob eine Karte mit kontroversem Inhalt an der Pinwand aufgenommen werden soll oder nicht. So kann z.B. der Fall eintreten, daß ein oder mehrere Mitarbeiter den Vorgesetzten als "unfreundlich" kritisieren, die anderen aber gegenteiliger Meinung sind. Man kann in diesem Fall die Karte entsprechend markieren (z.B. mit einem "Blitz") und damit festhalten, daß hier die Meinungen der Teilnehmer auseinander gingen. Karten, die nicht den Spielregeln nach sachlichem Feedback entsprechen, werden natürlich in keinem Fall aufgenommen.

*(6) Besonderheiten beim Abschnitt 'Vorgesetzter'*

Beim Thema 'Vorgesetzter' verlassen die Vorgesetzten grundsätzlich den Raum. In der Praxis hat es sich in vielen Gruppengesprächen gezeigt, daß selbst dann, wenn die Beziehung zwischen Vorgesetzten und Unterstellten sehr gut ist, in einem entsprechend moderierten Gruppengespräch immer noch Hinweise geäußert werden, was dieser machen kann, um "besser" oder "noch besser" zu werden. Die Moderatoren sollten vorab den Vorgesetzten und den Mitarbeitern erklären, daß das Gruppengespräch eine gute Gelegenheit darstellt, um solche Hinweise zu generieren.

Bei problematischen Vorgesetzten müssen die Moderatoren allerdings darauf achten, daß die Kritik nicht eskaliert, sondern sachlich bleibt und evtl. ergänzt wird durch Hinweise darauf, was der Vorgesetzte gut macht. Informationen, die auch positives Feedback enthalten, werden später vom Vorgesetzten viel leichter akzeptiert als einseitige Kritik. Ausschließlich negative Kritik führt i.allg. zu einer harten Abwehrhaltung oder zu Verbitterung.

Nach Abschluß des Themenblocks 'Vorgesetzter' werden die Pinwände mit den Karten zu diesem Thema zur Wand gedreht und die Vorgesetzten zurückgeholt.

*(7) Abschlußphase*

Nach Abarbeitung der Themenblöcke muß man zu einem gewissen Abschluß des Gruppengesprächs kommen. Die Teilnehmer haben meist den Wunsch, die Karten an den Pinwänden nochmals zu gewichten. Das läßt sich so durchführen, daß man jedem Teilnehmer drei Punkte gibt, die er an die Karten selbst (d.h., an die einzelnen Probleme) oder an ihre zusammenfassenden Überschriften (d.h., an die Problemthemen) klebt, um damit zum Ausdruck zu bringen, daß diese Probleme für ihn besondere Prioriät haben. Das Aufkleben der Punkte geschieht möglichst gleichzeitig in der Gruppe und wird von den Moderatoren nicht beobachtet. Die Fragen, die die Teilnehmer mit der Punktgewichtung beantworten sollen, kann man so formulieren: "Wenn man nur drei Aktionen einleiten könnte, worauf sollte man sich konzentrieren? Was würde Ihnen am meisten helfen?"

Nach Abschluß der Klebeaktion gehen die Moderatoren die Pinwände nochmals durch. Das dient auch dazu, die Themen zusammenfassend in ihrer Gesamtheit darzustellen. Die Moderatoren können so sehen, ob sie alles verstanden haben, die Teilnehmer, ob noch etwas fehlt. Die Themenaufbereitung ist damit abgeschlossen.

Analog zum obigen Aufwärm-Spielchen kann man noch ein Abspann-Spielchen durchführen. Eine Möglichkeit ist die, die Teilnehmer Punkte kleben zu lassen in die folgenden Skalen: "Haben wir die wichtigsten Probleme auf den Karten festgehalten?" und "Wie zufrieden waren Sie mit dem Verlauf dieser Veranstaltung?". Wiederum gilt aber, daß dies Zeit kostet, daß es allzu simplistisch erscheinen kann, und daß nicht leicht zu vermitteln ist, welchem Ziel diese Information dient.

Wichtig ist dagegen, den Mitarbeitern einen kurzen Ausblick zu geben, wie das AEMP weitergeht, d.h. wie die Aktionsplanung verlaufen wird, wie diese koordiniert wird und wie ihre Umsetzung und Evaluation durchgeführt wird. Für den lokalen Aktionsplan, der sich mit den Themen beschäftigt, die in der Abteilung selbst zu lösen sind, werden dann zwei Mitarbeiter ausgewählt, die - neben dem Vorgesetzten und dem Mitglied des Koordinationsteams - dem Aktionsplanungsteam angehören sollen. In der Regel ist nach dem Verlauf der Gruppengespräche klar, wer für diese Aufgabe geeignet ist. Diese Mitarbeiter melden sich entweder selbst oder erklären sich, nach Anfrage, für diese Aufgabe bereit.

Das Gruppengespräch ist damit für die Mitarbeiter beendet. Die Moderatoren bedanken sich für die Mitarbeit.

*(8) Nachbereitungsphase*

Nachdem die Teilnehmer den Raum verlassen haben, kleben die Moderatoren die Karten auf den Plakaten fest. Die Plakate werden durchnumeriert, abgehängt und eingerollt. Das Mitglied des Koordinationsteams nimmt die Plakate mit und bringt sie zum Abfotografieren. Fotokopien der Fotografien werden später dem externen Berater und den Mitgliedern des Aktionsplanungsteams dieser Abteilung als Protkolle des Gruppengesprächs zugestellt.

*(9) Gespräch mit den Vorgesetzten*

Es bleibt noch, die Vorgesetzten über die Ergebnisse zu informieren, die sich im Gruppengespräch zum Thema 'Vorgesetzter' ergeben haben. Dieses Gespräch sollte vom externen Berater geführt werden. Ziel ist es, die Vorgesetzten dazu zu bringen, die Informationen als für sie wertvoll zu akzeptieren. Bei negativem Feedback muß man dabei sehr diplomatisch vorgehen und dem Vorgesetzten signalisieren, daß er als Person akzeptiert wird und er auch das Recht auf seine eigene Individualität hat.

Der externe Berater kennt nur das Meinungs- und Wahrnehmungsbild der Mitarbeiter, so wie es auf den Karten festgehalten ist. Er hat keine Basis, die faktische Richtigkeit dieser Informationen zu beurteilen. Bei negativem Feedback versuchen die Vorgesetzten oft, hier einzuhaken und argumentieren, daß das so alles nicht stimmt. Dann muß verdeutlicht werden, daß es die Mitarbeiter eben so sehen. Wenn es so nicht stimmt, hat der Vorgesetzte ein Kommunikationsproblem.

Grundsätzlich sollten natürlich emotional geladene Beschreibungen vermieden werden, da sie wiederum nur emotionale Reaktionen oder Abwehrverhalten hervorrufen. Das Feedback sollte sich vielmehr auf Leistungs-, Verhaltens- und Ergebnismerkmale beziehen, nicht auf die Person des Vorgesetzten. Je konkreter und spezifischer die Stichworte sind, um so nützlicher sollten sie für den Vorgesetzten als Rückmeldung sein. Bei mehreren Vorgesetzten muß daher z.B. im Gruppengespräch herausgearbeitet werden, an welche Person die Rückmeldungen gehen sollten. Globale Aussagen wie "die Vorgesetzten" sind wenig brauchbar.

Es ist dagegen nicht Aufgabe der Mitarbeiter, im Gruppengespräch herauszuarbeiten, ob der Vorgesetzte immer auch Einfluß auf die Dinge hat, die den Mitarbeitern mißfallen. Hier ist wiederum der Vorgesetzte gefordert, den Mitarbeitern seinen Einflußbereich zu erklären. Die Kritik der Mitarbeiter muß also keineswegs "konstruktiv" sein, wie manchmal von den Vorgesetzten gefordert wird. Sie muß sachlich sein, konkret, sollte nach Möglichkeit offensichtlich Unveränderbares ausklammern, braucht aber keine Lösungen anzubieten. Lösungen kann dagegen der externe Berater vorschlagen. Die Vorgesetztenprobleme sind sich über viele Organisationen hinweg sehr ähnlich und liegen meistens im Bereich des Führungsstils, seltener an persönlichen Dingen. Ein erfahrener Berater kann hier unmittelbar einige Ratschläge geben oder zumindest die der Kritik zugrundeliegenden Probleme herausarbeiten. Sie liegen meist in unklaren Zielsetzungen, mangelndem Feedback und allgemein schlechter Kommunikation.

### *Einige allgemeine Tips für die Moderation*

- Halten Sie die Äußerungen der Teilnehmer nur stichwortartig fest. Die Stichworte dienen nur als Gedächtnisstütze für das Aktionsplanungsteam. Keine Romane auf den Karten! Groß und leserlich schreiben.
- Vermeiden Sie Verdoppelungen. Klären Sie, wenn mehrere Nennungen zum gleichen Problemkreis kommen, ob sie Verschiedenes ansprechen. Wenn nicht, finden Sie ein gemeinsames Stichwort. Die Zahl der Karten sollte kein Hinweis auf die Wichtigkeit des Problems sein.
- Zweck der Gruppengespräche ist es nicht, Lösungen für die Probleme zu finden. Das wird später ein Aktionsplanungsteam tun - nach sorgfältiger Analyse der Probleme. Mitarbeiter, die Lösungsvorschläge haben, sollten sich diese - auch wenn sie nur "klein" sind - aufschreiben und dann dem Aktionsplanungsteam mitteilen oder selbst in diesem Team mitarbeiten.

sie nur "klein" sind - aufschreiben und dann dem Aktionsplanungsteam mitteilen oder selbst in diesem Team mitarbeiten.

- Achten Sie darauf, daß alle Mitarbeiter "zu Wort" kommen und Karten schreiben.
- Vermeiden Sie, wenn möglich, lange Diskussionen. Gruppengespräche neigen grundsätzlich dazu, in Diskussionsveranstaltungen abzugleiten, in denen einer oder wenige Teilnehmer lange Ausführungen zu ihren Stichworten machen. Wenn das Stichwort klar ist, brechen sie diese Ausführungen ab. Motivieren Sie zudem die Teilnehmer immer wieder dazu an, gleichzeitig Karten zu schreiben, weil so viel mehr Informationen zusammen kommen.
- Brechen Sie Diskussionen ab, die allgemein und "philosophisch" werden. Es muß an der Klärung konkreter Probleme gearbeitet werden, die auch einer Lösung zugänglich erscheinen. Allgemeines Lamentieren, Fingerzeigen usw. ist nicht konkret.
- Erklärungen, die unpräzise und allgemein sind oder die schon so im Fragebogen stehen, weiter hinterfragen. Z.B.: "In unserer Abteilung ist der Arbeitsdruck zu groß." Fragen: Ist das immer so? Ist jeder davon betroffen? Hat Arbeitsdruck Einfluß auf Qualität der eigenen Arbeit? Wodurch wird Druck verursacht? Durch zu wenig Leute? Bürokratismus? Unrealistische Terminvorgaben? Werden Aufgaben doppelt gemacht?.
- Machen Sie beim Thema 'Vorgesetzte', 'Führungskräfte' und 'Kollegen' deutlich, daß die Mitarbeiter sachlich bleiben sollen. Persönliche Angriffe, Diffamierungen und Kritik von privaten Belangen sollten von Ihnen sofort als unzulässig unterbunden werden.
- Lassen Sie sich nicht auf Diskussionen ein, wer was aus welchem Grund gesagt haben könnte. Auch das ist nicht sachdienlich. Die Umfragebefunde sind Fakten, von denen Sie und jeder andere auszugehen haben.
- Stoppen Sie Dauerredner und Endloswiederholer, wenn sie inhaltlich nichts Neues mehr sagen und der Punkt klar ist. Sprechen Sie andere an: "Was meinen Sie dazu?" Fragen Sie wiederholt: "Können wir das Thema abschließen? Ergibt sich noch etwas Neues für uns? Können wir zu den anderen wichtigen Themen übergehen?"
- Machen Sie wiederholt deutlich, daß man nur begrenzt Zeit hat. Die wichtigsten Themen müssen alle besprochen werden. Evtl. kann man später nochmals auf ein Thema zurückkommen, wenn noch Zeit ist. Wenn die Hauptpunkte abgehandelt sind, sollten Sie weitermachen. Machen Sie unter Umständen eine Abstimmung für oder gegen das Weitermachen!
- Machen Sie keine Versprechungen darüber, was später alles gemacht wird. Ihre Aufgabe ist es, die Probleme zu klären. Nachfolgende Projektteams, an denen Repräsentanten der Gruppe beteiligt sind, werden dann Aktionspläne ausarbeiten. Bleiben die Probleme unklar, dann können sie auch nicht gelöst werden.
- Besonders negativen und unkooperativen Personen - auch, wenn sie Vorgesetzte sind - müssen Sie u.U. nochmals den Zweck des Gruppengesprächs verdeutlichen. Sie sind hier im Auftrag der Geschäftsleitung, die dieser Aktion hohe Priorität eingeräumt hat und dafür viel Geld investiert hat (Kosten, Arbeitszeit usw.). Ihr Auftrag ist es, durch eine sachliche Erfassung der Probleme, die die Mitglieder dieser

Gruppe sehen, die Voraussetzungen für eine bessere Befriedigung der Interessen aller Interessensgruppen zu schaffen.

- Halten Sie den Zeitrahmen für die Veranstaltung (3 Stunden) ein. Die Teilnehmer bewerten Sie auch danach, ob sie bei Ihnen den Willen erkennen, die Sache in der vorgegebenen Zeit tatsächlich zu Ende zu bringen, also die (wichtigsten) Probleme zu identifizieren. An Endlos-Diskussionen ohne Abschluß und Ergebnis sind sie gewöhnt und haben die entsprechend negative Einstellung dazu.

## 5.4 Gruppengespräche für mittlere Hierarchiestufen

Die oben beschriebenen Gruppengespräche sind zugeschnitten auf Abteilungen, Filialen oder andere Arbeitsgruppen am unteren Ende der Hierarchie. Die Geschäftsleitung bekommt mit einer Sonderpräsentation ihr eigenes Gruppengespräch. Bislang wenig beachtet in der Literatur ist dagegen die Frage geblieben, in welcher Weise Gruppen wie mittleres Management oder Meister bedient und eingebunden werden können. Die Meister beispielsweise sind zwar in den "normalen" Gruppengesprächen dabei, aber eben in der Sonderrolle des Vorgesetzten. Die besonderen Probleme dieser Gruppe kommen so nicht zur Sprache und finden dadurch keinen Eingang in die Aktionspläne.

Zudem gelten in der Praxis die mittleren Hierarchiestufen meist als "konservativ" oder gar als "Bremser" jeglicher Veränderung. Ein AEMP ist aber angelegt als Programm des Veränderungsmanagements. Insofern ist es entscheidend, die mittleren Hierarchiestufen besonders stark einzubinden. Das geht natürlich nicht, wenn man ihre besonderen Probleme unberücksichtigt läßt.

Führt man Gruppengespräche mit Mitarbeitern mittlerer Hierarchiestufen *vor* den normalen Gruppengesprächen durch, dann wird damit zugleich noch ein wichtiger Zusatzeffekt erzeugt. Die Teilnehmer wissen zum einen, wie derartige Gespräche ablaufen und können ihre Mitarbeiter entsprechend informieren. Zum anderen haben sie bereits Erfahrung gemacht mit dem Thema 'Vorgesetzter' - aus anderer Sicht. Sie äußern sich nämlich in ihrem Gruppengespräch zu diesem Thema und können sich damit darauf einstellen, daß sie selbst in ähnlicher Weise kritisiert werden, welche Art Feedback zu erwarten ist und auf welche Spielregeln dabei geachtet wird.

Gruppengespräche mit Mitarbeitern mittlerer Hierarchiestufen können im Prinzip nach den gleichen Prinzipien ablaufen wie die oben beschriebenen normalen Gruppengespräche. Zunächst muß für die jeweilige Gruppe eine besondere Auswertung der Umfragedaten erstellt werden. Für das Gruppengespräch selbst ist es meist erforderlich, etwas mehr Zeit anzusetzen (4,5 Stunden), weil in der Diskussion vor allem Führungsfragen im Vordergrund stehen, die weniger griffig sind als z.B. Arbeitsplatzbedingungen. Überhaupt sollte sich das Gruppengespräch auf die Dinge konzentrieren, die für alle Teilnehmer von Bedeutung sind. Probleme, die nur eine Abteilung betreffen, können in den normalen Gruppengesprächen behandelt werden.

Im allgemeinen kann man von den Teilnehmern aus mittleren Hierarchiestufen verlangen, daß sie in der Problemaufarbeitung nicht nur ein Potpourri von Erklärungen abgeben, sondern dieses klar in Problemklassen sortieren. Im Idealfall kann man sogar eine gewisse Kausalanalyse durchführen, in der zumindest eine einfache Klassifikation in Ursachen und Symptome erfolgt. Wie man dabei verfahren kann, wird im folgenden Kapitel dargestellt.

# 6. Problemstromanalyse

Umfrage und Gruppengespräche decken viele Probleme auf. Sie sind meist wenig strukturiert und nur durch einige Überschriften wie 'Bereichsmanagement', 'Information und Kommunikation' oder 'Bezahlung' in grobe Klassen untergliedert. Abbildung 5.2 zeigt dies am typischen Bild der Pinboards nach den Gruppengesprächen. Geht man von diesem Material direkt zur Aktionsplanung über, dann stellt sich die Frage, wo man anfangen soll. Die Problemsituation ist unübersichtlich. Wesentliches ist von Details überlagert. Die Probleme sind wenig strukturiert ("Problembrei"). Ursachen- und Folge-Probleme sind nicht unterschieden. Eine solche Ausgangssituation zieht meist die in der Praxis nur allzu bekannte Enttäuschung mit den Verbesserungsmaßnahmen nach sich: Was man auch macht, manche Probleme scheinen sich einer dauerhaften Lösung zu widersetzen. Die Ursache für solche Mißerfolge liegt meist darin, daß man Lösungen für einzelne Probleme versucht, bevor die Zusammenhänge der Probleme untereinander verstanden sind. Das kann zwar Erfolg haben, ganz so wie Aspirin gegen Kopfschmerzen hilft. Es kann aber auch sein, daß man hier nur Symptome bekämpft und die Kopfschmerzen immer wieder kommen. Dann sind sie offenbar nur Folgen tiefer sitzender Ursachen.

Vor der eigentlichen Aktionsplanung sollte daher eine Analyse der Probleme im Hinblick auf Verursachungszusammenhänge erfolgen. Das ist um so wichtiger, je globaler die Themen sind, weil mit zunehmender Breite Problemvernetzungen immer wahrscheinlicher werden. Im folgenden stelle ich mit der Problemstromanalyse einen Ansatz vor, der sich für solche Problemstrukturierungen eignet.

## 6.1 Grundideen der Problemstromanalyse

Die Grundideen der Problemstromanalyse sind einfach und erscheinen in der Literatur in verschiedenen Verpackungen. Ich verwende im folgenden vor allem Ideen, die auf der "Stream Analysis" von Porras (1978) aufbauen und wähle daher für den gesamten Ansatz eine ähnliche Bezeichnung.

*Fischgräten-Diagramme*

Im TQM wird als Kontrollinstrument öfters ein Ishikawa-, cause-and-effect oder Fischgräten-Diagramm verwendet (Crockner et al., 1987; Zultner, 1993). Die damit verbundene Methode ist in der Praxis relativ bekannt und wird bisweilen für die Analyse von Problemursachen und -wirkungen verwendet. Die Konstruktion von Fischgräten-Diagrammen beginnt mit der Zeichnung eines Pfeils, dessen Spitze (=Fischkopf) mit einem ausgewählten Problem (wie z.B. 'exzessive Reklamationen des Kunden über Produkt X') gleichsetzt wird. Dem Pfeil werden dann einige "Gräten" zugefügt, die Bereiche repräsentieren, in denen die Ursachen des Problems liegen. Verwendet werden meist nur wenige Gräten, z.B. 'Material', 'Anlagen', 'Methoden' und 'Personal'. Der Qualitätszirkel beschäftigt sich dann mit diesen Gräten und jedes Mitglied schlägt weitere Unter-Ursachen vor, die den Gräten zugefügt werden. Für die Strukturierung eines gegebenen Problembreis bleibt allerdings der Nachteil einer rein rückwärts gerichteten Sichtweise: *Ein* Problem muß ausgewählt werden und für dieses werden dann Ursachen identifiziert, wenn sie existieren. Dabei bleibt insbesondere offen, wie die so entstehenden verschiedenen Fischgräten-Diagramme untereinander zusammenhängen.

*Problemnetzwerke*

Die Problemstromanalyse (PSA) ist eine Methode, mit der man einen Problembrei zu einem Problemnetzwerk strukturiert, das i.allg. viel komplexer ist, als ein Fischgräten-Diagramm. In Abbildung 6.1 ist an einem vereinfachten Beispiel gezeigt, zu welchem Ergebnis eine PSA führt. Ausgegangen wurde hierbei von Problemen, die eine Umfrage und die nachfolgenden Gruppengespräche in einer Elektronikfirma aufgedeckt hatten. Die Probleme waren in den Gruppengesprächen zu Clustern (Problemthemen) zusammengefaßt worden, die durch die Kästchen in Abbildung 6.1 repräsentiert sind. (Zu jedem Kästchen existiert also eine recht ausführliche Liste einzelner Kommentare, die den jeweiligen Inhalt des Problemthemas weiter differenzieren.)

Die Kästchen in Abbildung 6.1 sind miteinander vernetzt durch gerichtete Pfade, die Ursache-Wirkungs-Beziehungen darstellen. Ein Pfad von A nach B bedeutet, daß - nach Meinung derjenigen, die dieses Diagramm erstellt haben - B ganz oder teilweise von A abhängt. So führt hier z.B. das fehlende Zukunftskonzept zu unklaren Zielen und Strategien. Die unklaren Ziele/Strategien wiederum tragen zur Unsicherheit des Arbeitsplatzes bei, aber auch dazu, daß Organisation und Abläufe einen ad-hoc Charakter haben, was sich wiederum nachteilig auf die Produktivität auswirkt. Die schlechte Produktivität trägt ebenfalls zur Unsicherheit des Arbeitsplatzes bei. Formal zeigen die schattierten Kästchen in Abbildung 6.1 "Quellprobleme", die abgerundeten Kästchen "Folgeprobleme".

Den Nutzen dieses Netzwerks erkennt man aus folgendem. Ursprünglich wollte die Geschäftsleitung nach Sichtung der Probleme in Abbildung 6.1 in der für viele Manager typischen aktivitätsorientierten Vorgehensweise sogleich "vertrauensbildende Maßnahmen" einleiten, um dem durch die Mitarbeiterbefragung identifizierten Problem des Vertrauensschwunds in die Geschäftsleitung entgegen zu wirken. Das Problemnetzwerk in Abbildung 6.1 zeigt aber deutlich, daß dieses Problem nicht direkt angegangen werden kann. Viele naheliegende Aktionen (etwa ein forciertes Management-by-walking-around) erscheinen wegen der weiteren Zusammenhänge - insbesondere auch wegen des vorgeordneten Problems 'Unsicherheit des Arbeitsplatzes' - wenig vielversprechend, ja potentiell kontraproduktiv. So könnte z.B. eine verstärkte Präsenz der Manager vor Ort gedeutet werden als Maßnahme, diejenigen zu identifizieren, die entlassen werden sollen. Angesetzt werden muß vielmehr an den Ursachenproblemen: Reduziert man diese, dann werden die Folgeprobleme automatisch kleiner.

Abbildung 6.1. Vereinfachtes Problemnetzwerk (PSA-Diagramm) für Problemthemen aus einer Elektrofirma.

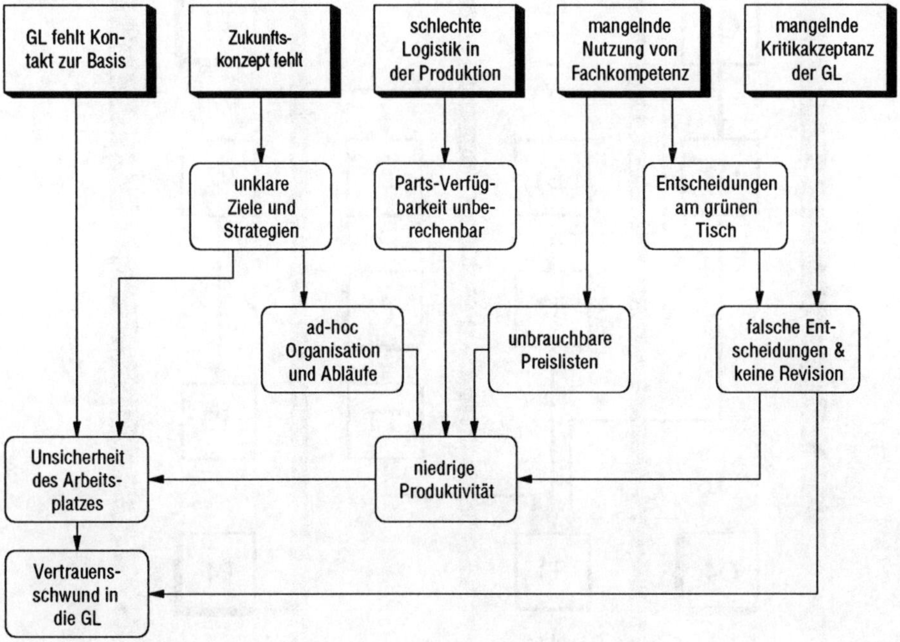


*Problemströme*

Wie kommt man nun zu einem Problemnetzwerk? Porras (1978) sieht den entscheidenden Schritt dazu in einer Sortierung der Problemthemen in vier "Problemströme" und spricht deshalb von "Stream Analysis". Die "Ströme" sind eine dynamische Sichtweise von Grunddimensionen einer Organisation. Katz & Kahn (1978) haben zwei derartige Dimensionen unterschieden in ihrer Charakterisierung von Organisationen als "sozio-technische" Systeme. Sie differenzieren hiermit soziale Aspekte (also solche, die sich auf das Zusammenwirken verschiedener Personen beziehen) von technischen Aspekte wie Gebäuden, Einrichtung, Maschinen, Regeln und Organisationsstrukturen. Porras (1987) erweitert dieses Schema dadurch, daß er die technische Dimension in organisatorische, technische und physisch-räumliche Dimensionen auftrennt (Tabellen 6.1 und 6.2).

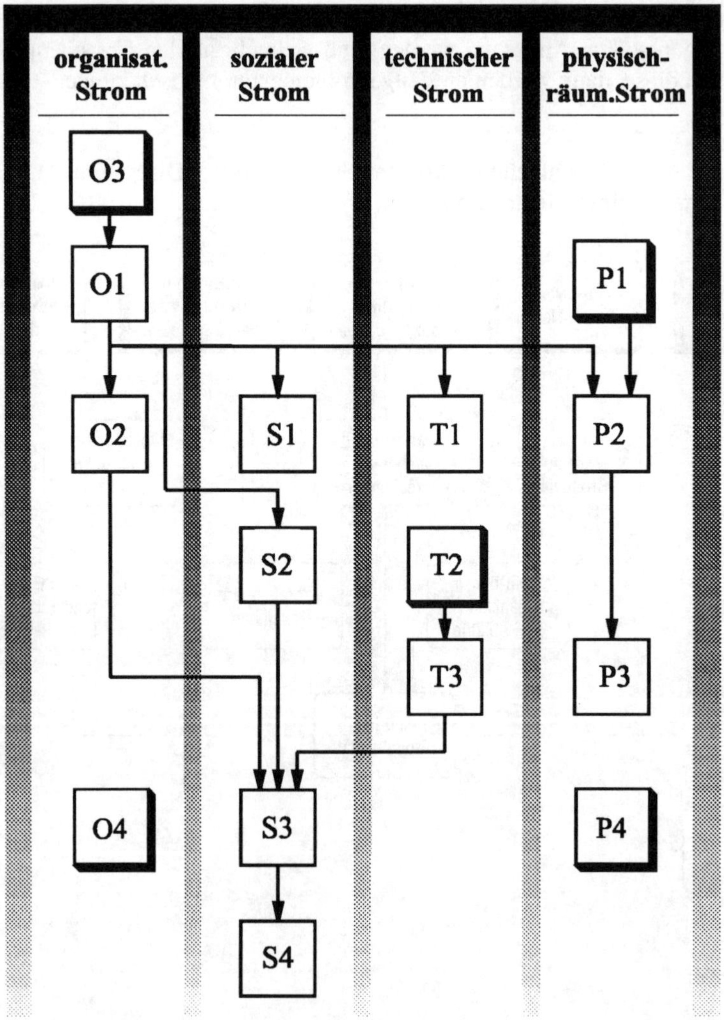


Abbildung 6.2. Schematisches PSA-Diagramm mit vier Problemströmen und zugehörigen Problemthemen.

Betrachtet man das Zusammenspiel dieser Dimensionen im organisatorischen Geschehen und insbesondere die Frage, wie sich verschiedene Hindernisse und Hemmnisse in diesen Dimensionen auf dieses Geschehen auswirken, zu welchen Folgen sie

Tabelle 6.1. Schematische Übersicht über die Problem-Ströme (nach Porras, 1987).

| **Organisatorischer Strom** | **Sozialer Strom** | **Technischer Strom** | **Phys.-Räuml. Strom** |
|---|---|---|---|
| Ziele<br>Strategien<br>formale Struktur<br>Verwaltungsrichtlinien<br>administrative Systeme<br>Belohnungssysteme<br>- Leistungsbeurteilung<br>- Bezahlung<br>- Sozial- und Zusatzleistungen<br>Fort- und Weiterbildungssystem | Kultur<br>- Grundannahmen<br>- Werte<br>- Normen<br>- Sprache, Jargon<br>- Rituale<br>- Geschichte, Legenden<br>- Symbole<br>Interaktionsprozesse<br>- zwischen Einzelpersonen<br>- in der Gruppe<br>- zwischen Gruppen<br>Interpers. Vernetzung, Austausch<br>- Kommunikation<br>- Entscheidungsfindung<br>- Mitbestimmung<br>- persönlicher Einfluß<br>Status<br>Einzelpersonen<br>- Einstellungen, Meinungen<br>- Fähigkeiten, Fachkompetenz<br>- soziale Intelligenz, Gefühle | Werkzeuge, Maschinen<br>Job Design<br>Design der Arbeitsabläufe<br>technische Kompetenz<br>techn.Ablaufregeln<br>technische Systeme<br>- Rückmeldung<br>- Kontrolle | Räumlichkeiten<br>- Platz<br>- Raumgröße<br>- archit. Gestaltung<br>- Wege<br>ergonomische Umwelt<br>- Beleuchtung<br>- Temperatur, Belüftung<br>- Lärm<br>- Sauberkeit<br>Innen-Gestaltung<br>- allg. Zustand<br>- Möbel<br>- Farben, Dekoration<br>- persön. Ausgestaltung<br>architektonische Anlagen<br>- Gebäude<br>- Parkplätze<br>- Außenanlagen<br>Rekreationseinrichtungen<br>- Kantine<br>- Freizeitanlagen |

führen und wie sich diese Folgen wiederum auswirken, dann erkennt man die Metapher, die den Problemströmen zugrunde liegt.

Um zu den Quellen von Problemen vorzudringen, schlägt Porras (1987) vor, diese zunächst in die Problemströme einzusortieren, denen sie entstammen, oder sie aufzulösen in entsprechende Bestandteile. Im Grunde genommen ist damit eine sehr ähnliche Idee gegeben wie in der Fischgräten-Analyse. Man kann die Problemströme aber auch nur als ersten Einstieg, als nützliches Schema verwenden, das eine gewisse Vorstrukturierung ermöglicht. Ist diese einmal gelungen, kann man die Ströme selbst - so wie in Abbildung 6.1 - wieder vergessen. Wir zeigen dies im folgenden.

*Problemströme und PSA-Diagramme*

Eine PSA beginnt mit einer Liste von Problemthemen und ordnet diese in die vier Problemströme ein. (Abbildung 6.2 zeigt die Problemthemen als Kästchen in einem "PSA-Diagramm".) Man verschiebt dann Problemthemen, die eher Quellprobleme sind, nach oben, solche die eher Folgeprobleme sind, nach unten und vernetzt schließlich die Kästchen i.S. von Ursachen und Folgen. Das Netzwerk in Abbildung 6.2 zeigt, daß das organisatorische Problem O1 von einem anderen organisatorischen Problem (O3) abhängt; O1 hat seinerseits wieder eine Reihe von Folgeproblemen, z.B. das soziale Problem S1. O4 und P4 sind unabhängig vom übrigen Netzwerk.

Quellprobleme entsprechen Kästchen, die nur Ausgänge, aber keine Eingänge haben. Kästchen, die Eingänge haben, sind Folgeprobleme. Quellprobleme sind in den Abbildungen 6.1-6.2 grafisch noch zusätzlich durch eine Schattierung gekennzeichnet. In der Praxis, in der zunächst mit Karten an einer Pinwand gearbeitet wird, kann man solche Kästchen entsprechend z.B. durch einen Klebepunkt markieren oder Karten mit besonderer Farbe wählen.

Normalerweise lassen sich verschiedene Gruppen von Quellproblemen unter Dachbegriffen zusammenfassen, die "Makroprobleme" bezeichnen wie z.B. 'Qualität', 'Produktivität' oder 'Kosten'. Andere Makroprobleme sind mehr psychologischer Natur wie z.B. eine "Feuerwehrmentalität", die sich darin zeigen könnte, daß Planungsfunktionen unterbesetzt sind (O-Strom), daß Krisenbewältiger die meiste Anerkennung finden (S-Strom), daß der Maschinenpark relativ stark auf die Bewältigung von Sonder- und Speziallasten abgestimmt ist (T-Strom) und daß die offene Bürogestaltung (P-Strom) ruhige Planungsarbeit erschwert. Aus diesen Quellproblemen ergeben sich Symptome wie etwa "immer dem Plan hinterher", "keine Belohnung für rechtzeitige Arbeit", "Informationen kommen immer zu spät".

*Verschleifungen*

In den Abbildungen 6.1/6.2 ist auffällig, daß zwischen zwei Kästchen immer nur *ein* gerichteter Pfad existiert. Eine gegenseitige Abhängigkeit bzw. Verursachung von Problemen ist hier also nicht gegeben - oder vermieden worden. In der Praxis ver-

Tabelle 6.2. Erläuterungen zu den Stichworten in Tabelle 6.1.

*Organisatorischer Strom: Formale Strukturen zur Koordinierung der Teile der Organisation; Beschreibung des Soll-Verhaltens der Organisation*

- Ziele: Existieren auf allen Ebenen. Auf höheren Ebenen meist schriftlich fixiert und jährlich revidiert.
- Strategien: Wege, auf denen die Ziele erreicht werden sollen. Können in allen Bereichen und auf allen Ebenen existieren. Auf höheren Ebenen meist schriftlich ausgearbeitet.
- Formale Struktur: Verantwortungshierarchie. Wer berichtet an wen? Festgehalten im Organigramm.
- Verwaltungsrichtlinien und Verfahren: Regeln, wie die Prozesse in der Organisation ablaufen sollen und wie sie zu koordinieren sind. Richtlinien für das Verhalten. Begrenzen die Entscheidungsfreiheit des Einzelnen.
- Administrative Systeme: Z.B. Controlling, Finanzen, Orga, Personalabteilung; Einrichtungen zur Koordinierung der Abläufe.
- Belohnungs-Systeme: Leistungsbeurteilung, Bezahlung, Sozial- und Nebenleistungen.
- Fort- und Weiterbildungssystem: Qualität, Quantität, Informationen, Abstimmung.

*Sozialer Strom: Faktoren, die direkt mit den Menschen (individuell und in Gruppen) zu tun haben: Eigenschaften, Eigenarten, Interaktion, Gruppenverhalten*

- Kultur: Selbstverständlichkeiten (gemeinsam getragene Grundüberzeugungen) und ihre Auswirkungen in Ritualen, Geschichten, Normen, Artefakten, usw.
- Interaktionsprozesse: Verhalten der Mitarbeiter untereinander. Informationsaustausch, Zusammenarbeit, Konflikte, Konfliktlösungen, Problemlösungen, Entscheidungsfindung, usw.
- Soziale Netze: Informelle Struktur der Organisation. Informationsbeschaffung und -verteilung, Einfluß, usw.
- Individuelle Merkmale: Einstellungen, Überzeugungen, Gefühle, Handlungen und Kompetenzen der einzelnen Personen.

*Technischer Strom: Faktoren, die direkt mit der Umsetzung der Inputs in die Outputs der Organisation zu tun haben*

- Werkzeuge, Ausrüstung, Maschinen: Alles vom Main Frame Computer bis zum Schraubenzieher und Bleistift.
- Job Design: Das Paket der Aufgaben der verschiedenen Jobs.
- Design der Arbeitsabläufe: Planerische Vernetzung der Jobs.
- Technische Kompetenz: Know-how und Fertigkeiten, die einem Mitarbeiter die erfolgreiche Ausübung seines Jobs ermöglichen.

Tabelle 6.2 (Fortsetzung)

- Technische Ablaufregeln: Regelungen und Vorschriften für die Verwendung von Maschinen und Arbeitsmitteln, für die Verarbeitung von Rohstoffen (Produktion), für die Behandlung von Kunden (Service), usw.. Im Gegensatz zu den allgemeineren administrativen Regeln sind die technischen Regeln direkt mit der Input-Output Transformation des Jobs verbunden.
- Technische Systeme: Systeme, die über den Zustand des Transformationsprozesses informieren oder ihn kontrollieren. Z.B. Just-in-Time Systeme, Inventur-Kontroll-Systeme, usw.

*Physisch-räumlicher Strom: Faktoren, die das konkrete Arbeitsumfeld bestimmen*

- Räumlichkeiten: Platz, Raumgröße, architektonische Gestaltung, Wege, usw.
- Ergonomische Umwelt: Beleuchtung, Belüftung, Lärm, Sauberkeit, usw.
- Innen-Gestaltung: Dekoration, Möbel, Böden, Farben, persönliche Ausgestaltungen.
- Architektonische Anlagen: Gebäude, Parken, Außenanlagen
- Rekreationseinrichtungen: Kantine, Freizeitanlagen

---

sucht man meist, eine dominante Richtung zu finden, um so die allzu bequeme Ausrede für anstrengende Denkarbeit zu erschweren, daß "letztlich doch alles mit allem zusammenhängt". Andererseits sollte man die Möglichkeit von Wechselwirkungen aber nicht grundsätzlich ausschließen: Es kann nämlich sein, daß sich das Problemnetzwerk wesentlich vereinfacht, wenn man Wechselwirkungen zuläßt. Dazu muß man nur den Begriff des Quellproblems ausdehnen auf "Problemknoten", in denen mehrere Problemthemen "verknotet" sind. Im Problemnetzwerk kann man den Knoten durch Einkringeln seiner Elemente zu einem Ganzen zusammenfassen und Pfade dann nur noch auf den Knoten insgesamt beziehen, nicht aber auf seine Teilprobleme. Das macht zumindest die Analyse der Problemzusammenhänge leichter, kann aber auch das Problemnetzwerk dadurch vereinfachen, daß die Anzahl der Pfade reduziert wird.

Unter Umständen kann man Problemknoten später getrennt noch weiter analysieren und durch Hinzufügen weiterer Oberbegriffe zu einem mehr hierarchisch strukturierten Netzwerk auflösen. Ein Beispiel für einen Problemknoten aus der Praxis ist das folgende, der folgende Bestandteile enthält:

O1 = 'kein System formeller Sanktionen für schlechte Leistungen'
S1 = 'Manager Maier ist zu nachsichtig'
S2 = 'Manager Müller macht allzu viel selbst'

In diesem Beispiel bedingen sich offenbar S1 und S2 gegenseitig oder verstärken sich zumindest. Beide sind z.T. verankert in den Persönlichkeiten von Maier und Müller, werden aber auch durch O1 verstärkt. Das Fortbestehen von O1 ist selbst wieder beeinflußt von S1. Will man diesen Problemknoten weiter auflösen, dann kann man nach den Voraussetzungen von O1 fragen: Hängt O1 nur von S1 ab? Wovon noch? Für die Lösung der Probleme S1 und S2 ist in jedem Fall wichtig, die wechselseitige Abhängigkeit der Verhaltensweisen von Maier und Müller deutlich zu machen und aufzuzeigen, zu welchen Folgen dieser Problemknoten ("es wird zu wenig verantwortlich delegiert") führt.

*Problemgeschichten*

"Problemgeschichten" sind verbale Ausformulierungen bestimmter Teile des Netzwerkes, die trichterförmig auf ein oder wenige Folgeprobleme zulaufen. Sie ergeben einen Sinnzusammenhang, der sich als Geschichte des Endproblems erzählen läßt. Solche Geschichten sind nützlich für die Kommunikation und das Verständnis der Probleme.

Eine Problemgeschichte läßt sich z.B. für den 'Vertrauensschwund' in Abbildung 6.1 erzählen. Eine andere Problemgeschichte, die in die des Vertrauensschwunds eingebettet ist, ist mit der Thematik 'niedrige Produktivität' verknüpft. Ausformuliert lautet sie etwa: "Die schlechte Produktivität der Firma hat - aus Sicht der Mitarbeiter - eine Reihe von Ursachen. Unmittelbar stehen Schwierigkeiten in der Planbarkeit im Vordergrund, weil die Verfügbarkeit von Arbeitsteilen nicht genau vorhersagbar, Preislisten unbrauchbar und die Organisation und die Abläufe ad-hoc sind. Das Organisations- und Ablaufdurcheinander wird letztlich nur zu beheben sein, wenn endlich einmal strategische Ziele gesetzt werden. Die Teileversorgung hängt an einer Verbesserung der Produktionslogistik. Die Preislisten sind dagegen deshalb unbrauchbar, weil man sie sich offenbar am grünen Tisch ausgedacht hat: Hier müssen dringend die kompetenten Mitarbeiter einbezogen werden."

Problemgeschichten zeigen, ob das Netzwerk tatsächlich die verschiedenen Probleme, die in der Firma spontan benannt werden, abdeckt, weil sich in ihnen viel deutlicher als im formalen PSA-Diagramm zeigt, ob die Zusammenhänge "einen Sinn ergeben" oder ob z.B. noch etwas fehlt. Sie sind zudem leichter kommunizierbar als das PSA-Diagramm und weisen darauf hin, was im Problemnetzwerk noch an möglicher Dynamik enthalten ist. Vor allem aber erleichtern Problemgeschichten die Aktionsplanung erheblich, weil sie sich auf größere Teile des Netzwerkes und nicht nur auf Einzelprobleme beziehen. Dadurch wird klarer, in welcher Rolle die jeweiligen Quellprobleme gesehen werden müssen.

Problemgeschichten machen deutlich, daß sich die Problemlösungen nicht immer einzelnen Quellproblemen, sondern öfters auch mehreren Quellproblem im Verbund zuwenden müssen. Im Fall des 'Vertrauensschwunds' in Abbildung 6.1 sieht man eine besonders diffizile Situation, in der die einzelnen Aktionen sorgfältig aufeinander abgestimmt sein müssen: Hier wird man wohl kaum mit dem Thema 'Produktivität' vorpreschen können, sondern dieses vielleicht nur implizit mitbearbeiten.

## 6.2 Praktische Durchführung der PSA

Eine PSA wird in der Gruppe durchgeführt und von zwei externen Experten moderiert. Im Rahmen eines AEMP ist diese Gruppe normalerweise das Koordinationsteam, das mittels der PSA die "globalen" Problemthemen strukturieren soll. Man kann in diesem Fall davon ausgehen, daß der Problembrei so groß ist, daß für seine Strukturierung eine Sitzung von 4-5 Stunden erforderlich ist. Diese Zeit ist eher als Minimum zu verstehen, reicht aber bei erfahrenen Moderatoren in der Praxis aus. Porras (1978) vertritt dagegen die Meinung, daß man mehrere Sitzungen braucht: "Es hilft, wenn man die Ideen und Analysen eine Zeit weiter kochen läßt, bevor man sich ihnen wieder zuwendet" (S. 146, Übers. durch Autor). In der Praxis von Industriefirmen sind solche Forderungen allerdings überzogen und terminlich nicht umzusetzen. Das folgende Ablaufschema ist auch stark bestimmt von dem Motiv, der Organisation Zeit zu sparen.

*(1) Verteilung des Arbeitsmaterials*

Die Teilnehmer erhalten Kopien von Auflistungen der zu strukturierenden Probleme bzw. Fotokopien von Plakaten-mit-Karten (wie z.B. an den Pinwänden in Abbildung 4.2 zu sehen). Zudem bekommen sie Kopien der Tabellen 6.1 und 6.2; schließlich noch ein DIN A3 Formblatt, das die Problemströme zeigt wie Abbildung 6.2 (ohne die Kästchen und Pfade) und je einen Mini Post-It Memo-Block.

*(2) Einführung in die PSA*

Den Teilnehmern wird in ca. 15 Minuten erklärt, was eine PSA ist und welches Ziel sie verfolgt.

*(3) Problemthemen abstrahieren und sortieren*

Die Teilnehmer werden in Zweier- oder Dreierteams unterteilt. Jedes Team bekommt ein oder mehrere Problemthemen zugeordnet. Ein mögliche Gruppierung der Themen ist z.B. die in 'Arbeitsplatzbedingungen' und 'Tätigkeit und Kollegen'; in 'Bezahlung und Entwicklung'; in 'Vorgesetzte und Führungskräfte'; in 'Information und Kommunikation'; in 'Firma und Organisation'; und in 'Unternehmensimage und -kultur'.

Die Aufgabe dieser Teams in den nächsten 30 Minuten ist dann folgende. Zunächst sollen sie aus dem Problembrei die Inhalte herausfiltern, die in ihren Inhaltsbereich fallen. Diese gruppieren sie in Klassen ("Problemthemen"), die sie selbst definieren müssen. Die Klassen sollten später durch Kästchen wie in Abbildung 6.2 dargestellt werden. Die Klassenbildung darf also nicht allzu viele Kategorien enthalten, weil sonst das PSA-Diagramm zu detailliert wird; andererseits sollen die Kategorien aber auch nicht so grob sein, daß sie inhaltlich unscharf werden. Die Abwägung, welches Raster sinnvoll ist, ist notwendig, kann aber später noch korrigiert werden, wenn nötig.

Nachdem eine Klassifizierung in Problemthemen vorgenommen ist, werden diese in die einzelnen Problemströme eingeordnet. Dazu kann das Team mit dem Formblatt (siehe Schritt 1) und entsprechend beschrifteten 'Post-It'-Aufklebern so lange "experimentieren", bis es zu einer Entscheidung kommt. Die Zuordnung in Problemströme führt nicht selten auch zu einer Präzisierung oder einer Differenzierung des Problemthemas.

*(4) Problemthemen in Problemströme plazieren*

Die Teams berichten nun jeweils der Gruppe von ihren Analysen und Entscheidungen. Dabei werden Ihre Vorschläge zur Formulierung von Problemthemen und deren Einordnung in Problemströme diskutiert und - mit Einverständnis der Gruppe - auf Karten an einem Pinwandplakat mit vier Problemströmen übertragen. Je nach Anzahl der Problemthemen sollte man ca. 45 Minuten für diesen Schritt ansetzen.

Die Diskussion darüber, ob bestimmte Inhalte zu einem Problemthema zusammengefaßt werden sollten, welche Bezeichnung dafür zu wählen ist und, insbesondere, ob dieses Thema als organisatorisches, soziales, technisches oder physisch-räumliches klassifiziert werden soll, erweist sich in der Praxis stets als gute Methode, das gemeinsame Verständnis der verwendeten Begriffe zu erhöhen.

Nach Abschluß der Diskussions- und Übertragungsarbeit wird überprüft, ob alle der ursprünglichen Probleme berücksichtigt wurden. Jedes Problem muß dazu mindestens einem der Problemthemen zugeordnet sein, die an der Pinwand hängen.

*(5) Vernetzung*

Nach einer Pause (15 min) wird die Vernetzung der Problemthemen angegangen. Die Vernetzung ist i.allg. für die Teilnehmer schwierig und ungewohnt. Der Moderator muß hier nach Möglichkeit aktiv helfend eingreifen und selbst Vorschläge machen. Insgesamt sollte man für die Vernetzung bis zu 2 Stunden einplanen, in denen wie folgt verfahren wird:

(1) Die Themen, von denen die Mehrzahl der Teilnehmer meint, sie seien eher Ursachen als Folgen, werden in ihren Problemströmen nach oben gehängt. Das führt meist zu einer Zweiteilung der Karten in eine obere und eine untere Schicht, die dann nochmals in gleicher Weise aufgesplittet werden können. Das Sortieren führt dazu, daß meist noch weitere Problemthemen formuliert werden, die dann der Pinwand hinzugefügt werden.

(2) Problemthemen, bei denen Ursache-Wirkungsbeziehungen klar sind, werden vorläufig verbunden. Es entstehen so erste Teilgebilde des Problemnetzwerks. (Praktisch kann man solche vorläufigen Verbindungen mit Klebeband durchführen. Die Teilgebilde lassen sich dann auch von den Plakaten entfernen und bewegen.)

(3) Die einzelnen Teilgebilde werden ausgeweitet, Verbindungen zu anderen Teilgebilden werden exploriert. Dabei ist nicht erforderlich, eine Vernetzung von allem mit allem anzustreben.

*(6) Entflechtung*

Nach einer weiteren kleinen Pause wird eine Entflechtung des Problemnetzwerks vorgenommen. Dabei wird eine Konfiguration der Karten angestrebt, in der sich die Ursache-Wirkungspfade möglichst wenig überschneiden. Anschließend werden die Karten auf die Plakate geklebt und die Pfade mit Filzstift eingezeichnet.

Im Prinzip kann die Entflechtung auch vom Moderator vorgenommen werden und evtl. sogar nach der Sitzung mit mathematischen Methoden noch weiter optimiert werden. Die Gruppe sollte aber für ca. 30 Minuten Gelegenheit haben zu sehen, daß bei der Entflechtung nur das äußere Erscheinungsbild des Problemnetzwerkes verändert wird, die Struktur ihrer Ursache-Wirkungspfade dabei aber unverändert bleibt.

*(7) Problemgeschichten*

Im letzten Schritt werden in einer ca. halbstündigen Übung einige Problemgeschichten formuliert und stichwortartig festgehalten. Sie zeigen oft, ob das Netzwerk noch unvollständig ist. Im übrigen läßt sich ein durch Geschichten "verbalisiertes" Problemnetzwerk auch sehr viel besser an alle Mitarbeiter kommunizieren.

## 6.3 Tips und Hinweise zur PSA

Im folgenden sind einige Tips und Hinweise aufgelistet, die auf Erfahrungen aus der praktischen Durchführung der PSA in verschiedenen Firmen beruhen.

*Vorbereitung*

- Die Moderatoren können sich vorbereitend selbst ein Problem-Netzwerk skizzieren und dann ihre Vorstellungen in die PSA-Sitzung einbringen. Solche Vorschläge werden meist dankbar aufgenommen.
- Die Problemanalyse sollte vor allem von Personen vorgenommen werden, denen derartige Analysen liegen. Personen, die eher dazu neigen, schnell zu handeln, werden bei einer PSA zu leicht ungeduldig.

*Durchführung*

- Die Einordnung der Problemthemen in die verschiedenen Problemströme soll vor allem dazu dienen, eine Diskussion herbeizuführen mit dem Ziel, zu einem gemeinsamen Problemverständnis zu kommen. Die "richtige" Einordnung des Problems in diesen oder jenen Strom ist nicht entscheidend und manchmal gar nicht möglich. Problemlösungen werden aber oft dadurch behindert, daß die verschiedenen Mitarbeiter unter dem selben Stichwort etwas anderes verstehen.
- Die Moderatoren müssen darauf achten, daß bei der Problemanalyse wirklich Probleme benannt werden, nicht als Probleme verkleidete Lösungen. Z.B. ist das Aussage "Wir brauchen ein besseres Kosten-Controlling" eine Lösung des Problems, daß die Kosten außer Kontrolle sind. Hierfür gibt es aber auch andere Lösungen als die des Controllings. Besonders Manager sind oft derartig aktionsorientiert, daß sie

dazu neigen, Probleme in Form naheliegender Lösungen zu sehen. Sie verstellen sich so die Möglichkeit, nach einer besten Lösung zu suchen.

- Da es erforderlich ist, die Probleme stichwortartig zu formulieren, nehmen sie bisweilen einen recht scharfen Ton an. Die Moderatoren sollten versuchen, die Schärfe des Tons zu reduzieren, ohne es aber an sachlicher Deutlichkeit fehlen zu lassen. Ersteres ist oft wenig hilfreich und führt nur zu unnötigem Abwehrverhalten des Managements, letzteres ist dagegen sehr nützlich für die Aktionsplanung.
- Es ist sinnvoll, das PSA-Diagramm so zu organisieren, daß Quellprobleme oben liegen und Folgeprobleme unten. Dadurch fließen die Problemströme von oben nach unten und die Netzwerke werden optisch vereinfacht.
- Unerfahrene oder sehr akademisch orientierte Anwender oder Teilnehmer neigen dazu, überladene PSA-Diagramme zu produzieren. Diese sind schwer zu kommunizieren und für die Aktionsplanung oft unnötig detailliert. Wichtig ist, daß die Quellprobleme klar werden. Grundsätzlich sollten Problemthemen, die nur von Einzelnen gesehen werden, nicht in das PSA-Diagramm aufgenommen werden. Ebenso sollten Überlappungen oder gar Wiederholungen vermieden werden.
- Beim Einzeichnen von Verursachungspfaden zwischen den Problemen ("X hängt ab von Y") neigt man dazu, Pfeile in beiden Richtungen zu zeichnen. Solange man eine Hauptrichtung identifizieren kann, sollte man Doppelpfeile vermeiden und lieber etwas vereinfachend nur diese Hauptrichtung angeben.
- Es ist sinnvoll, das Problemdiagramm mehrmals neu zu erstellen, da es nach einiger Überarbeitung meist recht verworren aussieht. Zur besseren Organisation kann man auch verschiedene Farben für die Problemströme verwenden, also z.B. rote Karten und rote Pfade für den Organisations-Strom, grüne Karten/Pfade für den sozialen Strom usw. Neu zeichnen (und entflechten) sollten man das Problemdiagramm immer dann, wenn man in einer Sitzung nicht fertig wird: Die neue Sitzung beginnt mit einem "sauberen" Diagramm.
- Vereinfachungen des Problemdiagramms erreicht man auch durch Vermeidung von allzu viel Text auf den Karten. Im Extremfall genügt die Verwendung von Problem-Codes, z.B. S1 für das soziale Problem Nr.1. Man kann auf einer gesonderten Liste ausführen, was alles im Einzelnen unter diese Überschrift fällt.
- Hat man eine Problemvernetzung vorgenommen, sollte man für jedes einzelne Problemthema fragen, ob es verschwindet, wenn seine Input-Probleme eliminiert sind. Ist die Antwort Nein, dann sind die Problemquellen noch nicht vollständig identifiziert. Es fehlen entweder noch Input-Pfade und/oder weitere Problemquellen.
- Problemgeschichten sollten einfach und kompakt sein. Idealerweise haben sie einen guten "Titel" und enthalten nicht mehr als höchstens 3-4 Quellprobleme. (Ansonsten kann man gleich das ganze Problemdiagramm verbalisieren: Schließlich beinhaltet auch dieses eine Problemgeschichte.)

# 7. Strategische Handlungsbedarfsanalyse

Die Gruppengespräche und die Problemstromanalyse führen im Anschluß an die Umfrage zu einer deutlichen Differenzierung der Probleme. Auf lokaler Ebene, also in den Abteilungen, fällt es auf dieser Grundlage normalerweise nicht schwer, Aktionspläne aufzusetzen. (Wie dabei verfahren wird, zeigt Kapitel 8.) Auf globaler Ebene, inbesondere in der Geschäftsleitung, zeigt sich jedoch in der Praxis oft, daß für eine konkrete Aktionsplanung noch ein wichtiger Zwischenschritt fehlt, der klärt, wo eigentlich der Handlungsbedarf liegt.

Die reine Betrachtung von Quellproblemen ist hierfür nicht ausreichend. Dafür gibt es viele Gründe. Zum einen ist es meistens nicht möglich, jedem Quellproblem genau eine Aktion zuzuordnen: Die Aktionen beziehen sich eher auf Problemgeschichten. Das wurde am Beispiel des geringen 'Vertrauens in die Geschäftsleitung' in Kapitel 6 deutlich, wo sich zeigte, daß man sich einem gesamten Sinn- und Zusammenhangskomplex zuwenden und eine entsprechend abgestimmte Aktion entwerfen muß. Zudem ist die Problemstruktur naturgemäß nur auf Schwächen ausgerichtet. Eine übergroße Konzentration auf solche Schwächen kann aber dazu führen, daß die Stärken der Organisation vernachlässigt werden und dann selbst zu Schwächen werden. Schließlich fehlt dem Problemnetzwerk meist auch eine strategische Ausrichtung (betriebswirtschaftlicher Art), einfach deshalb, weil die Problemsicht der Mitarbeiter meist sehr stark Gegenwärtiges akzentuiert und betriebswirtschaftliche Themen meist nur eingeschränkt oder indirekt anspricht.

Ausgehend von einem PSA-Diagramm kommt es daher in der Praxis vielfach zu "Verlegenheitsaktionen". Irgendeines der Quellprobleme oder eine der Problemgeschichten wird herausgegriffen und eine entsprechende Aktion wird eingeleitet - auch um gegenüber den Mitarbeitern Aktivität und Zuverlässigkeit in der Einhaltung der Zusagen zu demonstrieren, daß im Anschluß an die Mitarbeiterbefragung auch "etwas gemacht wird". Das Problem selbst ist meist eines, für das sich eine konkrete Aktion mit hoher Visibilität anbietet, die von der Geschäftsleitung selbst wenig weitere Anstrengung erfordert (z.B. Renovierung der Kantine, Kommunikation der Firmenvisionen auf der nächsten Betriebsversammlung). So ist es eher typisch, daß am Ende eines AEMP auf lokaler Ebene Hunderte von Aktionsplänen mit hoher Einbindung der Mitarbeiter umgesetzt werden, die Aktionspläne auf höherer Ebene aber merkwürdig skizzenhaft und unausgereift bleiben und eher das Bild vermitteln, als hätte sich die Führungsebene vor echter Arbeit und Verantwortung gedrückt und die Mitarbeiter doch letztlich alles alleine machen lassen.

## 7.1 Prinzipien der strategischen Stärken- und Schwächenanalyse

Um den Handlungsbedarf - insbesondere auf globaler Ebene - zu klären, ist es erforderlich, nicht nur die Schwachstellen, sondern auch die Stärken der Organisation zu betrachten, und zwar in strategischer Perspektive und ausgerichtet auf betriebswirtschaftliche Kriterien. Das erfordert eine von der Umfrage zunächst völlig losgelöste Analyse, die die Umfragebefunde erst später wieder als Daten berücksichtigt.

*SWOT-Analyse*

Die SWOT-Analyse ist ein Denkschema, das dazu dient, Stärken und Schwächen (Strengths, Weaknesses) einer Organisation zu identifizieren und diese den Chancen und Risiken (Opportunities, Threats), die sich für die Organisation abzeichnen, gegenüberzustellen. Das soll klären, welche Schwächen dringend abgebaut und welche Stärken zumindest gehalten werden müssen.

Obwohl die Methodik dieser Gegenüberstellung offen bleibt und im Grunde nur Stichworte in vier Kategorien aufgelistet werden, ergibt diese einfache Zusammenstellung dennoch eine "succinct summary of the company's condition" (Hill & Jones, 1992, S.431). Die Häufigkeit, mit der die SWOT-Analyse in der Praxis verwendet wird, zeigt, daß ihre Grundidee für die Unternehmensplanung so fruchtbar ist, daß sie auch ohne weitere Methodik zumindest eine gute Diskussionsgrundlage liefert.

*Voraussetzungen einer SWOT-Analyse*

Stärken, Schwächen, Chancen und Risiken lassen sich allerdings nur identifizieren in bezug auf das, was das Unternehmen macht (Inhalte), und relativ zu den Zielen, die dabei verfolgt werden. So ist eine externe Entwicklung für das Unternehmen nur dann eine Chance, wenn ihre Nutzung dem Unternehmenserfolg förderlich ist. Ein interner Tatbestand ist nur dann eine Schwäche, wenn er den Unternehmenserfolg in Frage stellt.

Die Diagnose von Stärken, Schwächen, Chancen und Risiken setzt also voraus, daß man das Umfeld und die Ziele des Unternehmens kennt. Diese leiten sich aus drei Fragen ab:

- Mission des Unternehmens: Welche Bedürfnisse welcher Kunden will das Unternehmen mit welchen Produkten befriedigen?
- Unternehmensziele: Warum tut das Unternehmen, was es tut?
  - Oberziel (meist: gute ökonomische Ergebnisse für alle Interessensgruppen)
  - Unterziele (z.B. Konzentration auf Dienstleistungen im Bereich X, Halten von Marktanteilen in anderen Bereichen, Kosten durch Rationalisierung reduzieren bei gleicher Qualität)
- Unternehmensphilosophie: Welche Restriktionen legt sich das Unternehmen selbst auf? Welche Theorie hat es dafür, wie seine Ziele zu erreichen sind? (z.B. unter partizipativer Führung, unter Aufbau langfristiger Kundenbeziehungen usw.)

*Strategische Stärken- und Schwächenanalyse*

Die Strategische Stärken- und Schwächenanalyse ("3SA"; Borg & Bergermaier, 1993) ist eine Methode zur systematischen SWOT-Analyse. Sie beginnt damit, die oben dargestellten Voraussetzungen zu klären, fragt dann nach einer Beurteilung von Stärken und Schwächen, stellt diese in Matrixform den Chancen bzw. den Risiken gegenüber und skaliert schließlich die Stärken/Schwächen daraufhin, wie gut oder schlecht sie für die Umsetzung von Chancen bzw. die Vermeidung von Risiken sind. Aus diesen Skalenwerten kann man ableiten, wie groß der Handlungsbedarf in bezug auf die verschiedenen Stärken und Schwächen ist.

Die 3SA ist ergänzt durch besondere Werkzeuge zur Bestimmung von Stärken/Schwächen und Chancen/Risiken. Für erstere eignet sich vor allem eine schriftliche Befragung mit besonderen Fragebögen, die die verschiedenen Unternehmensgebiete abdecken. Für letztere kann man Befragungen mit offenen Kategorien verwenden, die durch weitgefächerte Listen von "Anregungen" unterstützt werden, die die nötige Breite der Überlegungen sicherstellen. Die Antworten der Befragten werden dann im Rahmen einer Gruppensitzung zu einem Gesamtbild integriert.

## 7.2 Vorgehensweise bei der 3SA

*Chancen und Risiken*

Die Führungskräfte beantworten die Fragen nach Mission, Unternehmenszielen und Unternehmensphilosophie schriftlich und jeder für sich. Sie können dazu Formblätter verwenden, in denen diese Fragen so erläutert werden, wie oben in 'Voraussetzungen der SWOT-Analyse' dargestellt. Die ausgefüllten Unterlagen bringen sie zu einer Sitzung aller relevanten Führungskräfte mit.

Die Führungskräfte beantworten zudem in gleicher Weise die Fragen nach den Chancen und Risiken. Gemeint sind damit Entwicklungen, die "von außen her" auf die Organisation in den nächsten 3 Jahren zukommen und die für die Erreichung der Unternehmensziele vorteilhaft oder nachteilig zu sein versprechen. Zur Beantwortung dieser Fragen ist es sinnvoll, gewisse Vorgaben zu machen, wie in Tabelle 7.1 für das Unternehmensgebiet 'Markt' gezeigt. Diese Vorgaben zeigen das erwartete Niveau an Differenziertheit und machen gleichzeitig deutlich, daß hier das gesamte Spektrum relevanter Themen zu berücksichtigen ist. Die Erfahrung zeigt jedenfalls, daß ohne solche Vorgaben nur eher undifferenzierte Mode-Antworten gegeben werden.

Die Befragten bringen die ausgefüllten Formulare zu einer Sitzung mit, in der sie ihre Ergebnisse untereinander abgleichen. Die Sitzung wird von einem externen Berater moderiert. Ziel der Sitzung ist:

- ein gemeinsames Verständnis darüber zu erreichen, was mit den einzelnen Begriffen gemeint ist;
- die Wichtigkeit der verschiedenen Vorschläge zu diskutieren;

- zu kompakten Listen von jeweils nicht mehr als ca. sieben Chancen und Risiken zu kommen.

Alternativ kann statt der zunächst rein individuellen und isolierten Bearbeitung der beiden Fragenkomplexe durch die Führungskräfte auch die Delphi-Methode (Dalkey & Helmer, 1963; Linstone & Turoff, 1975; Häder & Nowossadeck, 1993) verwendet werden, wenn hierfür genug Zeit zur Verfügung steht. Die Methode basiert auf der Erkenntnis, daß Problemlösungen, die in Gruppen gefunden werden, in denen die Gruppenmitglieder face-to-face interagieren, oft schlechter sind als Lösungen, die von Einzelpersonen kommen. Hierfür sind Mikropolitik, Konformitätsdruck, Konflikte, Angst usw. verantwortlich. Andererseits haben Einzelpersonen oft nur einen geringeren Horizont als Gruppen und neigen stärker zu Lieblingslösungen. In der Delphi-Methode arbeitet nun jeder Teilnehmer zunächst unabhängig für sich und anonym. Er schreibt seine Ideen, Vorschläge, Einsichten usw. auf und übermittelt diese einem "Koordinator" des Delphi-Prozesses. Der Koordinator (im Fall eines AEMP meist der externe Berater) verfaßt eine schriftliche Zusammenfassung aller Inputs und verschickt diese an alle Teilnehmer. Die Teilnehmer werden aufgefordert, zu dieser Zusammenfassung ihre Kommentare, Präzisierungen, Kritik usw. schriftlich zu verfassen und an den Koordinator zurückzuschicken. Der Koordinator wiederholt den Zyklus, bis eine klare Lösung oder Analyse erreicht ist, bis ein Punkt verminderten zusätzlichen Nutzens entsteht, oder bis der Prozeß anderweitig (z.B. durch eine Mehrheitswahl) abgebrochen wird.

*Stärken und Schwächen*

Im weiteren Verlauf der Sitzung werden dann von den Führungskräften die Stärken und Schwächen des Unternehmens aus betriebswirtschaftlicher Sicht identifiziert. Im Gegensatz zu den Chancen und Risiken sind hiermit "hausinterne", "selbstgemachte" Faktoren gemeint, die *zum heutigen Zeitpunkt* als für die Erreichung der Unternehmensziele vorteilhaft oder nachteilig beurteilt werden.

Auch dieser Schritt kann vorbereitet werden. In diesem Fall empfiehlt sich besonders eine vorherige schriftliche und anonyme Befragung der Führungskräfte mit Hilfe eines besonderen Fragebogens. Beispiele für relevante Items zeigt Tabelle 7.2. Diese Items sind offensichtlich für die meisten Mitarbeiter nicht beantwortbar. Sie erfassen Aspekte der Organisation, die vorwiegend im Kenntnisbereich, in jedem Fall aber im Verantwortungsbereich der Führungskräfte liegen. Bontje (1991) schlägt hierfür eine Strukturierung in fünf Unternehmensgebiete vor - Markt, Geld, Produktion, Personal, Umwelt -, die für mittlere Unternehmen ausreichend differenziert erscheint. Sie sind in Tabelle 7.2 durch die Kürzel 'Ma', 'Ge', 'Pr', 'Pe' und 'Um' bezeichnet. Innerhalb dieser Unternehmensgebiete kann man jeweils einige wichtige Teilgebiete differenzieren, wie Tabelle 7.2 ebenfalls zeigt. Insgesamt entsteht so ein Fragebogen von etwa 80-100 Items. Er kann ohne große Anpassungen in den meisten Industriebetrieben verwendet werden und liefert eine für die Bestimmung von Stärken und Schwächen ausreichende Datenbasis.

Tabelle 7.1. Beispiel von Vorgaben für Manager zur Erzeugung von Chancen und Risiken auf Grund externer Entwicklungen im Unternehmensgebiet "Markt".

---

**Unternehmensgebiet "Markt": Beispiele für Entwicklungen**

■ Nachfrage, Abnehmer, Kunden
- Wachstum/Schrumpfen vorhandener Märkte
- Neue Abnehmer innerhalb der vorhandenen Märkte
- Neue Märkte
- Entwicklung der Preise
- Neue Produkte auf dem Markt
- Nachfrage nach Innovationen
- Veränderungen im Kaufverhalten
- Veränderte Gebrauchsgewohnheiten
- Veränderungen in den Ansprüchen der Kunden

■ Distribution
- Verschiebungen beim Handel (Konzentration, Sortimente, Kooperationen, Wettbewerbsstrategien, usw.)
- Physische Distribution
- Direkter Verkauf
- Rolle von Verkaufspartnern, Handel

■ Konkurrenz
- Zu- oder Abnahme der Konkurrenten
- Import/Export
- Internationale Konkurrenz
- Trends im Konkurrenzverhalten
- Kooperationen auf internationalen Märkten

■ Makro-Entwicklungen
- Besondere Entwicklungen der Branche
- Makro-ökonomische Trends (Inflation, Zinsen, Kurse usw.)
- Internationalisierung, Globalisierung
- Gesetzliche Regelungen (Umwelt, Energie, Abgaben, Zölle usw.)
- Neue Technologien, Rohstoffe, Produkte, Produktionsverfahren
- Gesellschaftliche Entwicklungen (Arbeitslosigkeit, Privatisierung, Moden usw.)
- Politische Trends (Ostmärkte, EG, soziale Marktwirtschaft, Militärausgaben usw.)

---

Die größten **Chancen**, die sich aus den Entwicklungen des Marktes ergeben:

1. ______________________
2. ______________________
3. ______________________

Die größten **Risiken**, die sich aus den Entwicklungen des Marktes ergeben:

1. ______________________
2. ______________________
3. ______________________

Nach Einigung über Stärken und Schwächen der Organisation aus Sicht des Managements wird das entsprechende Bild der Mitarbeiter untersucht. Es ergibt sich aus den Befunden von Umfrage und Gruppengesprächen. Zusammenfassungen dafür existieren im PSA-Diagramm einerseits und den in der Präsentation für die Geschäftsleitung als "positiv" bewerteten Inhalte der Umfrage andererseits, die vorab vom externen Berater nochmals kompakt zusammengestellt werden können.

Die Sichtweisen des Managements und der Mitarbeiter müssen dann in der Sitzung zusammengeführt werden zu einer gemeinsamen Liste der Stärken und Schwächen. Diese Liste wird absichtlich auf nicht mehr als 7 Stärken bzw. Schwächen begrenzt. Diese Beschränkung fördert die Diskussion und erzwingt eine Konzentration auf das Wesentliche.

*Chancen/Risiken versus Stärken/Schwächen*

Chancen/Risiken und Stärken/Schwächen werden in die in Abbildung 7.1 bzw. 7.2 gezeigten Formulare übertragen. Anschließend wird jede Stärke/Schwäche dahingehend beurteilt, wie gut oder schlecht sie für die Wahrnehmung der Chancen bzw. die Abwendung der Risiken ist. Anders ausgedrückt wird also skaliert, wie gut oder schlecht jede Stärke bzw. Schwäche für die Erreichung der Unternehmensziele im absehbaren 3-Jahres-Zeitraum ist. Die Vorzeichen der Skalenwerte richten sich nach den Antworten auf folgende Fragen:

- Wie stark behindern (-) oder fördern (+) sie die Nutzung der sich abzeichnenden Chancen?
- Wie stark vergrößern (-) oder verkleinern (+) sie die Risiken?

Die Größe der Skalenwerte kann abgestuft werden. In der Praxis hat sich die im Formblatt in Abbildung 7.2 dargestellte zweifache Abstufung in jeder Richtung (+2='sehr gut', +1='gut', 0='praktisch ohne Bedeutung', -1='schlecht', -2='sehr schlecht') als nützlich erwiesen.

Die Skalierung kann man i.allg. auch etwas vereinfachen. Weil Schwächen fast immer ein negatives Vorzeichen haben und Stärken ein positives, könnte man einfach den "Grad der Auswirkung" einer Stärke oder Schwäche in Bezug auf eine Chance oder ein Risiko skalieren und danach die entsprechenden Vorzeichen hinzufügen.

In Abbildung 7.1 ist ein Beispiel gezeigt. Man erkennt, daß die Manager hier fünf Chancen identifiziert haben und diese gegen fünf Schwächen und drei Stärken halten. Die Schwäche 'Vision unklar bei Mitarbeitern' ist nach Meinung dieser Führungskräfte 'sehr schlecht' (='-2') für die Wahrnehmung der Chance 'wachsender Bedarf in Bereich X'. Dagegen ist es für die selbe Chance 'sehr gut', daß die Firma über 'innovative Produkte' verfügt.

Man kann die Skalierung durch eine Aufteilung der Sitzungsteilnehmer in Zweier-Gruppen beschleunigen und, so zeigt die Praxis, auch gleichzeitig noch qualitativ verbessern. Jede dieser Gruppen bearbeitet zunächst für sich jeweils einige wenige Chancen/Risiken. Die Gruppe kann diese Aufgabe evtl. auch als Hausaufgabe durch-

Tabelle 7.2. Einige Items aus Fragebögen für die Beurteilung von Unternehmensstärken und -schwächen durch Führungskräfte.

Ma1: Marketing:
-Wir kennen die für uns wichtigen Märkte und ihre Bedeutung für unser Unternehmen.
-Wir kennen unsere Konkurrenten und wissen, auf welchen Gebieten wir besser bzw. schlechter sind.
-Unsere Produkte sind zeitgemäß und haben eine Zukunftsperspektive.
-Wir informieren uns gründlich und regelmäßig über Kunden und Markt.
Ma2: Verkaufsförderung:
-Unsere Distributionskanäle sind sorgfältig ausgewählt und ständig an die Markumstände angepaßt.
-Die Ergebnisse der Vertreter werden von uns regelmäßig gemessen.
-Für unsere Firma und unsere Produkte betreiben wir geplant Public Relations.
-Wir arbeiten mit einem festen Marketing- und Verkaufskostenbudget, das sorgfältig kontrolliert wird.
Ma3: Innovation:
-In unserer Branche gelten wir als besonders innovativ.
-Wir investieren einen beträchtlichen Teil unseres Umsatzes in die Entwicklung neuer Produkte.
-Produkt- und Marktideen werden bei uns systematisch gesammelt, ausgewählt und beurteilt.
-Wir können den Erfolg unserer Innovationsaktivitäten an Hand von Kennzahlen gut beurteilen.
Ge1: Finanzielle Analyse und Finanzierung:
-Liquidität und Zahlungsfähigkeit sind bei uns gut kontrolliert.
-Der Kapitalbedarf ist bei uns kurz- und langfristig geplant.
-Unser Kreditlimit bietet genug Raum, um ungünstige Ergebnisse zwischendurch aufzufangen.
-Wir haben gute Verbindungen zu möglichen Geldgebern (Banken, Gläubiger usw.).
Ge2: Betriebswirtschaftliches und finanzielles Management:
-Wir erstellen für alle größeren Abteilungen einen Haushaltsplan.
-Abweichungen von Haushaltsplan werden regelmäßig erfaßt und aktiv verfolgt.
-Das Kostenbewußtsein ist bei uns hoch und zeigt sich in vielen Maßnahmen zur Kostensenkung.
-Wir verwenden für die Analyse der Erträge und Kosten regelmäßig eine direkte Kostenübersicht.
Ge3: Verwaltung und Betriebsinformation:
-Die für Entscheidungen notwendigen Informationen sind uns leicht zugänglich.
-Bei uns hält man sich genau an interne Kontrollen und Richtlinien.
-EDV und PC-Systeme werden bei uns sehr produktiv genutzt.
-Ein wichtiger Teil der Verwaltung ist automatisiert; an weiteren Automatisierungen arbeiten wir.
Pr1: Produktionspolitik:
-Wir erstellen jeden Monat eine Detailprognose der Auslastung in den nächsten 2-3 Monaten, um die Produktion zu planen und zusätzlich Flexibilität zu bekommen.
-Wir untersuchen ständig Möglichkeiten zur Vereinfachung der Produktion.
-Möglichkeiten zur Verbesserung der Produktion werden bei uns regelmäßig unter starker Einbeziehung der Mitarbeiter untersucht.
-Wichtige Geräte, Anlagen, Transport- und Arbeitsmittel werden bei uns regelmäßig gewartet.
Pr2: Qualität:
-Bei uns ist sichergestellt, daß jeder Mitarbeiter unter Qualität das Gleiche versteht.
-Bei Qualität wird bei uns nicht nur an Technisches, sondern auch an Liefertreue, Service, Dienstleistungen aller Art, Kundenorientierung usw. gedacht.
-Für die Qualitätssicherung gibt es bei uns klare Verantwortlichkeiten.
-Die Qualität unserer Produkte wird regelmäßig gemessen.
Pr3: Einkauf und Logistik:
-Bei uns klappt die Abstimmung zwischen Verkauf, Produktion und Einkauf hervorragend.
-Der Lagerbestand ist bei uns gut auf den Bedarf in der Produktion abgestimmt.
-Das Controlling im Bereich von Einkauf/Logistik arbeitet zuverlässig und schnell.
-Auf die Wünsche unserer Kunden können wir vom Einkauf her flexibel reagieren.

Tabelle 7.2 (Fortsetzung).

Pr4: Produktivität:
- Bei uns hat jeder Mitarbeiter eine klare Stellenbeschreibung.
- Bei uns werden mit jedem Mitarbeiter regelmäßig klare Ziele vereinbart.
- Die Erreichung der Ziele wird bei uns systematisch kontrolliert.
- Bei uns sind alle Arbeitsabläufe gut durchdacht und sehr effizient.

Pe1: Organisation und allgemeine Führung:
- Aufgaben, Befugnisse und Verantwortlichkeiten sind bei uns klar geregelt und schriftlich festgehalten.
- Die Führungskräfte bei uns haben noch erhebliche Probleme mit der Delegation von Befugnissen.
- Mitarbeitergespräche und Leistungsbeurteilung haben bei uns einen hohen Stellenwert.
- Bei uns werden einmal gefaßte Beschlüsse zielstrebig umgesetzt.

Pe2: Commitment/Involvement/Klima:
- Bei uns herrscht ein gutes Betriebsklima.
- Unsere Mitarbeiter identifizieren sich voll mit der Firma.
- Bei uns geht jeder sorgsam mit den Ressourcen der Firma (Material, Geld, Arbeitszeit usw.) um.
- Unsere Mitarbeiter sind bereit, die auf die Firma zukommenden Veränderungen voll mitzutragen.

Pe3: Personalpolitik:
- Unsere Personaldaten sind stets auf dem neuesten Stand.
- Die Mitarbeiter sind auf die sie zukommenden künftigen Anforderungen gut vorbereitet.
- Die Mitarbeiter sehen die Zukunft als Herausforderung und nicht als Bedrohung.
- Die Bezahlung und die Zusatzleistungen entsprechen dem, was vergleichbare Betriebe bieten.

Pe4: Neueinstellungen:
- An Neueinstellungen denken wir meist erst kurz bevor uns jemand verläßt.
- Bei Neueinstellungen werden Gehaltserhöhungen, Probezeit, Kündigungsfrist usw. stets klar geregelt.
- Bei Neueinstellungen werden die Arbeitsanforderungen stets klar und im Einklang mit der Firmenstrategie festgeschrieben.
- Bewerber für offene Stellen suchen wir jeweils nach einem bestimmten Plan.

Um1: Externe Kontakte:
- Unsere Firma hält Kontakt mit allen wichtigen Verbänden und Institutionen (z.B. Arbeitgeberverband, Handelskammer, Branchenverband).
- Wir halten gute Kontakte zu externen Dienstleistern, die Dinge besser als wir selbst erledigen können.
- Auf den wichtigen Fachmessen sind wir präsent.
- Wir sammeln aktiv Informationen (Broschüren, Infos über neue Produkte, Preislisten, Pressemeldungen usw.) über unsere Hauptkonkurrenten.

Um2: Kooperation mit Dritten:
- Für mögliche Kooperationen mit Dritten ist unsere Firma stets sehr offen.
- Über Vor-/Nachteile verschiedener Kooperationsformen sind wir gut unterrichtet.
- An Kooperationen mit Dritten auf besonderen Gebieten (F&E, Export usw.) sind wir sehr interessiert.
- Wir bemühen uns intensiv um Kooperationspartner außerhalb Deutschlands.

Um3: Subventionen und Gesetzgebung:
- Wir haben bislang relativ regelmäßig Subventionen beantragt.
- Wir verfolgen aktiv die Entwicklungen der internationalen Gesetzgebung.
- Im allgemeinen sind wir über alle wichtigen Gesetze und Regelungen (auch Umweltschutz, Flächenbestimmungsplan, Normen usw.) gut informiert.
- Wir verfügen über alle erforderlichen Genehmigungen/Konzessionen und lassen sie rechtzeitig verlängern.

führen oder zu Ende führen. Die Vorschläge der Gruppen werden dann im Plenum vorgestellt, diskutiert und verabschiedet durch Übertragung der Skalenwerte in Overhead-Kopien der in Abbildung 7.1 bzw. 7.2 gezeigten Formblätter.

*Handlungsbedarfsermittlung*

Die Gruppe bestimmt anschließend den Handlungsbedarf. Indizes hierfür ergeben sich aus der Chancen/Risiken-versus-Stärken/Schwächen-Matrix ("3SA-Matrix") dadurch, daß die Skalenwerte über die Chancen/Risiken - also in jeder Spalte über die Zeilen hinweg - aufsummiert werden. Spalten, deren Summenwerte absolut sehr groß sind, deuten auf Schwächen, die eliminiert werden müssen, oder auf Stärken, die zumindest gehalten werden sollten. Je größer ein solcher Summenwert ist, desto größer ist das positive Potential (wahrgenommene Chancen, abgewendete Gefährdungen), das der die Spalte kennzeichnende Unternehmensaspekt hat, *wenn alles so weiterläuft wie bisher*. Bei immer kleineren Summenwerten, insbesondere bei negativen, zeigt sich dann entsprechend das negative Potential (verpaßte Chancen, erhöhte Gefährdungen) *unter der Bedingung, daß alles so weiterläuft wie bisher*. Diese Bedingung ist für die Stärken der Organisation selten ohne weitere Anstrengung sichergestellt, während Schwächen meist dazu neigen, sich noch zu verstärken, wenn nichts gegen sie unternommen wird. Man erkennt hier also deutlich den Handlungsbedarf.

Im Beispiel in Abbildung 7.1 sieht man in dieser Weise, daß sich die Chance 'wachsender Bedarf in Bereich X' trotz der 'innovativen Produkte' wahrscheinlich nicht realisieren läßt. Alle heutigen Schwächen der Firma wirken sich hier negativ oder sehr negativ aus. Aus den Spaltensummen erkennt man, daß insbesondere die Schwächen 'Visionen unklar bei Mitarbeitern', Fort- und Weiterbildungsprogramm schlecht' und 'schlechte Logistik (Parts)' einen deutlichen Handlungsbedarf aufzeigen. Das gilt ebenso für die Stärken 'innovative Produkte' und 'hohes Commitment der Mitarbeiter', die unbedingt behalten werden sollen. Andererseits zeigt gerade die letzte Stärke, daß die Voraussetzungen für wirkungsvolle Aktionen unter Beteiligung aller Mitarbeiter günstig sind.

Bei diesen Betrachtungen stellt sich die Frage, wie mit Spalten zu verfahren ist, die in der Summe bei oder nahe Null liegen, dabei aber viel Varianz in den Skalenwerten aufweisen. Hier ist es möglicherweise sinnvoll, darüber nachzudenken, ob der Spalteneingang (Stärke oder Schwäche) nicht allzu inhomogen ist: Eine Aufsplittung in zwei Gesichtspunkte führt i.allg. zu einer geringeren Varianz.

Interessant ist auch eine Betrachtung der Zeilensummen, die das Potential von Chancen und Risiken im Hinblick auf den gegenwärtigen Zustand der Organisation deutlich machen. Das hilft oft in den weiteren strategischen Überlegungen.

Für die Gruppe steht aber - nach Einigung über den Handlungsbedarf - die Ausarbeitung von Aktionsplänen im Vordergrund. Dabei sollte man nicht versuchen, den globalen Aktionsplan und seine einzelnen Elemente noch in der selben Sitzung auszuarbeiten. Produktiv ist es dagegen, verschiedene Personen auszuwählen und namentlich festzuhalten, die Vorschläge für die einzelnen Brennpunkte des Handlungsbedarfs ausarbeiten und in eine weitere Sitzung einbringen (siehe Kapitel 8 zur Aktionsplanung).

*Zeitplan*

Für die oben beschriebenen vier Schritte der 3SA braucht man in der Praxis verschieden lang. Der Zeitbedarf ist abhängig von der Vorbereitung der Schritte durch "Hausarbeit" der Manager, von der Erfahrung des externen Moderators, von den analytischen Fähigkeiten der Teilnehmer und von der allgemeinen Zielorientiertheit der Gruppe. Es hat sich aber gezeigt, daß man auch unter weniger günstigen Voraussetzungen auf Seiten der Teilnehmer *keinen* allzu großzügigen Zeitrahmen setzen sollte, sondern darauf drängen sollte, den Handlungsbedarf zügig zu ermitteln, weil es sonst leicht zur "Paralyse durch Analyse" kommt. Die Motivation der Führungskräfte läßt sich eher durch Druck auf Vereinfachung erhöhen, statt durch immer weitere Differenzierungen.

Es ist realistisch, etwa 1 Stunde für die Bestimmung und Abgleichung von Chancen und Risiken zu rechnen; 3 Stunden für die Stärken- und Schwächenbestimmung, einschließlich der Präsentation des PSA-Diagramms; 2 Stunden für das Zusammenfügen der Sichtweisen von Managern und Mitarbeitern in eine gemeinsame Stärken- und Schwächenliste; 2 Stunden für die Handlungsbedarfsanalyse und die Zuweisung von Verantwortlichen für erste Vorschläge zur Aktionsplanung.

**3SA-Matrix: Chancen**

- ❑ heutige Probleme/Schwächen ...
- ❑ heutige Stärken...

im Hinblick auf die sich für die Erreichung der Unternehmensziele abzeichnenden **Chancen** bewerten

| Chancen (externe Umwelt, nächste 3 Jahre) | heutige Schwächen: Vision unklar bei MA | keine Leistungsbeurteilung | FSW Programm schlecht | schlechte Logistik (Parts) | zu viele Leerzeiten | | | heutige Stärken: innovative Produkte | schlanker Personalaufbau | hohes Commitment der MA | | | | | Σ |
|---|---|---|---|---|---|---|---|---|---|---|---|---|---|---|---|
| 1. wachsender Bedarf in Bereich X → | -2 | -1 | -1 | -2 | -2 | | | +2 | 0 | +1 | | | | | -5 |
| 2. Computerisierung → | -1 | -1 | -2 | 0 | 0 | | | 0 | 0 | +1 | | | | | -3 |
| 3. neue Märkte in Ostdeutschland → | 0 | 0 | -1 | -2 | -1 | | | +2 | 0 | +1 | | | | | -1 |
| 4. direct Marketing → | 0 | -1 | -2 | -1 | 0 | | | +2 | 0 | +1 | | | | | -1 |
| 5. remote Management → | -2 | 0 | -1 | -2 | 0 | | | 0 | 0 | +2 | | | | | -3 |
| 6. → | | | | | | | | | | | | | | | |
| 7. → | | | | | | | | | | | | | | | |
| Σ | -5 | -3 | -7 | -7 | -3 | | | +6 | 0 | +6 | | | | | |

Abbildung 7.1. Vereinfachtes 3SA-Formblatt für Handlungsbedarfsanalyse bezüglich Chancen.

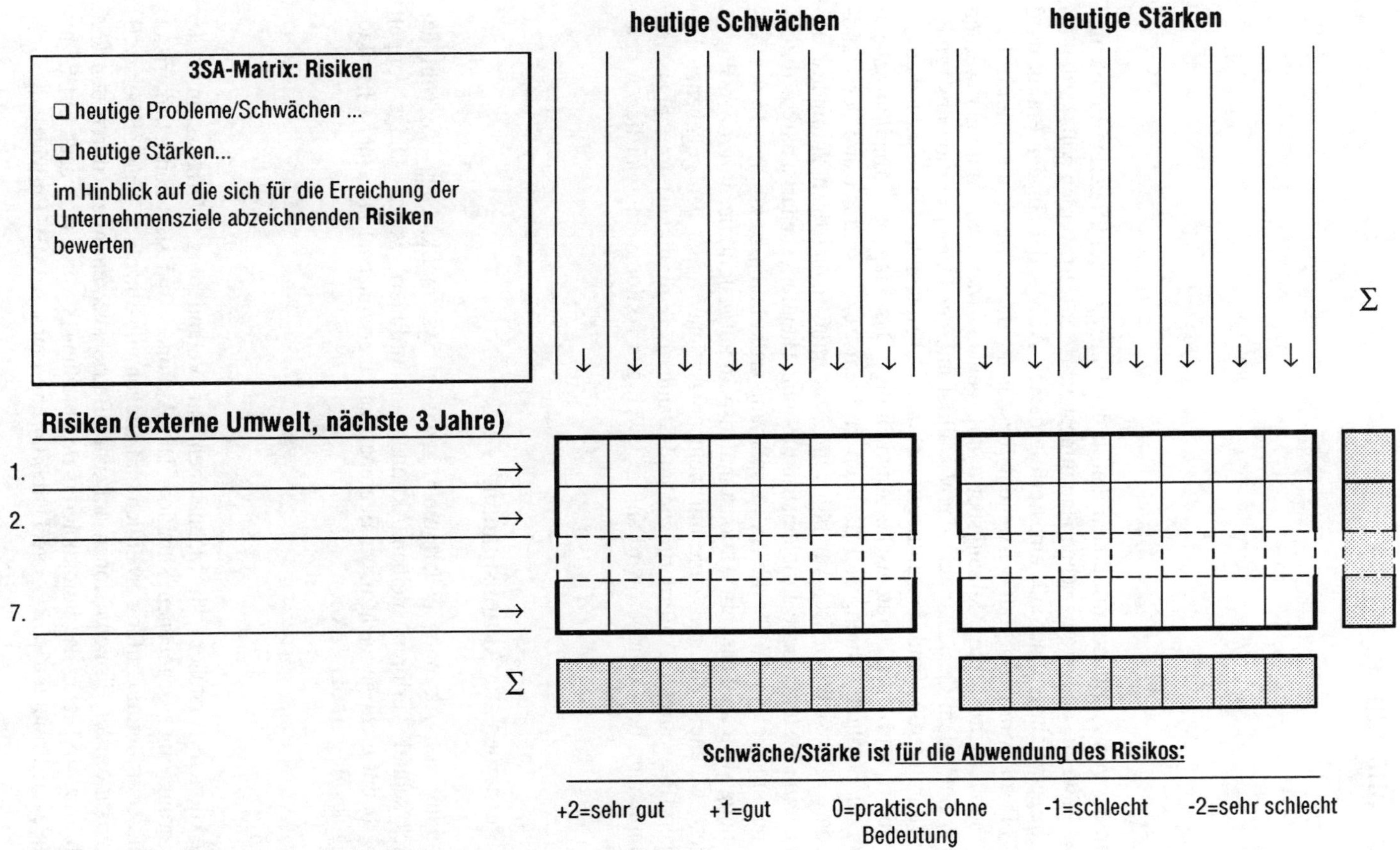


Abbildung 7.2. Teil eines 3SA-Formblatts für Handlungsbedarfsanalyse bezüglich Risiken.

# 8. Aktionsplanung

Die Planung von Aktionen, mit denen den in der Umfrage identifizierten Problemen begegnet bzw. auf den strategischen Handlungsbedarf reagiert werden soll, stellen einen wichtigen Schritt innerhalb eines erfolgreichen AEMP dar. In der Praxis wird hierauf oft zu wenig Sorgfalt verwendet, besonders dann, wenn im Grunde kein AEMP, sondern nur eine Meinungsbefragung geplant war. Die Aktionen werden dann eher unter dem Gesichtspunkt der Visibilität und der Demonstration des "guten Willens" durchgeführt und konzentrieren sich auf Naheliegendes. Zudem bleiben sie unkoordiniert und ohne strategische Ausrichtung. Das mag auf Abteilungsebene trotzdem zu Erfolgen führen, weil dort die Problemstruktur einfach und der Handlungsbedarf offensichtlich ist. Auf höherer Ebene muß man jedoch zumindest ansatzweise eine systematische Problemstruktur- und Handlungsbedarfsanalyse durchführen, um ein Zielsystem für die Aktionsplanung artikulieren zu können. In der Aktionsplanung wird zunächst ein Aktionsrahmensplan aufgestellt, der in groben Zügen formuliert, welche meßbaren Ziele mit welchen Aktionen unter den gegebenen Bedingungen (Ressourcen, Anforderungen und Standards, Zeitrahmen) erreichbar sind. Die Feinplanung der Aktionen wird an die jeweiligen Aktionsverantwortlichen delegiert.

## 8.1 Allgemeines zur Aktionsplanung

Die Planung von Aktionen bedarf einer gewissen Systematik. Ohne sie geht der Überblick schnell verloren, bleiben Aktionen unkoordiniert, werden Dinge doppelt oder überhaupt nicht gemacht usw.. Beginnen wir aber zunächst mit einer Charakterisierung des Begriff der "Aktion".

*Aktionen*

Unter Aktionen verstehen wir Maßnahmen zur Veränderung, Verbesserung oder Stabilisierung einer gegebenen Situation. Die Aktionen sind stets zeitlich befristet. Sie variieren in ihrem Umfang erheblich und reichen von einzelnen Maßnahmen (z.B. Kommunikation der Firmenvisionen auf einer Betriebsversammlung durch den Geschäftsführer, Versetzen des Fotokopierers in Abteilung X von Ort A nach Ort B) bis zu komplexen Projekten (z.B. erste Durchführung eines AEMP, Entwicklung einer neuen Außenorganisation, Bau eines neuen Fabrikgebäudes). Projekte sind Vorhaben, die der Erreichung klar definierter Ziele dienen; die in gewisser Weise einmalig sind; nur begrenzt lange dauern und somit Anfang und Ende haben; die aus verschiedenen, synchronisierten Vorgängen bestehen; die meist von Projektteams durchgeführt werden, die aus verschiedenen Bereichen kommen und die nur für die Dauer des Projektes zusammenarbeiten (siehe z.B. Heeg, 1993; Frame, 1989).

Es gibt offensichtlich ein Kontinuum von ganz einfachen Aktionen bis zu sehr komplexen Projekten. Im Rahmen eines AEMP ist aber allen Aktionen gemeinsam, daß sie zu Effekten (meist: Veränderungen) führen sollen, die verschiedene Dimensionen der Organisation berühren. Im Schema der Porras'schen Ströme (siehe Kapitel 6) ausgedrückt, wirken sie sich fast immer auf den organisatorischen, den sozialen und den technischen Strom aus. Der physisch-räumliche Strom ist dagegen nur in besonderen Fällen betroffen. Andersen et al. (1984) sprechen daher auch von "PSO"-Projekten als dem Standardfall von Projekten, wobei P='people', S='systems' und O='organisation'. Auch scheinbar rein technische Projekte (z.B. ein Büroumzug von Raum A nach Raum B) haben bei genauerer Betrachtung fast immer 'soziale' oder 'P'-Aspekte - von der Kommunikation angefangen bis zur Akzeptanz und Unterstützung der Maßnahmen.

### *Koordination der Aktionsplanung*

Die Ausgangssituation nach Beendigung der Gruppengespräche ist normalerweise dadurch gekennzeichnet, daß eine große Zahl nur wenig strukturierter Probleme vorliegt. Es gilt nun, diese Probleme danach zu sortieren, auf welcher Ebene der Organisation sie bearbeitet werden sollen. Dabei erweist es sich in vieler Hinsicht als vorteilhaft, eine Vorgehensweise zu wählen, die ganz unten mit der Abarbeitung der in den Abteilungen lösbaren Probleme beginnt, dann die verbleibenden globaleren Probleme zur Bearbeitung durch die Geschäftsleitung ganz nach oben schiebt, und schließlich über die Geschäftsbereiche wieder zu den Abteilungen zurückverschleift wird. Abbildung 8.1 zeigt hierzu ein Schema, dessen tragendes Gerüst als umgekehrtes U erscheint.

Die Erstellung von Aktionsplänen in den Abteilungen kann unmittelbar nach den Gruppengesprächen erfolgen. Es ist aus mehreren Gründen sinnvoll, hierbei möglichst wenig Zeit verstreichen zu lassen. Die Problemlage ist nach den ausführlichen Diskussionen relativ klar. Der Handlungsbedarf ist unschwer zu ermitteln, weil die Probleme auf Abteilungsebene meist entweder hier-und-heute Charakter haben oder aber so grundlegender Art sind, daß strategische Perspektiven kaum eine Rolle spielen. Weiterhin sind Vorgesetzte und Mitarbeiter miteinander im Gespräch und die Bereitschaft, etwas zu tun, ist allgemein groß ("Jetzt gilt's!"). In vielen Fällen bietet es sich sogar an, das Gruppengespräch z.B. auf den Vormittag zu legen und dann Nachmittags gleich mit der Aktionsplanung weiterzumachen, weil im Aktionsplanungsteam immer das Mitglied des Koordinationsteams, das im Gruppengespräch dieser Abteilung Komoderator war, als externer Moderator mitarbeitet. Findet das Gruppengespräch z.B. in einer Außenstelle der Organisation statt, dann muß das

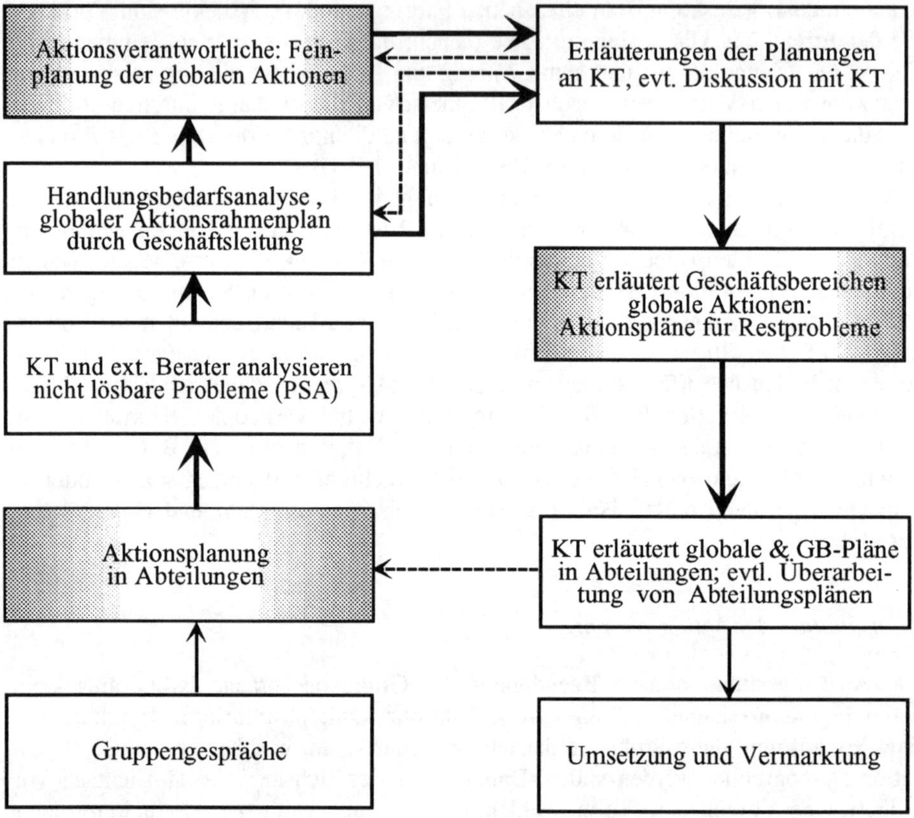


Abbildung 8.1. Ablaufschema für die Aktionsplanung auf verschiedenen Ebenen der Organisation

Mitglied des Koordinationsteams bei diesem Vorgehen nicht eigens nochmals anreisen.

In der Praxis stellt sich meist heraus, daß sehr viele Probleme vor Ort in den einzelnen Abteilungsebenen ganz oder teilweise lösbar sind. Zudem können zwei Abteilungen untereinander zu einer Lösung z.B. eines Schnittstellen-Problems kommen. Bei mehr als zwei Abteilungen muß das Problem aber im allgemeinen "nach oben" weitergegeben werden. Das gilt natürlich auch für die Probleme, die von vornherein in den Kompetenzbereich der höheren Führungsebenen fallen. Schließlich gibt es noch Probleme, für die die Abteilung keine Lösung findet. Probleme, die aus irgendeinem Grund nicht in die lokale Aktionsplanung eingehen, werden vom Koordinationsteam gesammelt und zusammen mit dem externen Experten in einer besonderen Sitzung strukturiert (z.B. mittels der Problemstromanalyse; siehe Kapitel 6).

Das Ergebnis dieser Analyse wird der Geschäftsleitung präsentiert (z.B. im Rahmen einer Handlungsbedarfsanalyse; siehe Kapitel 7). Die Geschäftsleitung entwirft dann einen Aktionsrahmenplan. Dieser legt blockartig fest, welche meßbaren Ziele mit welchen Aktionen unter den gegebenen Bedingungen erreichbar scheinen und welche Personen verantwortlich sind für die Planung und Umsetzung der einzelnen Aktionen. Für die Aktionen wird ein grober (und vorläufiger) Entwurf ihrer einzelnen Schritte und Termine formuliert.

Die Feinplanung dieser "globalen" Aktionen wird an die jeweiligen Aktionsverantwortlichen delegiert. Sie erstellen einen detaillierten Aktions- oder Projektplan, der die einzelnen Schritte, Termine und beteiligten Personen definiert. Bei dieser Planung kann sich zeigen, daß der Aktionsrahmenplan nicht einzuhalten ist, weil die einzelnen Schritte der Aktion aufwendiger als vorab vermutet sind. In diesem Fall muß das Aktionsplanungsteam informiert werden, das den Aktionsrahmenplan entsprechend revidiert. Umgekehrt kann auch der Fall eintreten, daß sich die im Aktionsrahmenplan anvisierten Ziele auf Grund einer cleveren Feinplanung als wenig ambitiös herausstellen. Das Aktionsplanungsteam kann für diese Fälle abgestufte Ziele vorgeben, etwa ein 'minimales' und ein 'maximales'. Zeigt die Feinplanung, daß das Ziel vermutlich nicht in diesen Bereich fällt, muß das Aktionsplanungsteam bzw. ein hierfür verantwortlicher Koordinator informiert werden, damit der Aktionsrahmenplan revidiert werden kann. Das gilt insbesondere für Aktionen, die das 'min'-Ziel nicht erreichen.

Das Koordinationsteam wird sowohl über den Aktionsrahmenplan als auch über die einzelnen globalen Aktionspläne genau informiert. In der Praxis ist es nicht selten der Fall, daß die Geschäftsleitung und die Aktionsverantwortlichen zu ihren Plänen Rückmeldungen des Koordinationsteams suchen, weil sein in den Gruppengesprächen erworbenes besonderes Wissen über die Problemsicht der Mitarbeiter für die Formulierung der Pläne vorteilhaft verwendet werden kann. Da Aktionen selten eine 1:1-Korrespondenz zu Problemen haben, sondern eher so angelegt sind, daß sie mehrere Probleme berühren (z.B. die Einführung eines Leistungsbeurteilungssystems als Antwort auf 'unklare Arbeitsziele', 'zu wenig Rückmeldungen', 'ungerechte Gehaltserhöhungen', 'Beförderung nicht nach Leistung', 'niedrige Produktivität', 'niedrige Arbeitszufriedenheit' usw.), könnte das Koordinationsteam z.B. danach befragt werden, ob die geplanten Maßnahmen die Probleme, so wie sie die Mitarbeiter sehen, abdekken. Diese Befragung dient auch gleichzeitig als Test dafür, ob und wie die Aktionen den Mitarbeitern überzeugend vermittelt werden können.

Stehen die globalen Aktionspläne, entscheidet das Koordinationsteam, welche seiner Mitglieder welchen Geschäftsbereich betreuen. Die jeweiligen Mitglieder erläutern dann "ihrem" Geschäftsbereich den globalen Aktionsrahmenplan und seine Aktionen. Dabei ist es sinnvoll, wieder ein Aktionsplanungsteam ähnlich wie auf Abteilungsebene zusammenzustellen, d.h. eine Gruppe bestehend aus dem Geschäftsbereichsleiter, zwei Vorgesetzten und zwei Mitarbeitern. Dieses Team prüft zunächst zusammen mit dem Mitglied des Koordinationsteams, welche aus Sicht der Abteilungen globalen Probleme noch nicht durch die globalen Aktionspläne adressiert sind. Für diese Probleme entwirft das Team einen Bereichs-Aktionsrahmenplan.

Schließlich kommunizieren die Mitglieder des Koordinationsteams die "höheren" Aktionspläne an die Aktionsplanungsteams auf Abteilungsebene. Dies dient einerseits der Information der Abteilungen, andererseits einer evtl. Überarbeitung der Abteilungsaktionspläne.

Abbildung 8.1 zeigt unten rechts noch den Übergang zur nächsten Phase des AEMP, in der die Aktionspläne umgesetzt und vermarktet werden.

*Aufgaben von Aktionsplanungsteams*

Aktionen werden i.allg. von einem Aktionsplanungsteam strukturiert und skizziert. Ein solches Team ist entweder ein natürliches Team (z.B. die Geschäftsleitung) oder eine Gruppe von Personen, die eigens zu diesem Zweck zusammengestellt wurde (z.B. Aktionsplanungsteams auf Abteilungsebene). Die Aufgaben eines Aktionsplanungsteams sind (in dieser Reihenfolge):

- Definieren des Handlungsbedarfs, der sich aus den Befunden der Umfrage und der Gruppengesprächen ergibt;
- Ableiten von meßbaren Ziele für bedarfsgerechte Aktionen;
- Aufstellen eines Aktionsrahmenplans, der diesen Zielen gerecht wird und in der Praxis realisierbar ist (Ressourcen, Bedingungen, Zeitrahmen);
- Skizzieren der einzelnen Aktionen dieses Aktionsrahmenplans;
- Delegieren der Aktionen an Aktionsverantwortliche.

Ein Aktionsplanungsteam ist nur in besonderen Fällen auch der Auftraggeber für die einzelnen Aktionen. Der Auftraggeber ist i.allg. der Vorgesetzte der Abteilung oder des Geschäftsbereichs bzw. die Geschäftsleitung. Das Aktionsplanungsteam ist auch nicht an der Umsetzung der Aktionen/Projekte beteiligt. (Nur Personen, die Aktionsverantwortung übernehmen, sind dafür zuständig.) Seine Aufgabe ist lediglich die Ausarbeitung eines vernünftigen Aktionsrahmenplans und die Kommunikation dieses Plans an die Aktionsverantwortlichen bzw. an das Koordinations- und das Vermarktungsteam.

Ein wichtige weitere Rolle müssen ebenfalls die Vorgesetzten und nicht das Aktionsplanungsteam wahrnehmen: Sie müssen den Aktionsrahmenplan den ihnen unterstellten Linien-Managern kommunizieren und von diesen die Bereitschaft zur Kooperation einfordern. Insbesondere müssen die Linien-Manager einwilligen, die zur Umsetzung der Aktionen notwendigen Ressourcen (vor allem Personen) dann freizugeben, wenn dies erforderlich ist. Wenn der Aktionsverantwortliche später diese Ressourcen nicht bekommt, muß er sich an die zuständigen Vorgesetzten wenden.

Abbildung 8.2 zeigt den Ablauf der Tätigkeit des Aktionsplanungsteams in schematischer Form. Das Team beginnt mit der Sichtung der Ausgangssituation, aus dem sie den Handlungsbedarf ableitet. Auf Abteilungsebene ergibt sich der wesentliche Handlungsbedarf meist relativ direkt aus der Liste der Problemthemen, die sich aus dem Bericht über die Umfrage und den Protokollen (=Plakate mit Karten) der Gruppengespräche ableiten. Eine explizite strategische Bewertung dieser Probleme (etwa mittels der 3SA-Methode) ist nicht erforderlich. Die Betrachtung der Problemlisten

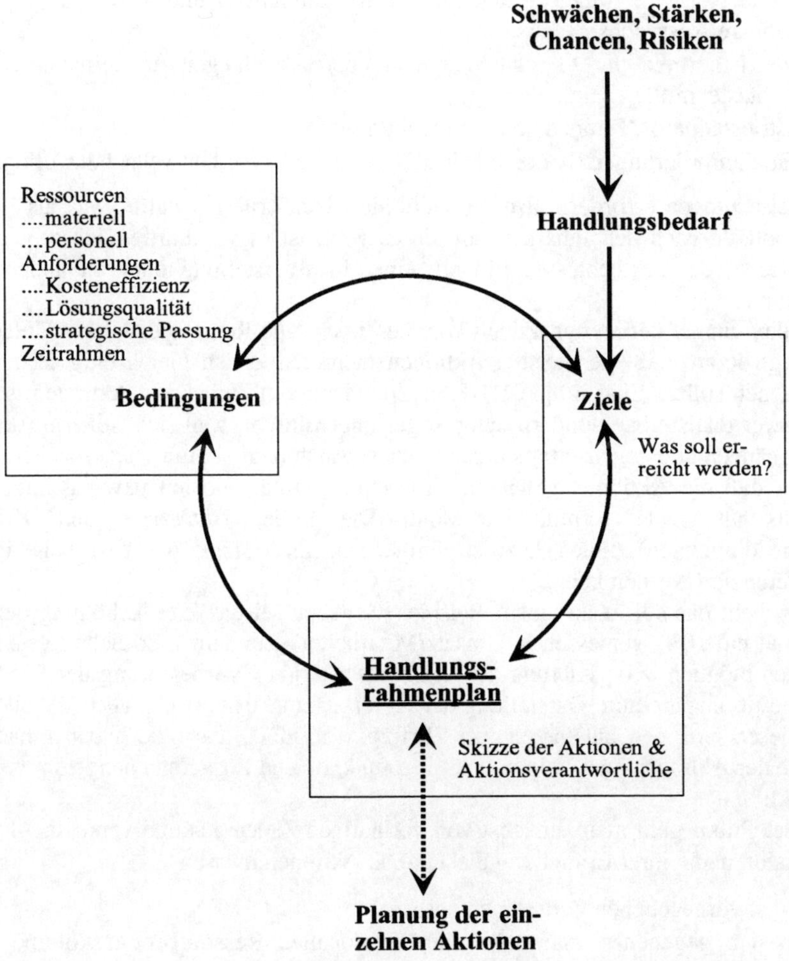


Abbildung 8.2. Elemente der Aktionsrahmenplanung.

kann allerdings dazu führen, daß dabei die Stärken der Abteilung aus dem Auge verloren werden. Auch für diese besteht i.allg. ein gewisser Handlungsbedarf in Form stabilisierender oder verstärkender Maßnahmen. Auf globaler Ebene ist es grundsätzlich erforderlich, eine systematische Handlungsbedarfsanalyse mit strategischer Ausrichtung durchzuführen.

Aus dem Handlungsbedarf leiten sich die Ziele ab, die mit den Aktionen erreicht werden sollen. Diese Ziele sind zunächst ganz schlicht: 'Beseitigung der Schwachstelle X' und 'Stabilisierung/Ausbau der Stärke Y'. Bei genauerer Betrachtung sieht man aber, daß hierbei Normen relevant werden wie z.B. die folgenden:

- Absolute Normen: frühere Standards, Idealvorstellungen und Visionen, realistisch erreichbare Anspruchsniveaus;
- Vergleichsnormen der Geschäftsbereiche oder Abteilungen untereinander: beste, schlechteste, mittlere Einheiten;
- Industriestandards, Kennzahlen der Konkurrenz;
- Minimalanforderungen (bei rechtlichen Normen), z.B. bei Umweltschutzauflagen.

Die Zielsetzungen erfordern also die Definition von Kriterien dafür, was als Lösung gelten soll. Je nach den Inhalten, um die es geht, ist es vernünftig, sich z.B. an der Konkurrenz, der schlechtesten Einheit, einer Idealvorstellung oder an anderem zu orientieren.

Zu den einmal definierten Zielen kommen noch eine Reihe speziellerer Unterziele. Das liegt daran, daß die meisten Aktionen mehreren Zielen gleichzeitig dienen und auch dienen sollen: Eine simple 1:1-Korrespondenz von Zielen und Aktionen ist nicht nur schwer realisierbar, sondern i.allg. sogar unerwünscht, weil sich isolierte Aktionen nicht ergänzen und gegenseitig stützen können. Auch hierbei muß wieder sichergestellt werden, daß die Aktionen gewissen Kriterien (Qualität, Kosten usw.) genügen, die ebenfalls als Ziele formulierbar sind. Die Ziele, Unterziele und Kriterien (Nebenbedingungen) bilden letztlich immer ein *Zielsystem*, das fast beliebig fein ausdifferenziert werden kann.

Man sieht das sofort an einem Beispiel. Gegeben sei das Ziel 'Erhöhung der Produktivität um 10%, gemessen in Umsatz/Mitarbeiter'. Zur seiner Erreichung sind viele Aktionen möglich, z.B. 'Klärung der Leistungskriterien', 'Verbesserung der Feedback-Systeme', 'transparentere Darstellung der Anreizsyteme' usw. (siehe auch Tabelle 8.1). Jede dieser Aktionen hat ihr eigenes "Erfolgskriterium", aber alle haben - nach der Theorie der Aktionsplaner - einen positiven funktionalen Zusammenhang zum Oberziel 'Produktivität'.

In der Praxis geht man zunächst von vorläufigen Zielen aus und versucht Aktionen zu skizzieren, die ihrer Erreichung dienen. Die Aktionen müssen

- ...in den vorgegebenen Zeitrahmen passen;
- ...mit den gegebenen materiellen und personellen Ressourcen auskommen oder zusätzliche Ressourcen (z.B. ein gewisses Expertenwissen) herbeischaffen;
- ...den in der Abteilung üblichen Standards für Kosteneffizienz, Qualität der Lösung und strategischer Passung genügen oder diese neu festsetzen.

Zwischen den Zielen, den Aktionen und den Bedingungen bestehen gewisse Abhängigkeiten. Anspruchsvolle Ziele sind nur durch "gute" Aktionen vollständig, zeitgemäß und mit relativ geringem Aufwand zu erreichen. Weniger gute Aktionen erreichen ihr Ziel nur partiell, kommen kaum mit dem Zeitrahmen aus und erfordern einen hohen Aufwand. Es liegt an der Kreativität des Aktionsplanungsteams, möglichst gute Aktionen zu konzipieren. Gegebenenfalls müssen Abstriche an den Zielen, den Qualitäts- oder Kosteneffizienz-Standards und/oder der strategischen/mittelfristigen Effektivität der Aktionen gemacht werden. So kann es z.B. sein, daß man statt einer Lösung, die die Ursache eines Problem beseitigt, nur eine Überbrückungslösung ("workaround") anstrebt, die das Problem vorläufig eliminiert. Ein Beispiel für ein solches Workaround aus der Praxis eines Computerherstellers war die Aktion, die Auslieferung wichtiger Ersatzteile vorläufig per Motorradkurier oder Taxi zu organisieren. Diese Kompromißlösung war nach den bisherigen Standards recht teuer, rechnete sich aber trotzdem unter dem Strich. Eine bessere Lösung war nicht zu realisieren, weil die Voraussetzungen im Logistikbereich dafür noch nicht gegeben waren.

*Aktionsrahmenplan*

Der Zyklus Ziele-Aktionen-Bedingungen muß i.allg. vielfach und in verschiedenen Richtungen durchlaufen werden, bis ein *Gleichgewicht* zwischen den verschiedenen Festlegungen (Ziele, Bedingungen, Aktionen), das unter den gegebenen Umständen *optimal* erscheint, gefunden ist. Wenn dieses erreicht ist, steht der Aktionsrahmenplan. Er beinhaltet Skizzen für die einzelnen Aktionen (Wer macht was, wie und wann?) und wird sinnvollerweise unterstützt durch eine schematische Darstellung (Balkendiagramm, Gantt-Chart) der Aktionen und ihrer Schritte über der Zeitachse. Abbildung 8.3 zeigt ein Beispiel.

Dargestellt ist hier ein Ausschnitt aus dem Aktionsrahmenplan des Geschäftsbereichs "CE" eines großen Computerherstellers. Man erkennt vier Aktionsskizzen. In der Aktionsskizze für Entwurf und Einführung eines Systems zur Produktivitätsmessung und -steigerung der Distrikt-Manager der CE (SPMS) sind einige Kästchen dargestellt, deren Inhalt in Tabelle 8.1 weiter ausgeführt wird (siehe dazu auch: Borg & Staufenbiel, 1992; Borg et al., im Druck).

Die Tabelle zeigt weiter, daß ein Aktionsrahmenplan nur eine begrenzte Tiefe hat und nur die größeren/wichtigeren Vorgänge blockartig darstellt. Dieser Schichten-Aufbau ist typisch für eine strukturierte Aktionsplanung. Jeder Vorgang läßt sich in Teilvorgänge zerlegen und jeder Teilvorgang wiederum in weitere Teilvorgänge usw.. In Tabelle 8.1 ist unter 'B'='Hierarchie und BARS erstellen' der Teilvorgang 'Hierarchie der Leistungskriterien ausformulieren', unter diesem der Teilvorgang 'Hierarchie quantifizieren' und unter diesem nochmals ein Teilvorgang, 'Ratings einholen', angegeben. Selbst diese Zerlegung ist noch weiter differenzierbar. Man geht aber in der Auflösung offensichtlich nur so weit, wie es für den jeweiligen Zweck nötig ist. D.h. für den Aktionsrahmenplan: Sobald sich die Durchführbarkeit der Aktion, das erreichbare Ziel und die dabei verbrauchten Ressourcen abschätzen lassen, ist die Aktion hinreichend genau beschrieben. Wenn das Aktionsplanungsteam zu einem Ausgleich der verschiedenen Aktionsskizzen gekommen ist, überläßt man dem Aktionsverantwortlichen die Ausarbeitung der Details der Aktionen.

Bei der Erstellung einer Aktionsskizze wie der für das SPMS-Projekt in Abbildung 8.2 empfiehlt sich folgendes Vorgehen. Man hält zunächst die wichtigen Vorgänge auf Karten fest. Diese werden dann an einer Pinwand, auf der eine Zeitachse verzeichnet ist, so angebracht, wie es nach der Logik der Vorgangsabfolge erforderlich ist und nach den verfügbaren Kapazitäten (Personal, Betriebsmittel, Geld) möglich erscheint. Längere Vorgänge kann man mit zwei Karten (Anfang, Ende) markieren. Auch hier genügt ein grobes Raster, d.h. es kommt nicht auf das genaue Datum an. In der SPMS-Aktionsskizze ist für 'A', 'B' usw. nur festgehalten, daß sie in 'Wo-

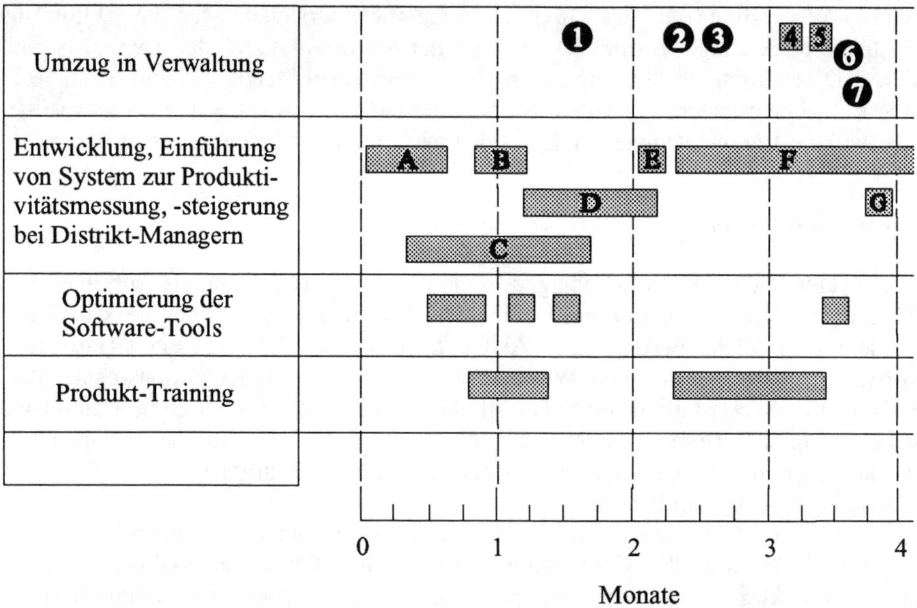


Abbildung 8.3. Beispiel für einen Aktionsrahmenplan (zur Bedeutung der Buchstaben und Zahlen, siehe Text).

che 1' bzw. in 'Woche 2' durchgeführt werden sollen. Es ist sinnvoll, anfangs Festlegungen auf genaue Termine zu vermeiden (wenn möglich), da diese ansonsten leicht eine Aura des Unverrückbaren annehmen, der die Aktionsverantwortlichen demotiviert und ihre Planungen erschwert.

Im Hinblick auf den Zeitrahmen kann man aufgrund praktischer Erfahrungen sagen, daß es selten sinnvoll ist, mehr als 4 Monate zu wählen (Porras, 1987; Bergermaier, 1992a, 1992b). Längere Zeiträume haben den psychologischen Nachteil, daß nicht angefangen wird, weil "ja noch so viel Zeit ist". Sie haben aber auch den sachlichen Nachteil, daß die strategische Passung der Aktionsskizzen zunehmend fraglicher wird. Das gilt zumindest für dynamische Branchen, in denen sich die Rahmenbedingungen schnell verändern.

Abbildung 8.3 verwendet in der Aktionsskizze für 'Umzug in der Verwaltung' noch ein zweites Instrument der Darstellung, nämlich "Meilensteine", dargestellt durch die bezifferten Punkte. Meilensteine markieren Übergangspunkte am Ende von Vorgängen und/oder am Beginn neuer Vorgänge. Tabelle 8.2 zeigt in knapper Form, welche Inhalte die Symbole der 'Umzug'-Aktionsskizze repräsentieren. Für die Meilensteine sieht man, daß ein für die Aktion notwendiges Ergebnis/Ereignis spezifiziert ist, aber offen gelassen wird, wie es erreicht wird. Das hat für die Erstellung eines

Tabelle 8.1. Aktionsplanskizze für die Entwicklung und Einführung eines Systems zur Produktivitätsmessung und -steigerung (SPMS) bei Distrikt-Managern; G=Geschäftsleitung, E=externer Berater, B=Bereichsleiter; W=Woche.

| **Vorgang** | **durch** | **wann** |
|---|---|---|
| A. Bisherige Leistungskriterien strukturieren | | |
| Bisherige Leistungskriterien feststellen, ergänzen | | W 1-2 |
| bisherige Leistungskriterien zusammenstellen | G | |
| Kriterien gruppieren, ordnen, gewichten | G | |
| Interviews von Managern: informelle und "neue" Kriterien | E | |
| Kriterien gruppieren, ordnen | E | |
| Kriterien ansatzweise hierarchisch ordnen | E | |
| Präsentation des bisherigen Systems an Geschäftsleitung | E | |
| B. Hierarchie der Leistungskriterien und BARS ausformulieren | | |
| Hierarchie der Leistungskriterien ausformulieren | G/E | W 4-5 |
| qualitative Hierarchie fertigstellen | | |
| Hierarchie quantifizieren | | |
| Paarvergleichssysteme definieren | | |
| Ratings einholen | | |
| Konsistenzindizes ausrechnen | | |
| Konsistenzindizes rückmelden | | |
| evtl. Wiederholungen bis zufriedenstellende Konsistenz | | |
| Bewertungsskalen für Basisfacetten (BARS) formulieren | G/E | |
| Inhalte festlegen | | |
| minimale Leistungscharakteristika festlegen | | |
| erwartete Leistungscharakteristika festlegen | | |
| maximale Leistungscharakteristika festlegen | | |
| Lage von min, erwartet und max auf BARS festlegen | | |
| C. Koordinieren der SPMS-Kriterien mit anderen Systemen | G | W 2-7 |
| Standardleistungbeurteilung im Konzern | | |
| Belohnungssysteme | | |
| Rolle des SPMS definieren: strategisch, operativ, Ergebnis | | |
| D. Implementierungsplan für das SPMS festlegen | G/E | W 5-9 |
| E. Verkaufen des SPMS an Distrikt-Manager | E/G | W 9 |
| F. Umsetzung des SPMS | B | W 10-? |
| G. Zwischenbilanz des SPMS: erste Evaluation | E/G | W 16 |

Tabelle 8.2. Aktionsplanskizze für einen Umzug in der Verwaltung; Meilensteine in Klammern, Vorgänge ohne Klammmern.

| | Meilenstein bzw. Vorgang | Ausführungsverantwortlicher | wann |
|---|---|---|---|
| (1.) | Umzugsanordnung ist da | Verwaltung | 7.W |
| (2.) | neue Möbel sind da | Verwaltung/Möbelfirma | 10.W |
| (3.) | Umzugsräume sind fertiggestellt | Verwaltung/Baufirma | 11.W |
| 4. | Akten einpacken | umziehende Mitarbeiter | 13.W |
| 5. | Umzug durchführen | Verwaltung/Umzugsfirma | 14.W |
| (6.) | Telefon ist geschaltet | Verwaltung/Hausverwaltung | 15.W |
| (7.) | Räume sind übergeben | Verwaltung/Hausverwaltung | 15.W |

Aktionsrahmenplans den Nachteil, das nur schwer abzuschätzen ist, wie aufwendig die hierfür notwendigen Vorgänge sind. Andererseits kann man aber damit beginnen, Meilensteine, die durch besondere Daten fixiert sind (z.B. Abschluß des Geschäftsjahres, Beginn der Urlaubssaison), zu setzen und die entsprechenden Vorgänge erst danach zu konzipieren. Die Meilensteine werden dann quasi zu weiteren Bedingungen der Aktionsplanung.

*Aktionsziele und strategische Passung*

Idealerweise sollten die Ziele für die Aktionen in Übereinstimmung mit der strategischen Planung der Organisation sein. Ein "Ziel darf nicht der strategischen Planung des Unternehmens zuwiderlaufen; es darf nicht sein, daß zum Zeitpunkt der Erreichung des Zieles dieses als überflüssig, unsinnig und falsch angesehen werden muß. Das bedeutet, daß vor der Vergabe des Auftrages und der Zielformulierung eine sorgfältige Analyse der Unternehmenslage und evtl. die Erstellung eines Rahmenplanes erfolgt ist" (Kupper, 1993, S.23). Der strategische Rahmenplan muß nicht nur bekannt sein und verstanden sein, er muß auch selbst breit genug durchdacht sein und nicht nur betriebswirtschaftliche Output-Kennzahlen, sondern auch deren Voraussetzungen im Auge behalten. Übersehen wird dabei oft die soziale Komponente. Nehmen wir z.B. an, eine Abteilung führt ein Training seiner Mitarbeiter für eine bestimmte Produktlinie durch, weil die Umfrage und die Gruppengespräche hier einen Handlungsbedarf identifiziert hat. Man stellt dann später fest, daß die Firma bald auf eine technisch ganz andere Produktlinie umsteigt, z.B. von analoger auf digitale Technik. Das Training war also strategisch unsinnig und kann bewirken, daß die Mitarbeiter bei weiteren Schulungen weniger motiviert sind, sich gegen die Einführung der neuen Produktlinie wehren, den Führungskräften ganz allgemein weniger Vertrauen entgegen bringen usw.

Vor allem bei Aktionen, die sich über einen längeren Zeitraum erstrecken, kann es sein, daß sich das Ziel während der Umsetzung des Aktionsplans ändert, weil sich neue Randbedingungen ergeben haben. Selbst das ursprünglich formulierte Ziel kann hierbei obsolet werden. Man muß also auch bereit sein, den Aktionsplan noch während der Umsetzung ggf. kurzfristig zu ändern oder abzubrechen. Hieraus folgt vor allem, daß der Zeitrahmen für die Aktionspläne nicht allzu groß sein sollte. Zudem müssen Aktionen, die auf unterer Ebene geplant werden, vor ihrer Umsetzung von höheren Führungskräften, die per Jobdefinition strategischer operieren müssen, genehmigt werden.

## 8.2 Aktionsplanung auf Abteilungsebene

Die Aktionsplanung auf Abteilungsebene ist i.allg. recht einfach und direkt. Das Aktionsplanungsteam besteht aus dem/den Vorgesetzten; dem Mitglied des Koordinationsteams, das die Abteilung bei ihrem Gruppengesprächen als Komoderator begleitet hat und der nun als Moderator agiert; und zwei Repräsentanten der Mitarbeiter. Dieses Team benötigt meist zwei Sitzung von zwei bzw. einer Stunde Dauer, um einen Aktionsrahmenplan und recht konkrete Aktionsskizzen zu erstellen.

*Allgemeine Aufgaben des Moderators*

Das Mitglied des Koordinationsteams muß als Moderator der Sitzung folgendes tun:

- Sicherstellen, daß das Aktionsplanungsteam seine Aufgabe versteht;
- beraten in Bezug darauf, wie ein vernünftiger Aktionsplan erstellt wird;
- kritisieren und hinterfragen der Planungen mit konstruktiver Absicht;
- ausgleichen zwischen den verschiedenen Interessen von Vorgesetzten und Mitarbeitern mit dem Ziel, einen für die gesamte Abteilung optimalen Plan zu erstellen, nicht einen, der einzelne Gruppen auf Kosten anderer bedient;
- sicherstellen bzw. wiederherstellen einer nach vorne gerichteten Sachorientierung, die auf die Skizzierung eines Aktionsrahmenplans ausgerichtet sein muß;
- beenden von Beiträgen und Diskussionen, die auf eine Wiederholung von Umfrage und Gruppengesprächen oder gar auf deren In-Frage-Stellung hinauslaufen;
- beenden "philosophischer" Abschweifungen, die den Kurs zu gefährden beginnen
- beenden von defätistischem Jammern ("Wir können gar nichts machen", "Die Zeiten sind eben heute ganz anders" usw.);
- klarmachen, daß "vor Ort" viel mehr gemacht werden kann, als es zunächst den Anschein hat [Bergermaier (1992b) berichtet, daß in der Praxis typischerweise etwa 60% der Probleme auf Abteilungsebene bearbeitet werden. In 80% der Fälle geschieht dies innerhalb von 2 Monaten.];
- sicherstellen, daß auch die Stärken, nicht nur die Schwachstellen der Abteilung als mögliche Kandidaten für Handlungsbedarf diskutiert werden.

*Einstieg*

Das die Abteilung betreuende Mitglied des Koordinationsteams bringt zur ersten Sitzung des Aktionsplanungsteams den Bericht mit den Befunden der Umfrage, die Protokolle des Gruppengesprächs (als Plakate oder Fotokopien) und, so weit vorhanden, eine Problemliste mit den Problemthemen mit. In der Sitzung beginnt er damit, die Ziele und Aufgaben des Teams zu erklären.
Das Team arbeitet dann die Problemthemen heraus; untersucht, welche Probleme in der Abteilung ganz oder teilweise lösbar sind; und definiert schließlich den Handlungsbedarf.

*Entwurf des Aktionsrahmenplans*

Das Team beginnt zunächst damit, vorläufige Ziele aus dem Handlungsbedarf abzuleiten und vorläufige Vorschläge zur Erreichung dieser Ziele zu sammeln. Die Vorschläge werden zu vorläufigen, groben Aktionsskizzen ausformuliert. Hierbei wird bewußt nicht in besonderes Detail gegangen, sondern zunächst eine Übersicht erstellt, aus der hervorgeht, wer (Verantwortlicher, Ausführende, Beteiligte) macht was und wann. Die Aktionsskizze kann um so gröber sein, je mehr Erfahrung das Aktionsplanungsteam mit den Inhalten der Aktion hat.

Die meisten Aktionspläne (auf jeder Ebene) scheitern daran, daß vorschnell mit der Ausformulierung konkreter Aktionen begonnen wird. Die Planung geht dann im Detail unter und kann die verschiedenen Trade-Offs und Zusammenhänge zwischen Zielen, Ressouceneinsatz und Lösungsbedingungen innerhalb und - vor allem - über die Aktionen hinweg nicht mehr berücksichtigen. Das "Geheimnis" der guten Aktionsplanung liegt in einer hierarchischen Vorgehensweise, die ping-pong-artig zwischen Aktionsrahmenplan und immer konkreteren Aktionsskizzen iteriert.

Der Moderator sollte wiederholt klarmachen, daß diese Aktionsskizzen keine 1-zu-1 Korrespondenz zu den Zielen haben müssen. Andererseits muß natürlich geprüft werden, daß die Aktionen überhaupt einen klaren Bezug zu den Zielen haben. Das ist keineswegs ein ganz abwegige Forderung, weil viele Personen vorgefaßte Lieblingslösungen haben, die sie praktisch bei jeder Gelegenheit hervorholen.

Die Skizzierung der Aktionen kann per Kartentechnik an einem Pinboard oder auf einer Tafel/Wand mit "Post-It"-Aufklebern durchgeführt werden. Eine Papier-und-Bleistift-Vorgehensweise ist weniger nützlich, weil die einzelnen Vorgänge und Meilensteine dabei nicht verschiebbar sind. Computerdisplays sind ebenfalls weniger geeignet, weil ihr Bildausschnitt selbst bei Projektion zu klein ist.

Das Team diskutiert dann die Vollständigkeit der Aktionsskizzen in Bezug auf die formulierten Ziele und ihre Durchführbarkeit unter den gegebenen Bedingungen (Ressourcen, Standards, Zeit): Welche Ziele werden abgedeckt? Was ist bestenfalls zu schaffen? Wie groß ist der Aufwand? Wie gut wäre das für die Abteilung? Wo könnte man Abstriche machen? Um wie viel schlechter wird dann die Lösung? Wo wären auch Überbrückungslösungen akzeptierbar?

Wenn keine weiteren und besseren Vorschläge für Aktionen kommen, geht man zur nächsten Phase über.

*Ausformulierung von Aktionen*

Nachdem klar ist, welche Aktionsskizzen mit welchen Zielsetzungen weiter verfolgt werden sollen, beginnt das Team damit, diese Skizzen auszuformulieren. In der Praxis hat es sich dabei als nützlich erwiesen, jede dieser Skizzen auf einem einfachen Planungsformular festzuhalten. In ihm wird zunächst festgehalten, wer der *Aktionsverantwortliche* ist. Dann wird (ähnlich wie im Schema in Tabelle 8.1 oder 8.2) ausformuliert, *wer* (z.B. 'Hans Maier', 'Sekretärinnen', 'externer Experte aus der Logistik') *was* (z.B. 'Dokumentation der fehlenden Ersatzteile', 'Kommunikation der Firmenvision an die Mitarbeiter') *wie* (z.B. 'in einem Meeting der Abteilung', 'per Interview der betroffenen Mitarbeiter', 'per schriftlicher Auflistung') *unter welchen Bedingungen* (z.B. 'Angebote einholen bis zu maximal DM 4000 pro Gerät', 'mit einem Zeiteinsatz von höchstens 2 Stunden') bis *wann* (z.B. 'Anfangstermin', 'Endtermin', 'Dauer der Aktion') und mit welchem *Ziel* (z.B. 'Vorlage von mindestens drei schriftlichen Angeboten', 'Sicherstellung, daß es jeder verstanden hat') macht.

Da Aktionspläne der Erfahrung nach oft recht technisch geraten, sollte immer noch geprüft werden, ob sie auch ausgewogen sind z.B. im Sinn der Porras'schen Dimensionen (siehe Kapitel 6) und insbesondere im Hinblick auf die 'soziale' Komponente (Kommunikation, Überzeugen, Information, Motivierung, Einbindung der Mitarbeiter usw.).

*Iterationen: Aktionsrahmenplan und Aktionsskizzen*

Obwohl die Planung von Aktionen auf Abteilungsebene meist recht einfach und direkt abläuft, muß doch immer wieder betont werden, daß sie kein linearer Vorgang ist. Vielmehr stehen die Aktionen in einem dynamischen Zusammenhang mit den Zielen, den Ressourcen, den Lösungsbedingungen, der logisch notwendigen Abfolge bestimmter Aktionen, der operativen - Das Tagesgeschäft muß weitergehen! - und der strategischen Perspektive. Man kann also nicht so vorgehen, daß man sequentiell Aktion nach Aktion plant - beginnend etwa bei den wichtigsten Zielen - , bis die Ressourcen aufgebraucht sind.

Unter Umständen kann man eine sehr aufwendige Lösung trotzdem verfolgen, weil sie sich unter strategischen Gesichtspunkten lohnt oder weil man sich von ihr eine schnelle Wirkung erwartet, die notwendige Ressourcen bald anderswo freisetzt. Denkbar ist auch, daß man sich entschließt, einige Ziele ganz zu streichen, weil man nur auf Lösungen kommt, die zu viele Ressourcen verbrauchen (z.B. bei 'zu wenig Platz' müßte man in ein neues Gebäude umziehen, was finanziell nicht machbar ist). Eine solche Erkenntnis ist in gewissem Sinn auch eine Lösung: Den Mitarbeitern muß dann erklärt werden, daß man für bestimmte Dinge zur Zeit keine Lösung finden kann oder konnte, und daß dafür die Gründe X und Y verantwortlich sind.

Nach 2-3 Iterationszyklen steht i.allg. ein Abteilungsaktionsplan. Damit ist die erste Sitzung des Aktionsplanungsteams abgeschlossen. Evtl. empfiehlt es sich noch nachträglich, die oben beschriebenen Kategorie des "wer" weiter auszudifferenzieren zu einem System von 'Verantwortlichkeiten und Rollen', etwa so wie in Tabelle 3.1 gezeigt. Dabei wird genauer ausgeführt, welche Personen oder Gruppen in welcher Rolle an der Aktion beteiligt sind (führen Arbeit aus; entscheiden verantwortlich; entscheiden mit; treiben; kontrollieren; koordinieren; organisieren; beraten; moderieren; müssen konsultiert werden; müssen informiert werden; sind zur Beratung verfügbar ohne weitere Genehmigung u.ä.).

*Vor der Umsetzung*

Nach der ersten Sitzung des Aktionsplanungsteams sind die Aktionen für die Abteilung meist so weit ausformuliert, daß sie an die Aktionsverantwortlichen zur Feinplanung und Umsetzung weitergegeben werden können. Zunächst müssen allerdings der Aktionsrahmenplan und seine einzelnen Aktionsskizzen beim nächsthöheren Vorgesetzten zur Genehmigung vorgelegt werden, um so ein Minimum an strategischer Ausrichtung sicherzustellen. Zudem sollte dieser Vorgesetzte natürlich informiert sein über das, was in seinen Abteilungen geplant ist.

Das Aktionsplanungsteam trifft sich in jedem Fall nochmals (ca. 1 Stunde) zu einer evtl. Überarbeitung der Aktionspläne. Zudem wird noch folgendes festgelegt:

- Wann und wie wird der Abteilungsaktionsplan an die Aktionsverantwortlichen kommuniziert? Der Normalfall ist der, daß dies durch den Vorgesetzten der Abteilung geschieht, der letztlich die Verantwortung für die Ausformulierung und Umsetzung der Aktionspläne an Aktionsverantwortliche delegiert. Die Aktionsverantwortlichen sollten schriftliche Angaben über Ziele und Bedingungen der Aktion bekommen.
- Wann und wie wird der Abteilungsaktionsplan an die Mitarbeiter der Abteilung kommuniziert? Meistens werden hierzu sowohl das schwarze Brett als auch eine der Routine-Sitzungen aller Mitarbeiter der Abteilung genutzt.
- Wer informiert das Vermarktungsteam? Die einfachste Lösung ist die, daß diese Information über das Mitglied des Koordinationsteams erfolgt, das bei der ersten Ausarbeitung des Aktionsrahmenplans beteiligt war.
- Wie wird ein Monitoring der Umsetzung durchgeführt? Dafür wird eine formalisierte Kommunikation (feste Termine, bestimmte Form wie Checklisten oder Formulare) definiert, innerhalb derer der Aktionsverantwortliche an die Vorgesetzen, die Mitarbeiter und das Vermarktungsteam über den Status der Aktionen (Planerfüllung, Abweichungen vom Plan, Analyse dieser Abweichungen, evtl. Maßnahmen) berichtet (siehe Kapitel 9).
- Schließlich wird noch verdeutlicht, wer für das Controlling der Aktionen (insbesondere: Maßnahmen bei Abweichungen vom Plan) verantwortlich sind. Die normale Vorgehensweise ist die, daß der Aktionsverantwortliche für das Monito-

zuständig ist, aber der Vorgesetzte der Abteilung im Fall größerer Abweichungen vom Plan eingreifen sollte, weil er die formale Autorität besitzt.

*Zur Rolle der Aktionsverantwortlichen*

Für jede Aktion des Aktionsrahmenplans wird ein Aktionsverantwortlicher bestimmt. Seine Aufgabe ist die Feinplanung der Aktion, das Monitoring der Umsetzung und in begrenztem Ausmaß auch die Sicherstellung der Zielerreichung bei Abweichungen vom Plan durch entsprechende Maßnahmen (siehe Abschnitt 9.3: Controlling). Der Aktionsverantwortliche hat aber zudem auch eine Rolle gegenüber dem Auftrageber der Aktion, die darin besteht, aktiv auf die Klärung einiger Fragen zu drängen, um so zu einer "gesunden Basis des Projektes" (Kupper, 1993) zu kommen. In den folgenden Punkten besteht nicht nur eine Bring-, sondern auch eine Holschuld:

- Genau wer ist der Auftraggeber der Aktion? Er sollte vom Aktionsverantwortlichen in der Hierarchie so weit oben wie möglich gesucht werden und dem Aktionsverantwortlichen eine schriftliche Bestätigung seines Auftrags geben.
- Genau was ist das Ziel und seine Randbedingungen? Der Aktionsverantwortliche sollte sich hier nicht mit einer vagen Beschreibung zufrieden geben, sondern eine schriftliche Spezifikation fordern, die auch den Qualitätsstandard der Zielerreichung definiert. Die Zielvorgabe muß so präzise sein, daß man später entscheiden kann, ob das Ziel erreicht wurde oder nicht.
- Welche personellen Ressourcen stehen für die Aktion zur Verfügung? Der Aktionsverantwortliche muß dann, wenn die Aktion andere Personen involviert, sicher sein, daß nicht nur irgendwelche, sondern die entsprechend qualifizierten Personen zur Verfügung stehen.
- Welche Betriebsmittel (z.B. Räume, Geräte) und wie viel Geld (z.B. Reisespesen, Höchstpreise für Geräte) stehen zur Verfügung?
- Wie viel Zeit darf der Aktionsverantwortliche selbst in die Planung und Umsetzung der Aktion investieren? Die Aktion ist normalerweise eine Aufgabe, die der Aktionsverantwortliche zusätzlich zu seinen sonstigen Aufgaben bekommt. Er muß klären, welche Abstriche er bei diesen Aufgaben machen kann.
- Genau welche Kompetenzen hat der Aktionsverantwortliche? Die Frage muß vor allem klären, wann der Vorgesetzte der Abteilung informiert oder konsultiert werden muß bzw. welche Entscheidungen vom Vorgesetzten zu treffen sind und welche vom Aktionsverantwortlichen.

Wenn diese Fragen hinreichend geklärt sind, kann die Feinplanung der Aktion beginnen. In der Praxis wird hierbei meist der Fehler gemacht, etwas voreilig mit der Festlegung von Detaillösungen zu beginnen, bevor die "Politik" der Aktion (Block, 1983) hinreichend geklärt ist. Der Aktionsverantwortliche sollte sich dabei vor allem vier Fragekomplexen zuwenden, bevor er sich an konkrete Lösungen macht:

- Definition der Umwelt der Aktion. Jede Aktion hat Auswirkungen, von denen verschiedene Personen und Gruppen der Organisation betroffen sind. Es ist wichtig, wenn auch nicht immer einfach, diese zunächst zu identifizieren. Soll z.B. ein Textverarbeitungssytem durch ein anderes ersetzt werden, dann sind hiervon nicht nur die Sekretärinnen betroffen, sondern auch ihre Vorgesetzten, die sich auf die Leistungen des neuen Systems einstellen müssen. Zudem wird auch die EDV-Abteilung prüfen wollen, ob das neue System in das Gesamtkonzept paßt. Die Trainingsabteilung wird fragen, wie die Einarbeitung sichergestellt werden kann. Die Personalabteilung wird wissen wollen, wie das neue System mit den Job Descriptions zusammenpaßt. Usw..

- Ziele der betroffenen Personen und Gruppen. Die Betroffenen verfolgen selbst bestimmte Ziele, die möglicherweise für die Umsetzung der Aktion relevant sind. Diese Ziele sind z.T. recht verdeckter Art und brauchen mit den öffentlich propagierten Zielen nicht übereinzustimmen ("hidden agenda"). Es ist vor allem wichtig, sich über die latenten Ziele derjenigen Betroffenen klar zu werden, die Machtpositionen halten, die für das Projekt entscheidend sind.
- Eigene Fähigkeiten und Möglichkeiten. Die Aktionsverantwortlichen sollten sich selbst, ihre eigene Machtposition und ihre eigenen Fähigkeiten realistisch einschätzen. Sie sollten z.B. wissen, ob und wie sie mit Konflikten fertig werden, über welches Fachwissen sie verfügen oder in welchem Ausmaß sie dazu neigen, zu viel oder zu wenig zu delegieren oder sich selbst zu überengagieren.
- Identifikation der wahrscheinlichen Schwierigkeiten. Erst zusammen mit den obigen Daten kann die Aktionsplanskizze zu einem Aktionsplan entwickelt werden, der mehr Substanz hat als ein bürokratischer Bauplan. Die Schwierigkeiten, mit denen die Aktion vermutlich zu rechnen hat, können vom Aktionsverantwortlichen in gewissem Umfang vorhergesehen werden und damit auch von vornherein entsprechend berücksichtigt werden.

Frame (1987, S. 47) schreibt, daß die Klärung dieser Fragen zu einem Gutteil nur "commonsense" Regeln erfordern. Er fährt aber fort: "Das Bemerkenswerte daran ist, daß sie selten befolgt werden, selbst dann, wenn die Mitglieder des Projektmanagements ihre Wichtigkeit eingestanden haben... Mir ist noch keine Gruppe begegnet, die systematisch alle Akteure zu identifizieren versuchte, die von einem Projekt betroffen waren, oder eine Gruppe, die bewußt die Motivationen der Akteure berücksichtigte, oder eine Gruppe, die auch nur ansatzweise Zeit damit verbrachte, die in der Projektsituation enthaltene 'hidden agenda' aufzudecken. Statt dessen beginnen die Gruppen typischerweise gleich damit, sofort Lösungen für das in oberflächlichster Form dargestellte Problem anzubieten. Es ist in der Regel offensichtlich, daß diese ersten Lösungen erschreckend unangemessen sind, so daß die Gruppen dann den überwiegenden Teil ihrer Zeit damit verbringen, ihre upsprünglichen Anstrengungen neu zu durchdenken und durchzuarbeiten."

Obwohl Aktionen auf Abteilungsebene normalerweise recht einfach erscheinen, kann selbst ein kurzes Nachdenken über die obigen Fragen der Qualität der Aktion und der Leichtigkeit ihrer Umsetzung sehr förderlich sein. In der Praxis wird aus diesem Grund meist von der Trainingsabteilung oder vom externen Berater über das Koordinationsteam eine entsprechende Information an die Aktionsverantwortlichen gegeben, die seine Rolle allgemein beschreibt und ihm einige Techniken vermittelt, wie der Aktionsplan gestaltet werden kann.

## 8.3 Komplexere Aktionen und Projekte

Viele Aktionen haben einen so hohen Grad an Komplexität (viele Beteiligte, multiple Vorgänge, eine Reihe von Meilensteinen usw.), daß es angezeigt ist, dem Aktionsverantwortlichen einige Werkzeuge zur Hand zu geben, die seine Aufgabe erleichtern.

### *Hierarchische Planung*

Komplexe Aktionen werden in der Literatur als Projekte bezeichnet. Ihre Hauptproblematik liegt in der Vielzahl ihrer Bestandteile, die die Koordination der Vorgänge auf ein bestimmtes Ergebnis hin schwierig machen. Unter diesen Umständen ist es besonders wichtig, explizit hierarchisch vorzugehen, d.h. Pläne und Unterpläne und nicht nur einen einzigen Plan mit vielen Details zu entwickeln. Jeder Plan oder Unterplan wird möglichst einfach gehalten. Die jeweils Verantwortlichen dürfen keine zu großen Verantwortungsspannweiten bekommen, sondern sollen sich eher auf die Verfolgung von einigen wichtigen "Aktionsblöcken" konzentrieren. Diese Blöcke können selbst wieder in Teile zerlegt werden, die an andere Personen delegiert werden. Der Verantwortliche konzentriert sich quasi nur auf die Koordination der Blöcke und die Erreichung des Blockziels. Wie viele Aktionsblöcke ein solcher Plan haben sollte, ist nicht leicht allgemein anzugeben. In der Literatur findet man Empfehlungen, die bis über 15 hinausgehen. Dieser Wert ist aber zu hoch: Die obere Grenze dessen, was noch überschaubar ist, liegt bei 7-plus/minus-2 (Miller, 1956). Man könnte also sagen, daß ab etwa 10 Blöcken überlegt werden sollte, ob man nicht Blöcke zusammenfaßt und für diese jeweils einen Unterplan entwickelt.

In die Ausarbeitung von Plänen und Unterplänen sind jeweils diejenigen zu involvieren, die später die Verantwortung für die Erreichung der Ziele übernehmen sollen. Ohne Involvement in der Planung ist i.allg. kein Commitment gegenüber dem Plan zu erreichen. Allen Personen, die auf irgendeiner Ebene des Projektes Verantwortung übernehmen, muß zudem der Gesamtplan bekannt sein, weil sie nur so ihre Rolle und die Wichtigkeit der Erreichung der ihnen zugewiesenen Ziele (insbesondere auch der Randbedingungen 'Termine' und 'Qualitätsstandard') richtig einschätzen können.

Wir werden im folgenden drei verschiedene Ebenen der Planung unterscheiden:

- Die globale Ebene, auf der Ziele, strategische Passung, Budgetierung der Ressourcen, der Projektverantwortliche und die Gesamtdauer spezifiziert sind. Die Spezifikationen kommen fast vollständig vom Aktionsplanungsteam. Der Zeitrahmen, in dem auf der globalen Ebene gedacht wird, entspricht der Gesamtdauer des Projektes.

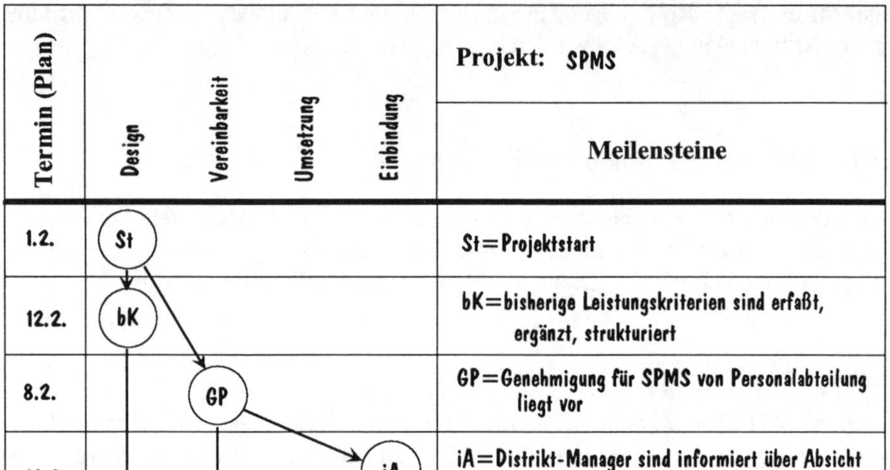


Abbildung 8.4. Meilensteinplan für das Projekt SPMS (Meilensteinnetzplan).

- Die Ebene der Meilensteine, auf der gewisse Zwischenziele und hierfür verantwortliche Personen angegeben werden. Die Zwischenziele lassen sich formulieren nach dem Schema "dann, wenn XY der Fall ist", d.h. sie formulieren nur einen Zustand XY in der Zeit, nicht den Vorgang, der zu seiner Herstellung nötig ist. Der Planungshorizont auf der Ebene der Meilensteine ist meist auf einige Wochen oder wenige Monaten begrenzt.

- Die Ebene der Vorgänge, auf der ausgeführt wird, wie die Meilensteine erreicht werden sollen und wer für diese Aktionen verantwortlich ist. Auf dieser Ebene wird meist in Tagen oder Wochen geplant.

*Planung von Meilensteinen*

Meilensteine bilden Kontrollpunkte in einem Projekt, die sicherstellen, daß es "auf Kurs ist" und die es zum Endziel leiten. Sie formulieren Zwischenstufen (Vorgänger-Nachfolger-Beziehungen) auf dem Weg zum Endziel, die logisch, psychologisch oder administrativ sinnvoll oder sogar notwendig sind. Meilensteine lassen die Vorgänge offen, durch die diese Zwischenstufen erreicht werden. Ein Meilensteinplan fokussiert also auf *Ergebnisse*, nicht Vorgänge.

Meilensteine sollten so gewählt werden, daß sie...

- ..."natürlich" für die Expertise und die Sprache der Betroffenen sind;
- ...an wichtigen Entscheidungsknoten liegen, die als natürliche Kontrollpunkte des Projektes dienen;
- ...meßbar sind i.S. des Erreichens des Zwischenziels, damit das Projekt kontrollierbar wird; ein Meilenstein wie 'ein Vorschlag liegt vor' ist zwar meßbar, aber i.S. der Zielerreichung unterspezifiziert, weil keine Anforderungen an die Qualität des Vorschlags gestellt werden wie etwa in 'ein Vorschlag liegt vor, der die Firmen-Standards für Profitabilität erfüllt und dem der Geschäftsbereichsleiter zugestimmt hat';
- ...in ihrer Anzahl überschaubar bleiben (nicht mehr als etwa 10, sonst Blockbildung);
- ...zeitlich nicht zu weit gestaffelt sein, damit das Projekt kontrollierbar bleibt;
- ...in einem Netzwerk organisiert werden, das nach Möglichkeit nicht nur eine einfache Kette ist, sondern auch parallele Pfade aufweist, weil entsprechende simultane Vorgänge die Projektdauer zu verkürzen helfen, wenn hierfür die nötigen Kapazitäten zur Verfügung stehen.

Abbildung 8.4 zeigt für das Beispiel aus Tabelle 8.1 (Entwicklung und Einführung eines Systems zur Messung und Steigerung der Produktivität von Distrikt-Managern, SPMS), wie ein Meilensteinplan aussehen kann. Die zeitliche Abfolge der Meilensteine erkennt man aus dem Netzwerk, nicht aus der Ordnung der Zeilen in diesem Formular. Der Meilenstein 'IP' hat also die Voraussetzungen 'Ko' und 'Hi', aber 'Ko' muß nicht unbedingt vor 'Hi' erreicht sein.

Bei der Formulierung eines Meilensteinplans kann man wie folgt vorgehen. Der Projektverantwortliche stellt eine Gruppe der Personen zusammen, die im Projekt Verantwortung für die Erreichung der Meilensteine übernehmen sollen. Er erklärt die Ziele und Vorgaben des Projektes. Die Gruppe definiert und einigt sich auf den letzten Meilenstein, der grundsätzlich dem Projektziel selbst entspricht. Die Gruppe generiert dann Vorschläge für Meilensteine, meist durch Rückwärtsarbeiten vom letzten Meilenstein ausgehend. Die Gruppenarbeit kann man auf Karten oder Post-It-Aufklebern festhalten, die an Pinboards oder eine Tafel kommen. Flip-Charts eignen sich nicht, ebenso wie Papier-und-Bleistift-Methoden, weil es meist viele Iterationen erfordert, bis ein Meilensteinplan steht. Ideen und Vorschläge für 'Vorgänge' zur Erreichung der Meilensteine sollten schriftlich festgehalten werden zur späteren Verwendung.

Besonderer Wert sollte darauf gelegt werden, einen Netzplan aufzustellen, der auch parallele Pfade aufweist. Das läßt sich z.B. dadurch erreichen, daß man versucht, die Meilensteine in eine Reihe spezifischer "Ergebnispfade" (Andersen et al., 1984) zu organisieren und diese untereinander zu verknüpfen. Die Ergebnispfade in Abbildung 8.3 sind die im Formblatt mit den Eingängen 'Design', 'Vereinbarkeit', 'Umsetzung' bzw. 'Einbindung' bezeichneten Spalten. Sie bilden die "tragenden Säulen" der Projektlösung. Man kann mit verschiedenen solcher Ergebnispfade experimentieren, wobei sich aber erfahrungsgemäß Standarddimensionen - wie z.B. die Porras'schen "Ströme" (Porras, 1987) - selten als nützlich erweisen, weil sie für die Gliederung der Meilensteine einfach zu allgemein sind. Es ist in der Regel erforderlich, Ergebnispfade aus dem jeweiligen Kontext heraus zu konzipieren.

*Verantwortlichkeiten und Rollen im Projekt*

In Projekten sind neben dem Projektverantwortlichen meist eine Vielzahl weiterer Personen beteiligt. Normalerweise spielt der Projektverantwortliche aber eine besondere Rolle, die vor allem darin besteht, das Projekt zu "treiben" (organisieren, planen, koordinieren, kontrollieren, motivieren), während andere die Arbeit durchführen. Daneben hat der Vorsitzende des Aktionsplanungsteams als Auftraggeber des Projektes wieder eine andere Rolle wahrzunehmen: Der Auftraggeber entscheidet zum einen als Gesamtverantwortlicher über das Projekt und sorgt für die Herstellung der zur Projektverwirklichung notwendigen Rahmenbedingungen. So motiviert er z.B. seine Linien-Manager zu konstruktiver Unterstützung des Aktionsverantwortlichen, damit die benötigten Ressourcen zu dem Zeitpunkt, wenn sie im Projekt gebraucht werden, auch wirklich verfügbar sind. Somit haben auch die Linien-Manager eine Rolle im Projekt, nämlich zumindest die, daß sie informiert werden müssen. Dasselbe gilt für diejenigen, die mit den Auswirkungen des Projektes zu leben haben. Ihre Rolle sollte sogar so definiert werden, daß sie konsultiert werden müssen.

Je nach Projekt spielen verschiedene weitere Personen und Gruppen eine Rolle. Für das Projekt 'Durchführung eines AEMP' beispielsweise haben wir 9 Personen bzw. Gruppen unterschieden: Externer Berater, Kontaktkunde, Geschäftsleitung, Koordinationsteam, Vermarktungsteam, Abteilungsleiter, Geschäftsbereichsleiter, Betriebsrat und Mitarbeiter. Die hierbei unterschiedenen Rollen und Verantwortlichkeiten eignen sich in leicht verallgemeinerter Form (Andersen et al., 1984) für die Strukturierung jeder Art von Projekten (Tabelle 8.3).

Abbildung 8.5 zeigt in einem zweiten Meilensteinplan (Meilensteinrollenplan) für unser SPMS-Projekt eine Zuweisung von Rollen und Verantwortlichkeiten im rechten Teil des Planungsformulars. Es erscheint jeweils nur immer eine Rolle/Verantwortlichkeit, obwohl man in einigen Fällen eventuell auch zwei oder gar mehr Einträge vornehmen könnte. In der Praxis hat es sich aber als nützlich erwiesen, von dieser

Tabelle 8.3. Rollen und Verantwortlichkeiten in Projekten.

| Code | Rolle oder Verantwortlichkeit |
|---|---|
| a | führt Arbeit durch |
| <u>e</u> | entscheidet verantwortlich (allein oder letztlich) |
| e | entscheidet mit oder entscheidet teilweise |
| t | treibt ("manages progress") |
| z | zeigt, wie es gemacht wird |
| k | muß konsultiert werden |
| i | muß informiert werden |
| r | verfügbar für Rat |

Möglichkeit nur sehr restriktiv Gebrauch zu machen, weil sich sonst ein eher verwaschener Plan ergibt. Meistens läßt sich auch eine Hauptrolle identifizieren, die als Eintrag genügt.

Im Plan in Abbildung 8.5 ist der Leiter des Bereichs CE, in dem das SPMS eingeführt werden soll, gleichzeitig der Projektleiter. Sein Involvement in das Projekt ist entsprechend ausgeprägt. (In seinem Fall könnte man in jedem Kästchen immer auch ein 't' setzen.) Eine weitere tragende Rolle hat der externe Berater, der auf dem Gebiet von Leistungs- und Produktivitätsmanagement besonders ausgewiesen sein sollte und damit für den nötigen Wissenstransfer sorgen kann.

Im Planungsformular in Abbildung 8.5 ist nun z.B. verdeutlicht, daß der Projektverantwortliche einen 'Implementierungsplan' für das SPMS, der den zeitlichen, qualitativen und sonstigen Anforderungen genügt, ausarbeitet. Über die Umsetzung dieses Plans entscheidet der Geschäftsführer in Abstimmung mit der Geschäftsleitung. Das Koordinationsteam wird ebenso wie das Vermarktungsteam über diese Entscheidung und über den Implementierungsplan selbst informiert.

Beim Ausfüllen des Planungsformulars beginnt man mit der Übernahme der Meilensteine aus dem obigen Meilensteinnetzplan. Wir haben in diesem Fall alle Meilensteine übernommen, obwohl nur die Meilensteine bis einschließlich 'IP=Implementierungsplan' weiter behandelt werden. Denkbar und bei sehr komplexen Projekten evtl. auch nützlich ist es, mit dem gleichen Formular auch einen dieser Meilensteine differenzierter zu bearbeiten. Ein solcher Meilenstein könnte z.B. 'Hi=Hierarchie und BARS' sein, der - wie Tabelle 8.1 angedeutet - einen Binnenaufbau aufweist, der ganz direkt eine Meilenstein-Gliederung innerhalb dieses Meilensteins 'Hi' anbietet.

Ausgehend von den Meilensteinen definiert man dann zunächst die Personen und Gruppen, die am Projekt als Betroffene oder in einer wichtigen anderen Funktion beteiligt sind. Die Rollen und Verantwortlichkeiten dieser Betroffenen werden festgelegt.

| **Projekt:** SPMS | geplanter Beginn: 1. 2. | a=führt Arbeit durch<br>e̲=entscheidet verantwortl.<br>e=entscheidet mit<br>t=treibt<br>z=zeigt wie<br>k=muß konsultiert werden<br>i=muß informiert werden<br>v=verfügbar für Rat |
|---|---|---|
| Datum der Planung: 7.1. | geplanter Abschluß: 6.8. | |
| Genehmigt von: H.S. | Planungsdauer: 12 Wochen | |

| Mann-tage | Zeitabschnitt: 1 2 3 4 5 6 7 8 9 10 11 12 | Meilenstein | Projektbeteiligte: Geschäftsführer | Geschäftsleitung | Bereichsleiter CE | Distrikt Manager | Mitarbeiter der DM's | Personalabteilung | externer Berater | Vermarktungsteam | Koordinationsteam |
|---|---|---|---|---|---|---|---|---|---|---|---|
| 20 | | St=Projektstart | e̲ | e | e | | | i | v | | i |
| 10 | | bK=bisherige Leistungskriterien | | a | t | | | | a | | |
| 2 | | GP=Genehmigung für SPMS | i | i | t | | | e̲ | v | i | |
| 3 | | iA=Distrikt-Manager sind informiert | | | a | i | | | v | | |
| 10 | | Ko=Koodinierung SPMS u. Systeme | | | a | | | v | v | | |
| 33 | | Hi=Hierarchie und BARS | k | k | a | k | | | z | | |
| 5 | | IP=Implementierungsplan | e̲ | e | a | | | | v | i | i |
| 12 | | Sv=Verkauf an Distrikt-Manager | i | | a | | i | | a | | |
| | | eU=Evaluation erste Phase | | | | | | | | | |
| | | PZ=Produktivität >10% | | | | | | | | | |

Abbildung 8.5. Zweiter Meilensteinplan für SPMS Projekt (Meilsteinrollenplan).

Im folgenden Schritt schätzt man den Aufwand an firmeninternen Personalressourcen für die einzelnen Meilensteine in Manntagen. Diese Schätzung kann auf dem Aktionsrahmenplan aufbauen. Die Manntage sollten als Einstieg dienen für eine Abschätzung der zeitlichen Dauer (im Raster der gewählten 'Zeitabschnitte' der 'Planungsdauer') der Vorgänge, die zur Erreichung der verschiedenen Meilensteine notwendig sind. Die eigentlichen Schätzungen für die Dauer dieser Vorgänge sind im Planungsformular als horizontale Striche eingezeichnet. Die rechten Endpunkte dieser Striche (Rauten) markieren die Meilensteine. Die Rauten liegen an den Punkten, die der Meilensteinnetzplan (Abbildung 8.4) vorgibt.

Zu den Manntagen ist anzumerken, daß sie bei Projekten, deren Merkmal gerade das Einmalige ist, nur schwer zu schätzen sind. Ein Manntag ist definiert als "the time it would take one person to do all the work, working on his own without interruption" (Andersen et al., 1984). Kupper (1993) bemerkt hierzu, daß dieses Konzept "nicht nur nichtssagend, sondern sogar gefährlich ist, weil er uns eine vollständige Austauschbarkeit der beiden Parameter Zeit und Personal suggeriert" (S. 141). Für diese Austauschbarkeit muß die Arbeit teilbar sein und nicht durch ihre Aufteilung zusätzlichen Kommunikationsaufwand erfordern. Zudem ist das Ergebnis eines Manntages natürlich vom "Mann" selbst abhängig. Diese Gesichtspunkte lassen sich aber berücksichtigen, wenn man die beteiligten Personen und ihren Kompetenzen auf der einen und die Art der Vorgänge auf der anderen Seite im Auge behält. Dabei ist es nützlich, einen Experten zu Rate zu ziehen, der über Erfahrungen bei ähnlichen Projekten verfügt und der die erforderlichen Manntage entsprechend gut schätzen kann. (Meist liegen die Schätzungen von weniger erfahrenen Personen zu niedrig, weil sie die vielen "kleinen" oder "trivialen" Aufgaben nicht berücksichtigen.)

*Ein besonderer Meilenstein: Projektstart*

Im obigen haben wir den Meilenstein 'St=Projektstart' nicht weiter ausgeführt. Hinter ihm verbirgt sich die gesamte und meist aufwendige Planungsarbeit. Ausgehend von der Aktionsskizze des Aktionsrahmenplans muß in dieser Phase folgendes festgelegt werden:

1. Meilensteinnetzplan
2. Meilensteinrollenplan: Verantwortlichkeiten und Rollen
3. Skizze der notwendigen Vorgänge zum Meilensteinrollenplan
4. Schätzung der Manntage
5. Schätzung des Aufwands an anderen Ressourcen
6. Sicherstellung der Verfügbarkeit der Ressourcen zu bestimmten Terminen
7. Meilensteinrollenplan: Dauer der Vorgänge, Termine (früheste, späteste, Puffer)

Der 6. Schritt verlangt insbesondere eine Einbindung der Linienmanager, die vor allem diejenigen ihrer Mitarbeiter identifizieren sollen, die im Projekt eine Aufgabe übernehmen können. Sie müssen dann diese Mitarbeiter entsprechend freistellen, ohne daß dabei das Tagesgeschäft gefährdet ist. Unter Umständen muß auch die Verfügbarkeit anderer Betriebsmittel (z.B. Räume, Trainingsmaterial) sichergestellt werden bzw. nach Ausweichmöglichkeiten (z.B. Off-Site Meetings, Leihmaterial) gesucht werden.

Meistens sind in dieser Planungsphase neben dem Projektverantwortlichen und den Linienmanagern noch andere Personen beteiligt wie z.B. Mitglieder der Geschäftsleitung (bei wichtigen und größeren Projekten), externe und interne Fachleute (inhaltliche Experten, Planungsfachleute), Personalleiter oder Personalreferenten und möglicherweise der Betriebsrat. Der Projektverantwortliche tut gut daran, gleich zu Beginn der Planungsphase diese verschiedenen Personen/Gruppen und ihre Rollen/Verantwortlichkeiten sorgfältig zu analysieren. Evtl. kann er hierbei die Hilfe eines Experten nutzen. Eine sehr frühzeitige Einbindung der Betroffenen kann nämlich für das Projekt von entscheidender Bedeutung sein, weil so ein besserer Plan und ein positives Commitment entsteht.

*Vorgänge*

Die Vorgänge, die zur Erreichung der Meilensteine notwendig sind, sind in allen bisherigen Planungsstufen (Aktionsrahmenplan, Meilensteinpläne) schon vorgedacht. Die Überlegungen, die dazu angestellt wurden, sind schriftlich festgehalten. Sie dienen nun als Grundlage für die Feinplanung der Aktionen. In der Praxis erweist es sich als sinnvoll, bei dieser Feinplanung nur immer die nächsten 4-6 Wochen zu berücksichtigen. Längere Planungen sind meist nicht mehr realisierbar, wenn es an ihre Umsetzung geht. Eine Ausnahme von dieser Regel sind solche Planungen, die Termine höherer Führungskräfte erfordern. Diese sollte man möglichst frühzeitig vereinbaren und die Aktionen dann später an diesen Fixpunkten entsprechend ausrichten.

Grundsätzlich gilt auch für die Planung der Vorgänge, daß diejenigen, die von den Aktionen betroffen sind oder in ihnen ausführende Rollen übernehmen sollen, an der Planung beteiligt werden sollten. Um Zeit zu sparen sollte der Aktionsverantwortliche aber zunächst einen Plan vorbereiten und diesen dann mit den Beteiligten koordinieren. Die Koordination dient der Information der Beteiligten, der Akzeptanz der Aktionen und dem Commitment gegenüber dem Plan. Zudem kann auch die Qualität des Plans selbst verbessert werden.

Die Vorgänge sollten in relativ kleine Einheiten aufgebrochen werden, die zu meßbaren Ergebnissen führen. Ihre Abarbeitung dient damit gleichzeitig der Rückmeldung darüber, daß sich das Projekt auf dem richtigen Weg zur Erreichung des nächsten Meilensteins befindet. Kennzahlen wie "80% erledigt" werden damit bedeutsame Aussagen, die nicht nur den Projektstatus ergebnisorientiert charakterisieren, sondern auch zur Motivation der Beteiligten dienen können.

Die Planung der Vorgänge geschieht analog zur Erstellung des Meilensteinrollenplans. Abbildung 8.6 zeigt ein entsprechendes Planungsformular, das dem in Abbildung 8.5 sehr ähnlich ist. Statt vieler Meilensteine erscheint hier aber nur ein einziger Meilenstein ('Hi'='Hierarchie und BARS') und die auf ihn bezogenen Vorgänge. Die Vorgänge sind durch Balken dargestellt. Fast alle sind Sitzungen des Bereichsleiters CE, seines Managementteams und des externen Beraters, in denen das System für die Messung der Produktivität der Distrikt-Manager entwickelt wird. Nur bei der Endformulierung der BARS sind noch weitere Personen/Gruppen beteiligt: Hier werden laut Plan zwei Repräsentanten der Distrikt-Manager eingebunden; die Geschäftsleitung und insbesondere der Geschäftsführer werden über die Endformulierungen der BARS informiert; das gleiche gilt für das Koordinationsteam des AEMP.

Zur Berechnung der Manntage sollten nur die internen personellen Ressourcen berücksichtigt werden, nicht aber z.B. der externe Berater. Damit ergibt sich beispielsweise für den ersten Vorgang ('Vorgehensweise darstellen') ein Einsatz von 2,5 Manntagen, weil bei der entsprechenden Präsentation des externen Beraters (Rolle: 'a') der Bereichsleiter CE und seine vier Direktunterstellten beteiligt sind (Rolle: 'i'), d.h. 5 Personen × 0,5 Tage = 2,5 Manntage.

Der Zeithorizont des gesamten Vorgängeplans ist 10 Arbeitstage. In anderen Fällen kann der Zeithorizont eines solchen Vorgängeplans auch erheblich kürzer (z.B. 1 Tag) oder um einiges länger (z.B. 6 Wochen) sein.

*Iterationen*

Bei der Planung von Projekten ist eine sorgfältige, hierarchische Vorgehensweise unumgänglich. Sie reicht vom *Aktionsrahmenplan*, der ein grobes Schema der Meilensteine/Vorgänge vorgibt, über den *Meilensteinnetzplan*, der die Struktur der Meilensteine untereinander darlegt, über den *Meilensteinrollenplan*, der die verschiedenen Rollen und Verantwortlichkeiten der vom Meilensteinplan Betroffenen definiert bis zu den *Vorgängeplänen*, die im Detail ausführen, wie die einzelnen Meilensteine zu erreichen sind. Die Schwierigkeit einer solchen Planung liegt darin, daß man für einen guten Aktionsrahmenplan idealerweise schon die Meilensteinpläne und für diese die Vorgängepläne kennen sollte, und umgekehrt. Die Planung von oben nach unten hat sich aber in der Praxis bewährt, weil mit Ausnahme von ganz exotischen Projekten in den meisten Organisationen genug Erfahrung und Expertise vorliegt, um gute Schätzungen für den Aufwand abzugeben, den die größeren Schritte erfordern. In jedem Fall kann man zur Kontrolle die Produkte der Planung von unten nach oben rückverfolgen, um zu sehen, ob sie stimmig sind. Den Aktionsrahmenplan sollte man allerdings nur dann ändern, wenn einzelne seiner Aktionen sich als praktisch nicht realisierbar herausstellen oder wenn sich in der Detailplanung sonstige grobe Verletzungen des Rahmenplans gezeigt haben.

| | | |
|---|---|---|
| **Meilenstein:** Hi | geplanter Beginn: 12.3. | a=führt Arbeit durch<br>e=entscheidet verantwortl.<br>e=entscheidet mit<br>t=treibt<br>z=zeigt wie<br>k=muß konsultiert werden<br>i=muß informiert werden<br>v=verfügbar für Rat |
| Datum der Planung: 5.3. | geplanter Abschluß: 26.3. | |
| Genehmigt von: K.M. | Planungsdauer: 10 Arbeitstage | |

| Manntage | Zeitabschnitt: 1 2 3 4 5 6 7 8 9 10 | Vorgang | Leiter CE Bereich | 2nd level CE Manager | externer Berater | interner Berater (OD) | 2 Repräs. der DM's | Geschäftsführer | Geschäftsleitung | Koordinationsteam | |
|---|---|---|---|---|---|---|---|---|---|---|---|
| 2,5 | | Vorgehensweise darstellen | i | i | a | | | | | | |
| 1,25 | | altes System präsentieren | k | i | a | | | | | | |
| 1,25 | | Struktur für altes System darlegen | k | i | a | | | | | | |
| 5 | | qual. Kriterienhierarchie erstellen | a | a | z | | | | | | |
| 5 | | Kriterienhierarchie quantifizieren | a | a | z | | | | | | |
| 2,5 | | Rolle der Basisfacetten diskutieren | a | a | v | v | | | | | |
| 10 | | BARS formulieren (1) | a | a | z | | | | | | |
| 3 | | BARS formulieren (2) | a | a | v | | k | i | i | i | |
| 2,5 | | Kontingenzen definieren | a | a | z | | | | | | |
| | | | | | | | | | | | |

Abbildung 8.6. Vorgängeplan für SPMS Projekt.

# 9. Umsetzung und Vermarktung der Aktionen

Aktionspläne sind letztlich nur Pläne, die auf den verschiedensten Prognosen und Theorien aufbauen. Selbst ein guter Plan garantiert noch nicht, daß die anvisierten Ziele auch erreicht werden. Es ist vielmehr normal, daß sich ein Plan nicht in jeder Beziehung als völlig realistisch erweist, z.B. deshalb, weil sich die Umwelt in nicht vorhergesagter Weise verändert. Die Umsetzung der Aktionspläne muß deshalb begleitet werden von einer systematischen Verfolgung und Dokumentation der Ergebnisse und Hemmnisse ("Monitoring"), damit auf Planabweichungen entsprechend reagiert werden kann. Den Aktionsverantwortlichen und -beteiligten, die ihre Rollen normalerweise zusätzlich zu ihrer sonstigen Tagesarbeit übernehmen, muß ein System zur Verfügung gestellt werden, das ihnen die Verfolgung der Pläne erleichtert. Zudem ist es erforderlich, die im Rahmen eines AEMP konzipierten Aktionspläne und ihre Umsetzung als Gesamtpaket gegenüber den Mitarbeitern zu vermarkten. Hiermit wird ein besonderes Team, das Vermarktungsteam, betraut.

## 9.1 Monitoring

Aktionen, die nicht systematisch verfolgt werden, schlafen in der Regel ein. Zumindest ist ohne Monitoring für die Aktionsverantwortlichen, die meist viele Vorgänge an andere delegieren, nicht angebbar, wie der Stand der Aktion ist und ob das Ziel erreicht wurde. Monitoring ist also eine notwendige Voraussetzung für den Erfolg der Aktionen und damit auch wichtig für den Erfolg des AEMP insgesamt.

*Allgemeines*

In der Praxis registriert man häufig eine gewisse Skepsis gegenüber dem Monitoring von Aktionen. Viele haben mit ähnlichen Systemen eher schlechte Erfahrungen gemacht: Die erstellten Berichte verschwanden entweder in der Schublade, blieben also ohne Wirkung, oder führten zu einer Suche nach den "Schuldigen". Zu solchen Auswirkungen kommt es meist dann, wenn sich die Beteiligten nicht vorab über Zweck und Form des Monitoring geeinigt haben. Folgendes muß gelten:

- Das Monitoringsystem muß vor Beginn der Aktionen ausgearbeitet werden und für alle Beteiligten als integraler Bestandteil der Aktionen deutlich sein. Es sollte nicht erst zu einem späteren Zeitpunkt "nachgeschoben" werden.

- Ein Monitoring muß auf allen Ebenen erfolgen, d.h. auf der Ebene des Aktionsrahmenplans, der Meilensteinpläne und der Vorgängepläne. Für jeden Plan sind i.allg. andere Personen verantwortlich. Jeder Plan hat andere Beteiligte, einen anderen Planungshorizont, andere Nebenbedingungen usw..
- Alle Beteiligten müssen davon überzeugt werden, daß Monitoring wichtig ist und daß die Berichte von den Verantwortlichen auch gelesen werden.
- Wenn Abweichung vom Plan auftreten, so darf dies nicht als Makel oder Peinlichkeit empfunden werden. Es ist in jedem Fall schlimmer, Abweichungen nicht zu registrieren oder darauf nicht zu reagieren.
- Das Berichtssystem muß formalisiert sein, d.h. zu bestimmten Zeitpunkten nach bestimmten Regeln erfolgen. Informelle Aufforderungen wie "Erzählen Sie mal, wie es so läuft!" haben wenig Wert.
- Es muß deutlich werden, daß auf die Berichte auch reagiert wird, wenn dies erforderlich ist. Ist das nicht der Fall, wird das ganze Monitoring bald nicht mehr ernst genommen (siehe unten, Abschnitt 9.2).

*Monitoring von Vorgängeplänen*

Das Monitoring beginnt umgekehrt wie die Aktionsplanung bei den Vorgängeplänen, d.h. dort, wo die eigentliche Umsetzung stattfindet. Aus vielen Anwendungen in der Praxis hat es sich bewährt, ein Berichtssystem zu etablieren, daß sich eng an die Vorgängepläne anlehnt. In Abbildung 9.1 ist ein hierzu entwickeltes Berichtsformular gezeigt.

Seine formale Gliederung zeigt im mittleren unteren Feld die Vorgänge für den links oben beschriebenen Meilenstein. (Die in Schreibschrift dargestellten Eintragungen beziehen sich auf den Vorgängeplan in Abbildung 8.6, der der Erreichung des Meilensteins 'Hi' dient.) Die in der Spalte 'Vorgänge' gemachten Eintragungen entsprechen denen des Vorgängeplans. Das Formular kann somit zum leichteren Ausfüllen oder zum leichteren Vergleichen links oder rechts an den Vorgängeplan angelegt werden.

Im rechten Abschnitt des Formulars finden sich neun Spalten, in denen Informationen zur Umsetzung der Vorgänge eingetragen werden. Die ersten drei Spalten, die im Formular etwas schattiert dargestellt sind, erfassen die gemachte Arbeit in Manntagen, die noch ausstehende Arbeit (ebenfalls in Manntagen) und die Differenz der Summe der ersten beiden Spalten zu den Manntagen, die für jeden Vorgang planmäßig angesetzt waren. Ergeben sich hier größere Werte, die sich nicht ausgleichen, dann muß evtl. der Vorgängeplan nochmals durchdacht werden, weil z.B. die Kompetenz der Betroffenen überschätzt wurde oder weil neue Bedingungen eingetreten sind. Diese Information ist für den Aktionsverantwortlichen auf der Ebene der Meilensteine wichtig. Im Beispiel in Abbildung 9.1 sind weniger Manntage benötigt worden als geplant, weil eine Person, die laut Plan an der Ausführung einiger Vorgangs beteiligt sein sollte, verhindert war.

| | | |
|---|---|---|
| **Meilenstein:** Hi | von: R.A. | an: K.M. |
| geplanter Beginn: 7.2. | Datum: 13.3. | zurück (Datum): 14.3. |
| geplanter Abschluß: 26.3. | Unterschrift: | Unterschrift: |

Problembeschreibung:

**K.L. war verhindert**

vermutliche Ursachen:

**Kundenbetreuung**

mögliche Folgen:

**vermutlich keine**

vorgeschlagene Maßnahmen:

**bekommt schriftliche Ausarbeitung, ist beim nächsten Vorgang wieder an Bord**

| check | wann | Vorgänge | gemachte Arbeit (Manntage) | ausstehende Arbeit (M'tage) | Differenz (Plan-Summe) | geschätztes Ende | Qualität OK? | Verantwortl'en eingehalten? | Spezifikationen verändern? | Verzögerungen? | besondere Probleme? |
|---|---|---|---|---|---|---|---|---|---|---|---|
| | | Vorgehensweise darstellen | 2 | 0 | -1/2 | | | N | | | |
| | | altes System präsentieren | 1 | 0 | -1/4 | | | | | | |
| | | Struktur für altes System darlegen | 1 | 0 | -1/4 | | | | | | |
| ✓ | ✓ | qual. Kriterienhierarchie erstellen | 4 | 0 | -1 | | | | | | |
| | | Kriterienhierarchie quantifizieren | | | | | | | | | |
| | ✓ | Rolle der Basisfacetten diskutieren | | | | | | | | | |
| | ✓ | BARS formulieren (1) | | | | | | | | | |
| | | BARS formulieren (2) | | | | | | | | | |
| | ✓ | Kontigenzen definieren | | | | | | | | | |
| | | | | | | | | | | | |

Abbildung 9.1. Berichtsformular zum Monitoring der Aktionsumsetzung.

Die vierte Spalte wird dann besonders relevant, wenn sich für die Vorgänge herausstellt, daß sie länger gedauert haben als geplant. Vom Verantwortlichen auf höherer Ebene (hier: 'K.M.') bleibt dann zu prüfen, ob die Verzögerungen noch in die Zeitpuffer fallen, die der Meilensteinplan bereitstellt.

Die restlichen Spalten sind nach dem "Reporting-by-Exception"-Prinzip angelegt, d.h. es werden nur dann Eintragungen vorgenommen, wenn die Antwort ('J=Ja' oder 'N=Nein') eine Abweichung vom Plan darstellt. Man reduziert dadurch die Informationen auf das Wesentliche. Keine Eintragung wird als "alles verläuft nach Plan" interpretiert. Im Beispiel in Abbildung 9.1 sehen wir nur ein 'N', weil die geplanten Rollen und Verantwortlichkeiten nicht eingehalten wurden. Das Problem selbst ist im Formblatt unten links beschrieben. Der nächsthöhere Aktionsverantwortliche, für den der Bericht bestimmt ist (hier: 'K.M.'), kann hierzu handschriftlich auf dem Formular Stellung nehmen, bevor er eine Fotokopie des Berichtsformulars an den Berichtenden (hier: 'R.A.') zurückgibt.

Die Einhaltung der Qualität der Produkte, die der Vorgang produzieren soll, wird in der fünften Spalte ('Qualität OK?') vermerkt. Voraussetzung hierfür ist, daß der Aktionsverantwortliche mit den Betroffenen vorher einen Qualitätsstandard vereinbart hat. Die im Formular selbst angeführten Beschreibungen der Vorgänge sind für diesen Zweck natürlich nicht differenziert genug. Sie müssen entweder anderswo ausgeführt werden oder sie sind auf Grund der Personen, die an den Vorgängen mitwirken, implizit festgelegt. Im Beispielfall ist durch den externen Experten und seine Qualifikation garantiert, daß ein angemessener Qualitätsstandard verfolgt wird. Die Spalte gibt dann an, ob er auch erreicht wurde. Im gegebenen Beispiel kann man diskutieren, ob der Vorgang tatsächlich zum gewünschten Ergebnis geführt hat. Schließlich war der Manager 'K.L.' nicht anwesend, wie angegeben. Für die spätere Umsetzung des Produktivitätssystems SPMS ist erforderlich, daß er das System im Detail kennt und ihm gegenüber auch das nötige Commitment zeigt. Der Aktionsverantwortliche nimmt aber auf Grund der von ihm vorgeschlagenen Maßnahmen (siehe unten links im Formular) an, daß dies kein Problem darstellt.

In der siebten Spalte ('Spezifikationen verändern?') wird vermerkt, ob aus Sicht des Aktionsverantwortlichen Veränderungen in den Definitionen des Vorgängeplans oder des Meilensteins, den er erreichen soll, notwendig erscheinen. Die Umsetzung kann z.B. zeigen, daß gewisse Prämissen falsch waren oder sich verändert haben; daß die Vorgänge weitere Implikationen haben, an die in der Spezifikation des Meilensteins vielleicht nicht gedacht wurden; oder daß wegen anderer Arbeitsbelastung die Vorgänge nicht zufriedenstellend abgeschlossen werden können.

Die letzten beiden Spalten ('Verzögerungen?' und 'besondere Probleme?') erklären sich selbst. Wir gehen deshalb auf sie nicht weiter ein.

Zur Frage, wann und wie oft Berichte dieser Art erstellt werden sollten, findet man in der Literatur meist die Empfehlung, daß diese "in regelmäßigen Intervallen" erfolgen sollten. Kupper (1993) gibt hierfür ein Intervall von einer Woche an; Andersen et al. (1984) Intervalle verschiedener Länge je nach Projektkomplexität und -phase (längere Intervalle zu Beginn, kürzere gegen Ende des Projektes). Man kann aber auch die Berichte zeitlich auf vorher abgesprochene Termine legen. Im Formular in Abbildung 9.1 sind diese durch Haken in der Spalte 'wann' neben den Vorgängen markiert. Die Markierung bedeutet, daß an dem Termin, an dem der Vorgang laut Plan abgeschlossen sein sollte, berichtet wird. Die Spalte 'check' gibt dann an, welchem dieser Plan-Termine der aktuelle Bericht gilt. Man kann beide Ansätze - fixe Intervalle und feste Termine - auch kombinieren und zusätzlich zu den Berichten an festen Terminen noch einen Bericht nach jedem festen Intervall erstellen. Die erstere Form der Berichte nimmt genauen Bezug auf den Meilensteinplan, die letztere ermöglicht u.U. besser, in die Umsetzung dann schon einzugreifen, wenn abzusehen ist, daß Termine vermutlich nicht gehalten werden können.

*Monitoring von Meilensteinplänen*

Die Informationen, die aus dem Monitoring der Vorgänge zusammenkommen, sind aus Sicht des Gesamtprojektes allzu detailliert. Sie müssen daher auf dem Meilensteinebene konsolidiert werden. Dazu brauchen wir kein weiteres Planungsformular: Der Projektverantwortliche ist aufgefordert, in einem der Meilensteinpläne (z.B. auf dem Netzplan in Abbildung 8.4) neben den Zeilen, in denen die Meilensteine kurz inhaltlich beschrieben werden, zwei Daten zu vermerken: (a) Das tatsächliche Datum, zu dem ein Meilenstein erreicht wurde; (b) eine Kurzbeschreibung des Ergebnisses (z.B. "abgeschlossen", "qualitative Hierarchie erstellt, dokumentiert, von allen CE Managern verstanden, gemeinsames Verständnis der Kernbegriffe sichergestellt, Ownership gegeben" oder "noch nicht abgeschlossen, Evaluation läuft noch").

Wenn es zu erheblichen Abweichungen vom Plan kommt, kann es nützlicher sein, diese Daten und Vermerke in den Meilensteinrollenplan einzutragen, weil dieser explizit die beteiligten Personen aufführt. Zur einfacheren Analyse der Abweichungen kann man neben den Meilensteinrollenplan noch ein leeres Formblatt vom Typ wie in Abbildung 9.1 legen - es hat das gleiche Format wie der Meilensteinrollenplan - und mittels seiner neun Beurteilungsdimensionen den Aktionsstatus charakterisieren.

*Monitoring von Aktionsrahmenplänen*

Der logisch letzte Schritt ist das Monitoring des Aktionsrahmenplans. Da dieser Plan nur als grobe Vorgabe weitergegeben wurde, kann das erste Monitoring auch dazu dienen, die Ausformulierungen der Aktionsskizzen für ein Updating des Aktionsrahmenplans zu verwenden bzw. frühzeitig in die einzelnen Aktionspläne einzugreifen. Ansonsten dient das Feedback vor allem dazu, auf globaler Ebene angeben zu können, wo die einzelnen Projekte stehen und wie viel Arbeit noch zu tun ist. Diese Information ist für alle am AEMP beteiligten Mitarbeiter wichtig, um die Moral aufrechtzuerhalten.

## 9.2 Controlling

*Allgemeines*

Das Monitoring ist nur eine notwendige, aber natürlich keine hinreichende Bedingung für ein erfolgreiches Projektmanagement. Die Berichte müssen auch gelesen werden. Zudem muß reagiert werden, wenn das Projekt nicht auf Kurs bleibt. Die Aktionsverantwortlichen müssen dabei ein Gleichgewicht zwischen Härte und Toleranz finden. Einerseits dürfen sie die an der Aktion Beteiligten nicht so strikt an den Plan ketten, daß diese Abweichungen eher verheimlichen als berichten. Andererseits können sie nicht bei jeder Gelegenheit 10% an die Aktionsdauer anhängen. Schließlich sind sie für die Erreichung des Endziels verantwortlich. (Sehr "strenge" Aktionsverantwortliche vergessen dabei allerdings gelegentlich, daß die Zielerreichung auch die Einhaltung der Standards beinhaltet, die Machbarkeit innerhalb vernünftiger Grenzen berücksichtigen muß und das Klima nicht ruinieren darf.)

Für die Reaktionen gibt es in Abhängigkeit von der jeweiligen Situation ein weites Spektrum:

- Arbeit neu organisieren: Die Umsetzung einer Aktion kann auf Grund von Gegebenheiten, die bei der Planung nicht abzusehen waren, in Schwierigkeiten geraten, und dazu führen, daß einzelne Meilensteine nicht erreicht werden. So können etwa eingeplante Personen auf Grund anderer Arbeit "ihren" Meilenstein nicht erreichen, mit der entsprechenden Auswirkung auf davon abhängige weitere Meilensteine. Dies erfordert eine entsprechende Änderung des Plans.
- Mehr investieren: Der Plan hat sich vom Aufwand her als zu knapp kalkuliert erwiesen. Dann werden zusätzliche Ressourcen oder größere Anstrengungen erforderlich (Überstunden, zusätzliche Unterstützung von externer Seite, kompetentere Abwickler, mehr Geld usw.).
- Verschieben der Meilensteine: Diese Alternative wird in der Praxis vom Aktionsverantwortlichen nur ungern gewählt, weil sie eine Aura des "Versagens" hat. Bei genauerer Betrachtung zeigt sich aber, daß das Erreichen der Ziele unter einem vernünftigem Einsatz von Ressourcen i.allg. wichtiger ist, als ein im Aktionsplan oft relativ willkürlich fixierter Endtermin.
- Herabstufen der Zielsetzung: Während der Umsetzung der Aktion zeigt sich nicht selten - bei unerfahrenen Planern sogar "in der Regel" -, daß die gesteckten Ziele nicht oder nur unter exzessivem Einsatz von Ressourcen zu erreichen sind. Man kann dann die Zielsetzung weniger ambitiös und realistischer neu festsetzen.
- Stoppen der Aktion: Vor allem bei Aktionen, die sich über einen längeren Zeitraum erstrecken, "kann es sein, daß sich das Ziel im Laufe [der Aktion] ändert, einfach deshalb, weil sich neue Erkenntnisse, Technologien oder Randbedingungen ergeben haben. Es kann sogar sein, daß es nicht mehr sinnvoll ist, das ursprünglich formulierte Ziel überhaupt noch anzusteuern; dann nämlich, wenn eine neuer, aktueller Rahmenplan aufgestellt wird und dieses Ziel damit nicht mehr in Einklang

bringen ist" (Kupper, 1993, S.23). Man muß also auch bereit sein, die Aktion ggf. kurzfristig ganz abzubrechen. Ansonsten ergeben sich die legendären Autobahnbrücken auf dem grünen Acker, die sinnlos geworden sind, weil die Autobahn nie gebaut wurde.

Jede dieser Aktionen muß den Beteiligten gegenüber "verkauft" werden, d.h. sie müssen nicht nur darüber informiert werden, sondern davon überzeugt werden, daß die Änderungen des Plans notwendig und sinnvoll sind. Bei größeren Änderungen sollten sie vom Aktionsverantwortlichen evtl. vorab mit in die Überlegungen einbezogen werden.

## 9.3 Vermarktungsteam

Das Monitoring und Controlling von Aktionen innerhalb eines AEMP sollte sich nicht darauf beschränken, nur die Aktionsverantwortlichen zu informieren. Vielmehr sollten alle Mitarbeiter über die Umsetzung der Aktionen, von denen sie betroffen sind, aber auch über den Stand der Aktionen insgesamt informiert bleiben. Dies dient der Einbindung und zeigt, daß etwas passiert. Ohne eine systematische Information über die Aktionen geht für die Mitarbeiter schnell der Überblick verloren, falls er sich überhaupt jemals einstellt. Aktionen laufen auf verschiedenen Ebenen ab (Abteilungen, Geschäftsbereiche, Firma allgemein); sie sind zeitlich aufeinander abgestimmt, so daß nicht alles am ersten Tag begonnen oder gar erledigt wird; sie beginnen z.T. erst nach Wochen nach außen sichtbar zu werden; viele laufen zudem eher im Hintergrund ab (z.B. Verbesserungsmaßnahmen in der zentralen EDV) und sind von außen her nur indirekt zu erkennen.

Eine regelmäßig Unterrichtung der Mitarbeiter über den Verlauf der Aktionen, mögliche Verzögerungen und ihre Gründe, Maßnahmen zur Sicherstellung der Zielerreichung, Veränderungen der Aktionsziele usw. dient auch dem Zweck, einen gewissen "sportlichen Wettbewerb" zwischen Abteilungen bzw. Geschäftsbereichen zu fördern. Abbildung 9.2 zeigt eine Seite aus einer Firmenzeitschrift, die als Plattform für breite Information der Mitarbeiter über die Aktionen des AEMP genutzt wurde. Wie man sieht, sind hier verschiedene Geschäftsbereiche miteinander verglichen in Bezug auf den Prozentsatz, zu dem ihre Aktionspläne zu einem bestimmten Zeitpunkt abgearbeitet waren. Dieser Bericht stieß bei den Geschäftsbereichen, die in der Umsetzung weniger weit waren, auf Proteste, weil sie argumentierten, daß sie viel schwierigere Probleme zu lösen hätten, die auch mehr Zeit benötigten. Die erfolgreicheren Geschäftsbereiche fühlten sich wiederum motiviert durch das öffentliche Registrieren ihrer Arbeit. Insgesamt führte die Publikation dazu, daß das Thema der Umsetzung der Aktionspläne, das AEMP als Gesamtprogramm und insbesondere auch die noch ausstehende Evaluation des AEMP (siehe Kapitel 10) allgemein breite Aufmerksamkeit erhielten.

Aktionen wie die eben beschriebene führt in einem AEMP ein Vermarktungsteam durch, dessen Aufgabe eine den Zielen des AEMP dienende Information der Mitar-

## Ausblick

Wie geht es weiter? - Eine neue wichtige Phase ab März 89!

6. März 1989 — Bis zu diesem Datum werden alle Aktionspläne der Abteilungen und ihr zeitlicher Ablauf fertiggestellt sein.

März-Sept. 1989 — Die Wirksamkeit der Aktionspläne wird überprüft und ein Bericht mit den Ergebnissen wird verfaßt.

Oktober 1989 — Eine Wiederholung der Mitarbeiterbefragung wird uns Aufschluß geben, wie und wo wir uns im Vergleich zur letzten Umfrage verbessert haben.

## Marketing liegt vorn

Status der Aktionspläne am 08.02.89

Bis zur Sitzung des Koordinationsteams mit HRC am 08.02.89, bei der wir auch Karl Kraft begrüßen durften, hatten schon einige Abteilungen ihre Aktionspläne erstellt, kommuniziert und erste Aktionen umgesetzt, nachdem zuvor mit den Abteilungsleitern die Themen diskutiert wurden. Nicht zuletzt die große Aufbruchstimmung trägt dazu bei, die aufgezeigten Probleme anzugehen, Lösungen zu suchen und Verbesserungen herbeizuführen.

Stand der Abteilungsaktionspläne im einzelnen

Kundendienst
Marketing
Sales/Vertrieb
Software-Entwicklung
Hardware-Entwicklung
Konstruktion, tech.Dienste
andere Entwicklung
Finanzen & Controlling EDV
Finanzen & Controlling andere
Lagerwesen
übrige Materialwirtschaft
Auftragsabwicklung, Versand
Qualitätssicherung
Fertigungsplanung
Montage
Leiterplatten-Montage
Prüffeld
Ausbildungsabteilung
Personalabteilung, GL
Geschäftsstellen

Abbildung 9.2. Auszug aus einer Firmenzeitung zu Aktionen und ihrer Umsetzung.

beiter über die Aktionspläne und ihre Umsetzung ist. Dieses Team besteht meist aus etwa 5 Personen, die aus dem Koordinationsteam, der Werbe- oder Presseabteilung, der Personalentwicklung oder ähnlichen Abteilungen kommen. Das Vermarktungsteam wird vom Koordinationsteam umfassend über die Aktionspläne auf allen Ebenen unterrichtet. Insofern ist die Mitarbeit zumindest eines Mitglieds des Koordinationsteams im Vermarktungsteam als "linking pin" sehr nützlich.

Im allgemeinen genügt es hierfür nicht, die Aktionen nur buchhalterisch zu dokumentieren und diese Dokumentation den Mitarbeitern zugänglich zu machen. Vermarktungsteams lassen sich deshalb allerlei Tricks aus der PR- und Werbekiste einfallen wie z.B. den oben erwähnten, etwas provokanten Bericht in der Firmenzeitung, Sondernummern der Firmenzeitung zum Thema AEMP-Aktionen (Abbildung 9.3 zeigt hierzu ein Titelblatt), firmenweit ausgehängte Plakate, Sonderveranstaltungen im Eingangsbereich der Firma usw.. Daneben sollten natürlich auch die normalen Kommunikationskanäle systematisch genutzt werden (schwarze Bretter, Betriebsversammlung, Vorgesetzte usw.), für die das Vermarktungsteam Informationen vorbereiten kann.

Das Vermarktungsteam muß dabei allerdings einen Stil finden, der in die Organisationskultur paßt und der auch der Größe und Ernsthaftigkeit eines AEMP angemessen ist (nicht zu "frech", nicht zu langweilig; informativ, aber nicht kleinkariert-detailliert; motivierend, nicht kritisierend). Ein Vorschlag wie der von Porras (1987), die Aktionspläne und die Berichte über ihre Umsetzung am schwarzen Brett auszuhängen und die Mitarbeiter aufzufordern, auf diesen Aushängen handschriftlich Kommentare zu vermerken, kann sich leicht als schädlich erweisen, wenn er dazu führt, daß die Aushänge mit allerlei läppischem Graffiti vollgekritzelt werden.

Zu den Aufgaben des Vermarktungsteams gehört es auch, ein systematisches Monitoring über den Stand der Aktionspläne zu betreiben. Dazu berichten die Aktionsverantwortlichen in regelmäßigen Intervallen an das Vermarktungsteam. Im Rahmen der meist in einem AEMP üblichen Umsetzungsphase von ca. 4 Monaten genügen 2-3 solche Termine. Der erste Termin dient der Sammlung der fertiggestellten Aktionspläne, dem Herausarbeiten der Hauptthemen und der wichtigsten Termine für die Aktionen auf allen Ebenen. Die nächsten Termine dienen einem Bericht über den Stand der Umsetzung dieser Pläne.

Wie für jedes Projektteam gilt auch für das Vermarktungsteam, daß die Rollen und Verantwortlichkeiten dieses Teams und seiner Mitspieler sorgfältig definiert werden sollte. Im allgemeinen muß das Vermarktungsteam zumindest den Verantwortlichen für das AEMP über seine Publikationsabsichten informieren oder sogar konsultieren, bevor diese veröffentlicht werden.

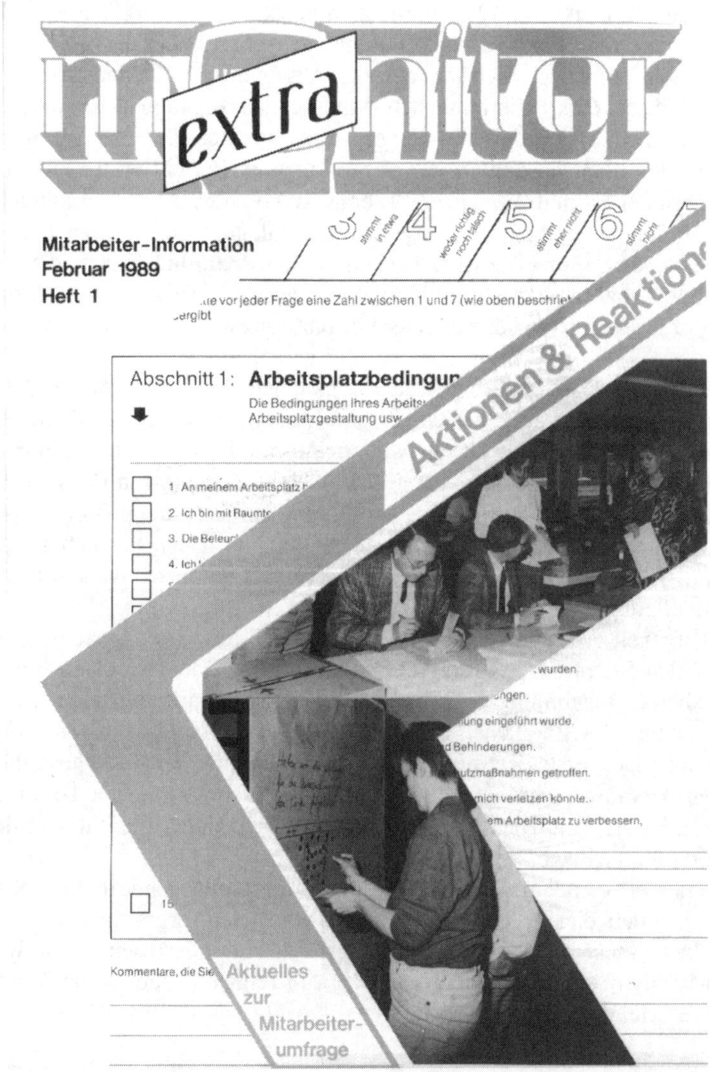


Abbildung 9.3. Titelblatt der Sondernummer einer Firmen-Hauszeitschrift

# 10. Evaluation

Der letzte Schritt eines AEMP ist eine Evaluation des Programms und seiner Aktionen. Es zeigt sich immer wieder, daß die Aktionen ohne Evaluation vom Tagesgeschäft abgedrängt zu werden drohen. In gewisser Weise gilt Ähnliches für das gesamte AEMP: Hat man keinen klaren Abschluß, dann kommt es eher zu einem Ende durch Vergessen oder Verblassen. Das hat negative Auswirkungen auf die Wahrnehmung des gesamten Programms. So meinen die Mitarbeiter meist, das Programm sei trotz gewisser Anfangserfolge letztlich "versickert". Selbst bei Managern, die direkt für Aktionen verantwortlich waren, zeigt sich ein analoges Bild. Ich habe z.B. in einer Firma Mitglieder der Geschäftsleitung über ihre eigenen Aktionspläne interviewt. Sie waren zunächst alle der Meinung, daß sich "nicht viel" getan habe. Nachdem wir damit begannen, die Aktionen einmal systematisch zu erfassen, kam sehr schnell eine recht lange Liste zusammen. Aufgrund dieser Liste stellten sie dann überrascht fest, daß eine Menge wichtiger Aktionen umgesetzt worden waren. Gleichzeitig diente die Liste zur Revitalisierung bzw. Neuausrichtung noch laufender Aktionen.

Insgesamt gesehen kann man die Notwendigkeit der Evaluation mit zwei Slogans ausdrücken: "You can't manage what you don't measure" (Globerson et al., 1991), also der Notwendigkeit, überhaupt Rückmeldungen zu bekommen, um führen zu können. Zudem gilt: "You get what you measure" (Borg et al., im Druck), weil Dinge, die gemessen werden, von Mitarbeitern und Führungskräften besondere Aufmerksamkeit erfahren oder, anders ausgedrückt, die Dinge, die nicht gemessen werden, auch nicht so wichtig sein können.

## 10.1 Allgemeine Überlegungen zur Evaluation

*Ziele der Evaluation*

Die Ziele von AEMP-Evaluationen sind sich meist recht ähnlich. Zum einen sollen die verschiedenen Aktionen dokumentiert und ihr Status festgehalten werden: Welche Aktionen wurden überhaupt durchgeführt? Was waren die Schwerpunkte? In welchem Umfang wurden die Aktionen umgesetzt?

Weiterhin sollen die Mitarbeiter zu den Aktionen befragt werden. Haben die Aktionen aus ihrer Sicht zu einer Veränderung der Situation beigetragen? Wie werden die Aktionen beurteilt? Wie sehen die Mitarbeiter das AEMP "unter dem Strich"?

Mit der Bewertung dieser Daten und mit der Kommunikation der Ergebnisse soll ein klarer Abschluß des AEMP definiert werden. Die Befunde sollen zudem zu einer Revitalisierung von Aktionen, die in Verzug geraten sind, verwendet werden und allgemein zu einer Neu-Koordinierung der verbleibenden Aktionen führen.

Die Evaluation hat aber auch schon vorab während der Aktionsplanung und -umsetzung eine nützliche Funktion. Sie "energetisiert" die Vorhaben, weil klar wird, daß nicht durchgeführte Aktionen zu "schlechten Noten" führen werden.

Schließlich gilt auch für die Evaluation das, was grundsätzlich für das gesamte AEMP gilt: Die Mitarbeiter sollen eingebunden werden. Die Evaluation wird von Anfang an fest eingeplant. Die Mitarbeiter wissen also, daß sie - wenn auch nicht in jedem Fall persönlich - später nochmals dazu befragt werden, wie sie die Aktionen sehen, und daß diese Informationen publiziert werden. Sie bleiben damit in das Programm involviert und können auf die Evaluationsbefunde oder einfach aus Anlaß der Evaluation nochmals reagieren. Der Wert einer AEMP-Evaluation liegt also einerseits in den dabei erhobenen Informationen, andererseits in der Befragung der Mitarbeiter selbst (Love, 1991).

*Evaluator*

Bei jeder Evaluation kann grundsätzlich gefragt werden, wer der Evaluator ist. In der ad-hoc Evaluation sind dies i.allg. höhere Führungskräfte, meist die Geschäftsleitung. Sie besprechen das Ergebnis des Programms z.B. in einer Sitzung und kommen dabei zu einem Eindrucksurteil. Eine andere Möglichkeit, wäre die, das Koordinations- und das Vermarktungsteam zu befragen. Die Mitglieder des Koordinationsteams waren an der Konzeption der Aktionspläne auf Abteilungsebene beteiligt; das Vermarktungsteam hat die Umsetzung aller Aktionspläne verfolgt und - in groben Zügen - dokumentiert. Die dritte Möglichkeit ist, die Mitarbeiter zu befragen. Das ist insofern grundsätzlich sinnvoll, weil die Einbindung der Mitarbeiter schließlich eines der Meta-Ziele von jedem AEMP ist.

In allen diesen Fällen sind die Evaluatoren Mitglieder der Organisation. Man kann daher von einer "internen" Evaluation sprechen. Externe Evaluationen werden dagegen von Außenstehenden durchgeführt. So kann man z.B. den externen Berater fragen, der das AEMP begleitet. Er verfügt im Idealfall über relevante Vergleichszahlen oder zumindest über Erfahrungen, die die Interpretation "interner" Daten erleichtern. In der Praxis bleibt der externe Berater aus diesem Grund und wegen seiner methodischen Kenntnisse in das AEMP involviert, bis es vollständig abgeschlossen ist. Eine andere und sehr wichtige Quelle externer Informationen über die Effektivität eines AEMP sind die Kunden der Organisation. Sie werden zwar nicht direkt zum AEMP befragt, äußern sich aber in den in vielen Organisation regelmäßig durchgeführten Umfragen zur Kundenzufriedenheit zu Kriterien, die zumindest indirekt mit dem AEMP in Zusammenhang stehen.

*Entwicklungsstufen von Evaluationen*

Eine Evaluation kann mit recht unterschiedlichem Anspruch durchführt werden. Folgende Formen lassen sich dabei unterscheiden:

- Ad-hoc Evaluation. Die Evaluation erfolgt hier spontan und per Eindruck ("berichten Sie mal"). Eine systematische Erhebung wird nicht durchgeführt. Die Bewertung der Informationen erfolgt nach "Eindruck".
- Systematische Dokumentation. Es wird umfassend dokumentiert, welche Aktionen auf allen Ebenen gelaufen sind und bis zu welcher Stufe sie abgeschlossen sind. Die Dokumentation ist eine Auflistung und wird zudem nach wichtigen Gesichtspunkten zusammenfassend gegliedert. Relevante Informationen hierfür wären z.B. die folgenden: "In den Abteilungen wurden insgesamt 500 Aktionspläne eingeleitet; 80% davon sind abgearbeitet; die Aktionspläne beziehen sich zu 60% auf Verbesserungen des Arbeitsplatzes, zu 20% auf Klärung von Leistungskriterien, ..."
- Evaluation der Effektivität. Die Evaluation mißt, in welchem Umfang die Ziele der einzelnen Aktionen und die Zielsetzungen des AEMP erreicht wurden. Hier stehen also weniger die Aktionen selbst im Vordergrund, sondern vielmehr die Frage, ob sie gebracht haben, was man sich von ihnen erhofft hatte. Zusätzlich kann man hier fragen, welche anderen Effekte (Nebenwirkungen) die Aktionen gebracht haben.
- Evaluation der Effizienz. Beurteilt wird hierbei, mit welchem Aufwand die tatsächlichen Ergebnisse der Aktionen erreicht wurden. Die aufgewendeten Ressourcen können sehr umfassend definiert werden und nicht nur ökonomische (Geld, Zeit, Personal usw.), sondern auch psychologische Faktoren (Konflikte, Ärger, Frustrationen, Enttäuschungen usw.) beinhalten. Es ist wichtig, Probleme, die bei der Planung und Umsetzung der Aktionen aufgetreten sind, zu erfassen, um sie in späteren Maßnahmen vermeiden zu können. Möglicherweise haben die beteiligten Personen hierzu auch Vorschläge.
- Evaluation des strategischen Nutzens. Hier werden die Effektivitäts- und Effizienzbetrachtungen erweitert: Der Nutzen der Aktionen wird in einem eher mittelfristigen Rahmen evaluiert; die Auswirkungen der Maßnahmen auf Chancen und Risiken, die vermutlich auf die Organisation zukommen werden (siehe Kapitel 7), werden beurteilt; die Effekte werden im Rahmen der gesamten Umwelt der Organisation (Markt, Wettbewerber, Verbände, Kommune usw.) bewertet.
- Harte Programm-Evaluation. Alle obigen Evaluationsformen haben den Nachteil, daß sie normalerweise nur ein Programm beurteilen, das ohne Kontrollprogramm(e) durchgeführt wurde. In der organisatorischen Praxis wird selten experimentiert: Aktionen, die vermutlich zur Lösung bestimmter Probleme geeignet sind und die Vorteile gegenüber anderen möglichen Maßnahmen haben oder zu haben versprechen, werden implementiert. Im Gegensatz dazu wird in der harten Programm-Evaluation von Maßnahmen (z.B. in der Pharmaforschung oder der Schulpsychologie) immer mit Alternativen und/oder Kontrollgruppen gearbeitet (Rossi & Freeman, 1993). Erst dann, wenn eine Maßnahme als signifikant besser gegenüber theoretisch starken Alternativen oder gegenüber der Aktion des Weitermachens-Wie-Bisher nachgewiesen ist, wird sie allgemein eingeführt. Diese Form der

Evaluation wird im folgenden nicht diskutiert. Sie ist für den AEMP-Kontext unrealistisch.

*Evaluationen in der Praxis*

Interviewbefunde haben bei einer Präsentation vor der Geschäftsleitung einen schweren Stand, wenn ihre Aussage negativ ist. Sie werden dann leicht als nicht repräsentativ abgetan, als Sammlung von Einzelmeinungen, als der eigenen Erfahrung widersprechend usw.. Zudem erlauben sie auch kaum, Vergleiche anzustellen zwischen verschiedenen Geschäftsbereichen, hierarchischen Niveaus, verschiedenen Zeitpunkten und zu Standards aus anderen Befragungen.

Quantitative Umfragebefunde sind also i.allg. unerläßlich. Sie können aber durch Interviews qualitativ angereichert werden, insbesondere durch die "Eindrücke" des Koordinationsteams - einem mit besonderem Vertrauen ausgestatteten, von der Geschäftsleitung selbst zusammengestellten Team - und durch die Monitoring-Daten des Vermarktungsteams.

Die hierbei gesammelten Daten sind teilweise Fakten, teilweise Bewertungen von Aktionen durch die Mitarbeiter oder durch Kunden der Organisation. Die Bewertung dieser Daten aus Managementsicht muß durch die Geschäftsleitung selbst erfolgen, insbesondere auch mit Blick auf betriebswirtschaftliche Kennzahlen. Auch der externe Berater kann hier nur i.S. eines Prozeßberaters bei der Suche nach Antworten helfen. Es ist hierbei seine Aufgabe, auch kritische Fragen zu stellen, vor allem was die Dinge angeht, für die die Geschäftsleitung selbst die Verantwortung trägt. In der Praxis ist es jedenfalls typisch, daß "an der Basis" viele Verbesserungsmaßnahmen umgesetzt werden, auf der Ebene der Geschäftsbereiche weniger Aktivität entfaltet wird, und auf globalem Niveau oft vieles gar nicht eingeleitet oder nicht konsequent umgesetzt wird. Das liegt z.T. daran, daß die Geschäftsleitung letztlich ihr eigenes Aufsichtsgremium ist. Insofern ist es eine besonders wichtige Aufgabe des externen Beraters, spätestens bei der Evaluation ein klares Feedback zu geben.

## 10.2 Evaluation durch Befragungen

Sehen wir einmal von der Dokumentation der Aktionen und von der Erstellung betriebswirtschaftlicher Kennzahlen ab, dann bleiben für die übrigen Formen der Evaluation nur Befragungen im weitesten Sinn übrig. Wir gehen im folgenden nur auf die Befragung interner Evaluatoren ein, weil Befragungen externer Evaluatoren (z.B. Kundenzufriedenheitsumfragen) selten als eigenständige Evaluationen durchgeführt werden, sondern meist nur Informationen nebenbei abwerfen, die für Evaluationszwecke verwendet werden können.

Bei der Befragung interner Evaluatoren steht die Informationssammlung im Vordergrund, nicht die Intervention i.S. einer breiten Organisationsentwicklung wie zu Beginn des AEMP. Vollbefragungen sind daher für Evaluationszwecke weniger geeignet, weil sie zu mehr Bewegung führen als Stichprobenbefragungen. Zur zuverlässigen

Schätzung der relevanten Parameter genügen zudem bereits relativ kleine Stichproben, wie man z.B. aus der Wahlforschung weiß.

*Fragestellungen bei der Evaluation*

Im AEMP-Kontext ist - im Gegensatz zur harten Evaluationsforschung - nicht nur interessant, zu welchen Ergebnissen die verschiedenen Aktionen geführt haben, sondern auch - vielleicht sogar: ganz besonders - in welcher Weise die Aktionsplanung und -umsetzung verlaufen ist. Es stellen sich also z.B. die folgenden Fragen:

- Aktionspläne: Was wurde gemacht? Wo stehen die Aktionspläne?
- Konzeption der Aktionspläne: Fanden die Anregungen der Mitarbeiter ausreichend Berücksichtigung? Wurden die Aktionspläne als gemeinsame Anstrengung zur Verbesserung verstanden?
- Klarheit der Aktionspläne: Sind die Aktionspläne bekannt und transparent? Ist ein Haupttrend erkennbar oder nur ein Sammelsurium vereinzelter Aktionen? Ist jedem Mitarbeiter klar, wohin die Veränderungen laufen bzw. laufen sollen? Ist jedem klar, welchen Kurs die Firma mit diesen Aktionsplänen fährt?
- Überzeugungsgrad der Aktionspläne: Wurden die wirklich wichtigen Probleme angegangen? Passen die Aktionen zusammen, sind sie zumindest widerspruchsfrei? Werden die den Aktionsplänen zugrunde liegenden Prioritäten allgemein akzeptiert? Wurden klare Begründungen der Veränderungsmaßnahmen gegeben? Werden die Aktionen von den Mitarbeiter gesehen als normale Veränderungen, die "sowieso gekommen wären" oder spielte das AEMP eine beschleunigende oder sogar eine entscheidende Rolle?
- Umsetzung der Aktionspläne: Wurde bei der Umsetzung eine klare Linie verfolgt? Gibt es ausreichende, detaillierte und verständliche Rückmeldungen über den Stand der Aktionen für die Mitarbeiter? Wer ist der "change agent" bei diesen Aktionen? Welche Rolle spielen Geschäftsführer, Geschäftsleitung, Management, Vorgesetzte und Mitarbeiter bei der Umsetzung? Zieht jeder am gleichen Strick? Ist jeder, nach seinen Möglichkeiten, beteiligt? Welche Widerstände gibt es bei der Umsetzung der Aktionspläne? Welche anderen Probleme zeigen sich? Zeigt sich allgemein ein Fortschritt bei der Umsetzung der Aktionspläne oder kommen die alten Probleme immer wieder hoch?
- Auswirkungen der Aktionspläne: Wie haben sich die Aktionen auf Klima und Stimmung ausgewirkt? Wie auf das gegenseitige Vertrauen? Wie auf das Vertrauen gegenüber dem Management? Wurde das AEMP als gemeinsame Anstrengung empfunden oder als einseitige Aktion zu Lasten der Mitarbeiter?
- Fragen zu den Outcomes: Welche Ergebnisse hat das AEMP gebracht im Bereich Führungsstil, Partizipation, Zuhören, Effizienz, Produktivität, Kundenorientierheit, Leistungsbeurteilung und Belohnungssysteme, Ethik, Involvement, Commitment, Einbindung der Mitarbeiter usw.?
- Konsequenzen für ein späteres AEMP: Wurde Vertrauen geschaffen für ein AEMP (z.B. Ausräumung von Bedenken zu Datenmißbrauch, Anonymität)? Lohnt sich

der Aufwand subjektiv? Halten die Mitarbeiter ein AEMP für eine sinnvolle Maßnahme? Wie kann man die Mitarbeiter noch stärker in ein (zukünftiges) AEMP involvieren? Wie kann man die Vorgesetzen noch stärker involvieren?

*Beurteilungskriterien*

Die oben dargestellten Fragestellungen bei der Evaluation eines AEMP lassen offen, welche Antworten man in den Items sucht bzw. zuläßt. Am naheliegendsten ist es vielleicht - jedenfalls ist es in der Umfragepraxis am häufigsten anzutreffen - , nach der "Zufriedenheit" mit den Aktionen und ihren Ergebnissen zu fragen. Der Nachteil von Zufriedenheitsfragen ist allerdings, daß sie einen gewissen Halo-Effekt aufweisen: Personen, die mit einem Aspekt zufrieden sind, neigen auch dazu, mit den anderen Aspekten zufrieden zu sein. Zudem ist es wichtig im Auge zu behalten, daß der erwartete Wert auf Zufriedenheitsskalen i.allg. nicht bei "weder zufrieden, noch unzufrieden" liegt, sondern daß sich meist die Mehrzahl der Befragten als eher "zufrieden" bezeichnen. Eine grobe Regel hierfür ist, daß 2 von 3 Befragten sich als zufrieden äußern (Hofstätter, 1986; Love, 1991). In der Praxis heißt das, daß man sich vor naiven absoluten Beurteilungen hüten sollte. Interpretation sollten vor allem vergleichend erfolgen. Dazu kann man sich auf Erfahrungswerte stützen (wie z.B. die Branchennormen in Abbildung 4.2) oder vorwiegend firmen-interne Vergleichswerte heranziehen, also z.B. Zufriedenheitswerte aus verschiedenen Geschäftsbereichen oder Hierarchiestufen miteinander in Beziehung setzen.

Ein anderes Beurteilungskriterium erfaßt die wahrgenommenen Veränderungen im Bereich der Probleme, auf die mit Aktionen reagiert wurde. Man fragt also ganz direkt, ob sich die Probleme verkleinert oder vergrößert haben. Schwierig bleibt hierbei allerdings die kausale Attribution: Die Zeit bleibt nicht stehen, der Kontext und die Szenarien ändern sich, die Aktionen sind nur *eine* Intervention von vielen anderen (z.T. auch ungewollten), auch wenn sie bei der relativ knappen Aktionsphase von nur bis zu 4 Monaten sicher eine wichtige Intervention sind. Man sollte somit die Mitarbeiter nicht fragen, ob Aktion X dazu geführt hat, daß Problem Y verschwunden ist, sondern nur, wie sich das Problem heute darstellt.

*Interviews*

Interviews für Evaluationszwecke unterscheiden sich formal nicht von sonstigen Interviews. Sie werden in der Praxis meist als Einzelinterviews und face-to-face durchgeführt. Telefoninterviews sind bislang noch die Ausnahme, sind aber zur Befragung bestimmter Personen (z.B. von Mitarbeitern in Außenbüros) eine gute Alternative. Die Interviews bedürfen in jedem Fall einer gewissen Planung. Den Personen, die interviewt werden sollen, muß zunächst erklärt werden, worum es geht, warum gerade sie ausgewählt werden, wie ihre Aussagen weiterverarbeitet werden usw.. Diese Information erfolgt am besten schriftlich von Seiten des Koordinationsteams. Mit den ausgewählten Personen müssen dann Termine vereinbart werden, zu dem diese Zeit haben. Die Termine müssen mit den Vorgesetzten dieser Personen abgestimmt werden. Ein Ort muß ausgewählt werden, der eine gewisse Vertraulichkeit sicherstellt. Interviews am Arbeitsplatz sind meist wenig geeignet (Anonymitätsprobleme in Großraumbüros, Unterbrechungen durch Telefon oder normalen Arbeitsablauf). Die Vorbereitung für Telefoninterviews ist prinzipiell die gleiche wie bei face-to-face Interviews.

Einzelinterviews werden meist als etwa einstündige "sensing interviews" (Dunphy, 1981) mit wenigen (10-15) Mitarbeitern durchgeführt. Bei der Auswahl der Mitarbeiter wird normalerweise Wert darauf gelegt, daß eine gewisse Repräsentativität sichergestellt ist. Im Rahmen eines AEMP heißt das, daß alle Ebenen der Hierarchie und alle Geschäftsbereiche vertreten sein sollen und nicht nur leicht verfügbare Personen (z.B. gewerbliche Mitarbeiter aus der Produktion) befragt werden. Im Gegensatz dazu stehen Interviews mit besonders wichtigen Meinungsbildnern oder Personen, die über besonderes Wissen - z.B. hinsichtlich der Aktionsplanung und -umsetzung - verfügen ("key informants"). Solche Personen können z.B. die Bereichsleiter oder die Mitglieder des Koordinationsteams sein. Ihre Aussagen sind vor allem dann interessanter als die von zufällig (aus bestimmten Zellen der Population) ausgewählten Mitarbeitern, wenn man sie nicht als Einzelpersonen befragt, sondern eher als "Statistiker", die darüber berichten, was sie von vielen anderen Mitarbeitern, mit denen sie in sachbezogener Weise über einen längeren Zeitraum zu tun haben, erfahren haben.

Die Alternative zu Einzelinterviews sind "Fokusgruppen" (Morgan, 1993). Fokusgruppen sind auf eine besondere Thematik ausgerichtete, etwa zweistündige Diskussionsrunden von ca. 10 Personen. Die Personen selbst können entweder repräsentativ ausgewählt sein oder Schlüsselinformanten sein. Eine Gruppe, die sich als Fokusgruppe anbietet, ist das Koordinationsteam, das man gegebenenfalls noch durch das Vermarktungsteam ergänzen könnte.

*Schriftliche Befragungen*

Schriftliche Befragungen werden normalerweise an einer repräsentativen Stichprobe durchgeführt. Eine solche Stichprobe kann recht klein sein, wenn sie die Belegschaft nach wichtigen Merkmalen richtig modelliert. Wichtig ist hierbei stets, daß die Anteile der Befragten in der Stichprobe in bezug auf die Kriterien 'hierarchische Ebene' und 'Geschäftsbereiche' den Anteilen in der Population entspricht. Die Ziehung einer solchen geschichteten Stichprobe sollte zufällig erfolgen. Die Sicherstellung dieser Bedingungen, die für die Güte der statistischen Kennzahlen sehr bedeutsam sind, ist allerdings in der Praxis nicht immer ganz einfach. Wir haben dies schon in Abschnitt 4.1 diskutiert.

Es sei hier nicht eigens ausgeführt, wie eine Evaluationsumfrage organisatorisch abgewickelt wird. Eine sinnvolle Vorgehensweise (Verteilung der Fragebögen, Rückführung, Rücklaufcontrolling, Nachfassen) kann vom Koordinationsteam auf der Basis der Erfahrungen mit der "großen" Umfrage zu Beginn des AEMP festgelegt werden. Im Prinzip ergeben sich dabei keine neuen Gesichtspunkte.

## 10.3 Items und Fragebogen

Die Items und der Fragebogen für die Evaluation werden i.allg. wieder vom externen Berater zusammen mit dem Koordinationsteam und/oder dem Vermarktungsteam konstruiert. Diese Teams haben aufgrund ihrer starken Einbindung in die Planung bzw. Umsetzung der Aktionen einen guten Überblick über die relevanten Fragen. Die Items sollten außerdem Bezug nehmen auf das PSA-Diagramm, die Problemlisten (siehe Kapitel 7) und natürlich die Aktionspläne selbst.

Für den Fragebogen hat sich eine Gliederung in vier Teile als sinnvoll erwiesen. Im ersten Teil verwendet man Items zur Erarbeitung und Umsetzung der Aktionspläne und bietet dazu weiteren Raum für freie Kommentare an. Items dieser Art sind in dem Fragebogenausschnitt in Abbildung 10.1 illustriert. (Der Fragebogen wurde beim Autohersteller "M" verwendet.) Das Format der Items und die Gestaltung des Fragebogens sind hier ähnlich wie in der großen Umfrage zu Beginn des AEMP (siehe etwa Abbildung 3.5). Das hat den Vorteil, daß die Mitarbeiter auf Vertrautes stoßen. Ein Kommentarabschnitt ist in Abbildung 10.1 nicht gezeigt: Er könnte (wie in Abbildung 3.5) jeweils am Ende des Itemblocks angehängt werden.

Im zweiten Teil des Fragebogens wird nach der Effektivität des AEMP gefragt. In Abbildung 10.2 ist wiederum ein Auszug aus dem Fragebogen der Firma "M" gezeigt, der in ähnlicher Form vielfach verwendet wurde. Das Item '1' ist ein Likert-Item, das nach einer allgemeinen Effektivitätsbeurteilung des AEMP fragt. Die verbleibenden Abschnitte fragen nach Kommentaren zu den 'positivsten' bzw. den 'erhofften, aber nicht realisierten' Veränderungen aufgrund des AEMP. Hier wird bisweilen auch allgemeiner nach den "positivsten" und den "negativsten" Veränderungen "seit der Umfrage" gefragt, also der explizite AEMP-Bezug ganz fallengelassen. Das hat den Nachteil, weniger direkte Information für die Beurteilung der Effektivität des AEMP zu liefern, aber möglicherweise wertvollere Daten für die organisatorische Praxis.

Im dritten Teil des Fragebogens fragt man nach einer Bewertung der Veränderungen. Die Items in diesem Abschnitt, der in Abbildung 10.3 illustriert ist, nehmen Bezug auf die in der Mitarbeiterbefragung identifizierten Probleme bezüglich derer direkte oder indirekte Aktionen gelaufen sind. Hier wird die Möglichkeit eingeräumt, daß sich die Probleme auch trotz - oder sogar: wegen - der Aktionen verschärft haben können. Der Einfluß der Aktionen selbst wird nicht von den Auswirkungen anderer Faktoren getrennt. Eine solche Trennung ist bei den meisten Problemen auch kaum realisierbar. Item 4 in Abbildung 10.3 fragt etwa danach, ob sich die Unterstützung der EDV-Abteilung für die Arbeit des Befragten positiv oder negativ verändert hat. Die Verbesserung der Unterstützung durch die EDV-Abteilung ist aber sicher nur das Endresultat einer ganzen Reihe von Maßnahmen wie z.B. einer besseren Personalplanung der EDV-Abteilung, relevanter Schulung der EDV-Mitarbeiter, verbesserter telefonischer Erreichbarkeit, höherer Kundenorientiertheit der EDV-Mitarbeiter usw.. Diese Maßnahmen, die hier (wie so oft in der Praxis) "lokal" in der Abteilung ablaufen, kennt der Kunde der Abteilung gar nicht und könnte sie in vielen Fällen auch kaum beurteilen. Er sieht nur das Ergebnis und hierzu wird er befragt.

Schreiben Sie bitte in das Kästchen vor jeder Frage die Zahl, die Ihre Meinung **am besten ausdrückt.**

## Erarbeitung und Umsetzung der Aktionspläne

1. Die wichtigsten Themen aus den Gruppengesprächen wurden in die Aktionspläne aufgenommen.
2. Meiner Meinung nach wurden die Mitarbeiter ausreichend an der Erstellung des Abteilungsaktionsplans beteiligt.
3. Von den erarbeiteten Aktionsplänen ist mir bekannt:
   - der für meine Abteilung/Gebietsdirektion
   - der für meinen Direktionsbereich
   - der Globalaktionsplan
4. Ich wurde gut informiert darüber, wie die Aktionspläne umgesetzt wurden:
   - in meiner Abteilung/Gebietsdirektion
   - in meinem Direktionsbereich
   - global auf die Gesamtfirma bezogen
5. Die aus meiner Sicht dringlichsten Probleme
   - meiner Abteilung/Gebietsdirektion wurden angegangen
   - meines Direktionsbereichs wurden angegangen
   - der Firma insgesamt wurden angegangen
6. Der Aktionsplan
   - für meine Abteilung/Gebietsdirektion wurde zielstrebig umgesetzt
   - für meinen Direktionsbereich wurde zielstrebig umgesetzt
   - für die Firma insgesamt wurde zielstrebig umgesetzt

Abbildung 10.1. Ausschnitt aus einem Evaluationsfragebogen, Teil 1: Erarbeitung und Umsetzung der Aktionspläne.

## Globale Bewertung der Mitarbeiterbefragung

☐ 1. Ohne die Mitarbeiterbefragung wären viele Verbesserungen gar nicht oder erst viel später gekommen.

Bitte geben Sie kurz die **positivsten** Veränderungen an, die das Programm gebracht hat:

________________________________________

________________________________________

________________________________________

________________________________________

Bitte geben Sie kurz an, welche **erhofften** Veränderungen das Programm **nicht** gebracht hat:

________________________________________

________________________________________

________________________________________

________________________________________

Abbildung 10.2. Ausschnitt aus einem Evaluationsfragebogen, Teil 2: AEMP allgemein und Kommentare.

Im vierten und letzten Teil des Fragebogens müssen noch einige demographische Daten erhoben werden. Diese Informationen braucht man, um die Repräsentativität der Daten prüfen und um diese nach wichtigen Merkmalen herunterbrechen zu können. Die Merkmale, die hierbei immer von Bedeutung sind, sind 'Geschäftsbereiche' und 'Hierarchiestufen'. Ob darüber hinaus noch weitere Merkmale berücksichtigt werden, hängt davon ab, ob im AEMP Probleme und Aktionen auftreten, die sich auf besondere Schichten der Mitarbeiter (z.B. Frauenthemen oder Ausgleich von Ungerechtigkeiten zwischen gewerblichen Mitarbeitern und Angestellten) beziehen.

## 10.4 Datenauswertung und Präsentation

Die Auswertung der Daten der Evaluationsumfrage erfolgt nach ähnlichen Prinzipien wie den in Kapitel 4 dargestellten. Das heißt u.a., daß Wert auf einfache und nachvollziehbare Statistiken gelegt werden sollte. Für Items wie im Fragebogenausschnitt in Abbildung 10.1 empfiehlt es sich, Zustimmungs- und Ablehnungsprozente und Mittelwerte darzustellen. Für die Items, die nach Veränderungen fragen, kann man analog die Anteile der Befragten ermitteln, die positive bzw. negative Veränderungen sehen und zusätzlich die Mittelwerte dieser Ratings. Schichtungen dieser Daten relativ zu den Hintergrundvariablen 'Geschäftsbereiche' und 'Hierarchiestufen' sind in jedem Fall sinnvoll.

Die Abbildungen 10.4-10.5 zeigen zwei typische Befunde von Evaluationsumfragen. Die Daten stammen von der Autofirma "M", von der auch die in den Abbildungen 10.1-10.3 gezeigten Fragebogen-Ausschnitte sind. In Abbildung 10.4 sind die Zustimmungsprozente zu Item 1 aus Abbildung 10.2 dargestellt. Sie zeigen, daß 76% der Befragten der Meinung sind, daß das AEMP viele Veränderungen bewirkt hat, die ohne dieses Programm nicht oder erst später gekommen wären. Die Aufschlüsselung nach Hierarchiestufen zeigt keine unerwarteten und großen Unterschiede, während man andererseits erkennt, daß vor allem jüngere Mitarbeiter (weniger als 2 Jahre Betriebszugehörigkeit) das AEMP sehr positiv bewerten. Aus Abbildung 10.5 erkennt man, wie ein Item vom Typ 'Veränderungen' (hier: "Die Möglichkeiten, eigene Ideen und Verbesserungsvorschläge einzubringen haben sich 'stark verbessert' bis 'stark verschlechtert') von den Mitarbeitern der verschiedenen Geschäftsbereiche recht unterschiedlich eingestuft wird: Einige Geschäftsbereiche sehen vergleichsweise wenig Veränderungen (z.B. die Datenverarbeitung oder Marketing), andere sehr deutliche (z.B. die Niederlassungen); einige sehen nur positive Veränderungen (z.B. der Finanzbereich), andere auch einige Verschlechterungen (z.B. Marketing).

Befunde dieser Art können aber bei allzu direkter Betrachtung auch irreführen. Sie müssen immer in Beziehung gesetzt werden zur Ausgangssituation zu Beginn der Aktionsplanung (Wie groß war das jeweilige Problem?) und zu den Aktionen selbst (Wie schwierig war es, eine Verbesserung zu erzielen?). Zu einer solchen Relativierung kommt es bei der Präsentation vor der Geschäftsleitung fast automatisch, weil die dort vertretenen Bereichsleiter die Daten so nicht stehen lassen wollen, wenn sie ein für sie ungünstiges Bild liefern. Gleichzeitig wollen sich die anderen Bereichsleiter ihren Erfolg natürlich nicht zerreden lassen. Die so entstehende Wettbewerbssituation ist für die Revitalisierung der Aktionen des AEMP aber eher günstig.

Es läßt sich diskutieren, in welchem Umfang Vergleiche zwischen den Geschäftsbereichen auch in die Berichte aufgenommen werden sollen, die für die einzelnen Geschäftsbereiche erstellt werden. In jedem Fall sollten diese - wie schon bei der "großen" Umfrage - eine vollständige Auswertung aller Items enthalten. Die Werte der Items vergleicht man sinnvollerweise mit den Werten aller befragten Mitarbeiter. Die Praxis zeigt, daß es ausreicht, wenn man diese Berichte durch einen Einleitungsteil ergänzt, wo Aufschlüsselungen für einige wichtige Items (wie etwa das Item 1 in Abbildung 10.2) gezeigt werden, aber nicht für alle Items. Die Berichte werden an-

| **Veränderungen seit der Mitarbeiterumfrage** | stark verbessert | etwas verbessert | weder verbessert noch verschlechtert | etwas verschlechtert | verschlechtert | stark verschlechtert |
|---|---|---|---|---|---|---|
| **Bitte entsprechende Zahl einkringeln!** | ↓ | ↓ | ↓ | ↓ | ↓ | ↓ | ↓ |

| | verbessert | stark verbessert | etwas verbessert | weder verbessert noch verschlechtert | etwas verschlechtert | verschlechtert | stark verschlechtert |
|---|---|---|---|---|---|---|---|
| 1. Die Verfügbarkeit der Hilfsmittel, Geräte, Werkzeuge, die ich benötige, um gute Arbeit zu leisten, hat sich ........ | +3 | +2 | +1 | 0 | -1 | -2 | -3 |
| 2. Die Situation bezüglich der mir zur Verfügung stehenden EDV-Programme und -Dateien hat sich .................. | +3 | +2 | +1 | 0 | -1 | -2 | -3 |
| 3. Die Situation bezüglich der Einheitlichkeit der PC-Software hat sich .................. | +3 | +2 | +1 | 0 | -1 | -2 | -3 |
| 4. Die Unterstützung der EDV-Abteilung für meine Arbeit hat sich .................. | +3 | +2 | +1 | 0 | -1 | -2 | -3 |
| 5. Die Möglichkeiten zum optimalen Einsatz der PCs und der Laptops bei MÜLLER haben sich .................. | +3 | +2 | +1 | 0 | -1 | -2 | -3 |
| 6. Die Klarheit der Aufgaben, Ziele und Verantwortlichkeiten für meine Tätigkeit hat sich .................. | +3 | +2 | +1 | 0 | -1 | -2 | -3 |
| 7. Die Klarheit der Befugnisse und Verantwortlichkeiten der Koordinatoren/Fachvorgesetzten hat sich .................. | +3 | +2 | +1 | 0 | -1 | -2 | -3 |
| 8. Die Möglichkeit, eigene Ideen und Vorschläge einzubringen, hat sich .................. | +3 | +2 | +1 | 0 | -1 | -2 | -3 |
| 9. Die Möglichkeit der Mitsprache bei Entscheidungen, die sich auf meine Arbeit auswirken, hat sich .................. | +3 | +2 | +1 | 0 | -1 | -2 | -3 |
| 10. Die Kommunikation unserer Abteilung mit anderen Abteilungen hat sich .................. | +3 | +2 | +1 | 0 | -1 | -2 | -3 |
| 11. Die Information und Kommunikation bei MÜLLER hat sich ganz allgemein .................. | +3 | +2 | +1 | 0 | -1 | -2 | -3 |
| 13. Die zeitliche Abstimmung zwischen der Zentrale und den Gebietsdirektionen hat sich .................. | +3 | +2 | +1 | 0 | -1 | -2 | -3 |

Abbildung 10.3. Ausschnitt aus einem Evaluationsfragebogen; Teil 3: Veränderungsbewertung.

sonsten zu "dick" und eine allzu umfangreiche Vergleicherei verschiedener Geschäftsbereiche, Hierarchiestufen, Alterstufen usw. führt eher zur Paralyse statt zu Aktionen.

Neben den Berichten für die Geschäftsbereiche wird ein Bericht erstellt, der alle Mitarbeiter zusammenfaßt (Globalbericht). Abteilungsberichte sind bei Evaluationsumfragen i.allg. nicht möglich, weil der Stichprobenumfang nicht ausreicht: Entweder sind aus einzelnen Abteilungen überhaupt keine Mitarbeiter befragt worden oder doch so wenige, daß sie unter dem Minimalkriterium liegen, das zur Wahrung der Anonymität des Einzelnen vereinbart wurde. Eine Evaluation der Aktionen auf Abteilungsebene ist aber auch nicht so dringlich, weil in den Projektteams, die auf dieser Ebene die Aktionen planen und umsetzen, neben den Vorgesetzten und dem Mitglied des Koordinationsteams ja auch Repräsentanten der Mitarbeiter sind. Die lokalen Aktionen sind bei einem AEMP selten eine Schwachstelle, u.a. auch deshalb, weil die Dinge, die in den Abteilungen nicht lösbar erscheinen, sowieso eskaliert werden.

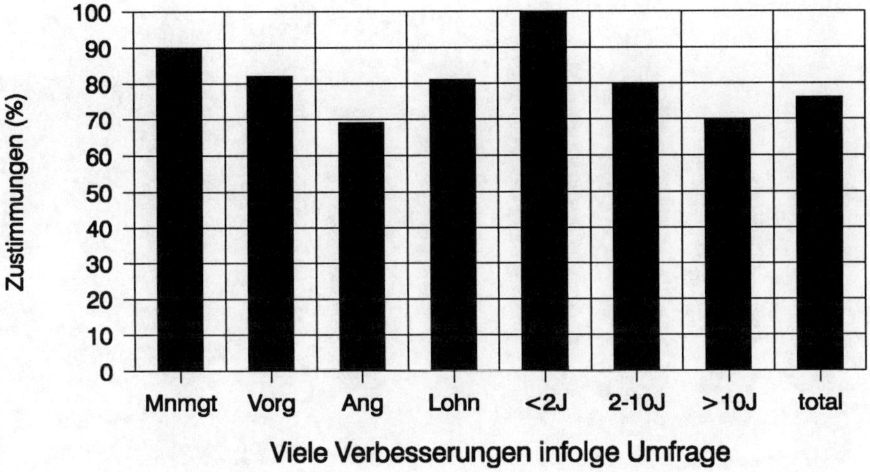


Abbildung 10.4. Prozente der Personen, die dem Item 1 in Abbildung 10.2 ("Ohne die Mitarbeiterbefragung wären viele Verbesserungen gar nicht oder erst viel später gekommen.") zugestimmt haben, aufgeschlüsselt nach Hierarchiestufen; Autohersteller "M".

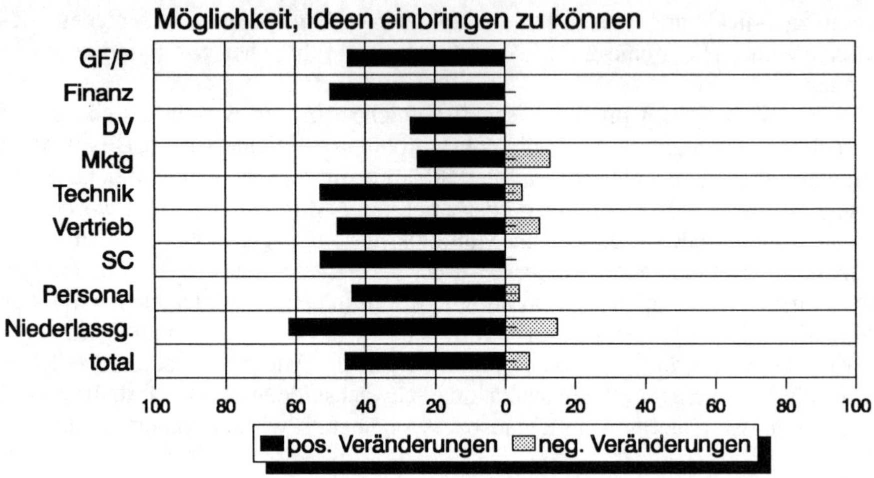


Abbildung 10.5. Prozentsätze der Personen, die positive bzw. negative Veränderungen in der Möglichkeit sehen, Ideen einbringen zu können; aufgeschlüsselt nach Geschäftsbereichen; Autohersteller "M".

# Literaturangaben


Abell, D.F. (1980). *Defining the business: the starting point of strategic planning.* Englewood Cliffs, NJ: Prentice-Hall.

Alper, S.W., Pfau, B.N. & Sirota, D. (1986). Successful employee attitude surveys. *The President*, *22*, No.4, 1-2.

Andersen, E.S., Grude, K.V., Haug, T. & Turner, J.R. (1984). *Goal directed project management.* Worcester, England: Kogan Page.

Ashford, S.J., Lee, C. & Bobko, P. (1989). Content, causes, and consequences of job insecurity: a theory-based measure and substantive test. *Academy of Management Journal*, *32*, 803-829.

Beckhard, R. & Harris, R.T. (1987). *Organizational transitions*. Reading, Mass.: Addison-Wesley.

Bennis, W. & Namus, K. (1985). *Leaders*. New York: Harper & Row.

Bergermaier, R. (1992a). Vortragspapier zur Konferenz "Mitarbeiterbefragungen". Frankfurt/Main: Institute for International Research.

Bergermaier, R. (1992b). Produktivitätserhöhung im Rahmen eines AE-Management Programms. Vortragspapier für die Konferenz "Leistungs- und Produktivitätsmanagement". Frankfurt/Main: Institute for International Research.

Bergermaier, R. (1993). Selbst- und Fremdbild von Mitarbeitern. München: Human Resources Consulting.

Bishop, G., Hippler, H.J., Schwarz, N. & Strack, F. (1988). A comparison of response effects in self-administered and telephone surveys. In R.M. Groves, P. Biemer, L. Lyberg, J.T. Massey, W.L. Nicholls & J. Waksberg (Hrsg.), *Telephone survey methodology* (pp. 321-340). New York: Wiley.

Bleicher, K. (1984). Auf dem Wege zu einer Kulturpolitik der Unternehmung. *Zeitschrift für Führung und Organisation*, *54*, 494-500.

Block, R. (1983). *The politics of projects.* New York: Yourdon Press.

Bontje, J.C.B. (1991). *Arbeitshandbuch Unternehmensplanung*. Landsberg: Moderne Industrie.

Borg, I. (1989). Zur Präsentation von Umfrageergebnissen. *Zeitschrift für Arbeits- und Organisationspsychologie*, *33*, 90-95.

Borg, I. (1991a). Sind Personen, die sich in Umfragen nicht identifizierbar machen, besonders kritisch? *Zeitschrift für Sozialpsychologie*, *22*, 123-129.

Borg, I. (1991b). On the relationship between importance and satisfaction ratings on job facets. *Applied Psychology: An International Review*, *40*, 81-92.

Borg, I. (1992a). Facetten des Produktivitätsbegriffs. Vortragspapier für die Konferenz "Leistungs- und Produktivitätsmanagement". Bad Homburg: Institute for International Research.

Borg, I. (1992b). *Grundlagen und Ergebnisse der Facettentheorie.* Bern: Huber.

Borg, I. (1992c). Überlegungen und Untersuchungen zur Messung der subjektiven Unsicherheit der Arbeitsstelle. *Zeitschrift für Arbeits- und Organisationspsychologie, 36,* 107-116.

Borg, I. & Bergermaier, R. (1993). *Strategische Stärken- und Schwächenanalyse.* München: Human Resources Consulting.

Borg, I. & Noll, H.-H. (1990). Wie wichtig ist "wichtig"? *ZUMA Nachrichten, 27,* 36-48.

Borg, I. & Staufenbiel, T. (1992). Productivity management by combining HISYS and ProMES. *Proceedings of the Third International Congress on Work and Organizational Values* (pp. 273-282). Karlsbad, CR.

Borg, I. & Staufenbiel, T. (1993). *Theorien und Modelle der Skalierung.* Bern: Huber. (2. rev. Auflage)

Borg, I., Staufenbiel, T. & Prichard, R.D. (im Druck). Hierarchies of objectives in productivity management: combining features of HISYS and ProMES. In R.D. Pritchard (Hrsg.), *Productivity improvement strategies and applications.* New York: Praeger.

Bortz, J. (1984). *Lehrbuch der empirischen Forschung für Sozialwissenschaftler.* Berlin: Springer.

Brief, A.P. & Motowidlo, S.J. (1986). Prosocial organizational behaviors. *Academy of Management Review, 11,* 710-725.

Brinkerhoff, R.O. & Dressler, D.E. (1990). *Productivity measurement.* Newbury Park, CA: Sage.

Bruennecke, K. & Canisius, E. (1991). Open Line - Eine Mitarbeiterbefragung der HEWLETT-PACKARD GMBH. In M. Domsch & A. Schneble (Hrsg.), *Mitarbeiterbefragungen* (pp. 95-107). Würzburg: Physica Verlag.

Burkhardt, M. (1992). Die Meinungsumfrage als Teil des Management-Systems in der IBM. *Personalführung, 2/92,* 80-86.

Campbell, A., Converse, Ph.E. & Rodgers, W. (1976). *The quality of American life: perceptions, evaluations, and satisfactions.* New York: Russel Sage.

Cascio, W.F. (1982). *Costing human resources: the financial impact of behavior in organizations.* Boston, MA: Kent.

Clarke, R.A. (1991). *Survey-guided development.* San Francisco, CA: Pacific Gas and Electric Company.

Claassen, J.J. (1985). Mitarbeiterbefragungen zur Analyse der Führungs- und Arbeitssituation bei den Hamburg-Mannheimer Versicherungsgesellschaften. In A. Töpfer & E. Zander (Hrsg..), *Mitarbeiter-Befragungen* (pp. 317-343). Frankfurt: Campus.

Control Data Business Advisors (1986). *Employee surveys.* Minneapolis, MN: CDBA.

Converse, J.M. & Presser, S. (1986). *Survey questions: handicrafting the standard questionnaire.* Newbury Park, CA: Sage.

Cook, J.D., Hepworth, S.J., Wall, T.D. & Warr, P.B. (1981). *The experience of work.* London: Academic Press.
Coombs, C.H. (1964). *A theory of data.* New York: Wiley.
Crockner, O., Charney, S. & Sik Leung Chiu, J. (1987). *Quality circles.* New York: Mentor.
Czichos, R. (1990). *Change Management.* München: Ernst Reinhardt Verlag.
Dalkey, N.C. & Helmer, O. (1963). An experimental application of the Delphi method to the use of experts. *Management Science, 9*, 458-467.
Deci, E.L. (1975). *Intrinsic motivation.* New York: Plenum Press.
DeVellis, R.F. (1991). *Scale development.* Newbury Park, CA: Sage.
Dillman, D.A. (1983). Mail and other self-administered questionnaires. In P.H. Rossi, J.D. Wright & A.B. Anderson (Hrsg.), *Handbook of survey research* (pp. 359-377). New York: Academic Press.
Doerner, R.E. (1992). Mitarbeiterbefragungen als Instrument der Umgestaltung. Vortragspapier zur Konferenz "Mitarbeiterbefragungen". Frankfurt/Main: Institute for International Research.
Dolan, S. (1994). Quality and work values: dilemmas and experiences in an international context. Vortragspapier zur 4th International Conference of the Society for the Study of Work and Organizational Values. Barcelona, Spanien.
Domsch, M. (1985). Das Konzept der Arbeitsgruppe "Mitarbeiterbefragungen". In A. Töpfer & E. Zander (Hrsg.), *Mitarbeiter-Befragungen* (pp. 109-126). Frankfurt: Campus.
Domsch, M. & Schneble, A. (Hrsg.). (1991), *Mitarbeiterbefragungen.* Heidelberg: Physica.
Dunham, R.B. & Smith, F.J. (1979). *Organizational surveys.* Glennview, Ill.: Scott, Foresman & Company.
Dunphy, D.C. (1981). *Organizational change by choice.* Sydney: MacGraw-Hill.
Fischer, L. (1989). *Strukturen der Arbeitszufriedenheit.* Göttingen: Hogrefe.
Fischer, L. & Lück, H.E. (1972). Entwicklung einer Skala zur Messung von Arbeitszufriedenheit (SAZ). *Psychologie und Praxis, 16*, 64-76.
Folger, R. & Konovsky, M.A. (1989). Effects of procedural and distributive justice on reactions to pay raise decisions. *Academy of Management Journal, 32*, 115-130.
Frame, J.D. (1989). *Managing projects in organizations.* San Francisco, CA: Jossey-Bass.
Freimuth, J. & Kiefer, B.-U. (Hrsg.). (im Druck), *Mitarbeiterbefragungen - Geschäftsberichte von unten.* Göttingen: Hogrefe.
Fritz, H. (1992). Vermutungen, Illusionen? - Dann doch lieber Realitäten, auch wenn es Probleme schafft! *Personalführung, 92*, 69-70.
Fryxell, G.E. & Gordon, M.E. (1989). Workplace justice and job satisfaction as predictors of satisfaction with union and management. *Academy of Management Journal, 32*, 851-866.
Gottschall, D. (1988). Ohren an der Basis. *Manager Magazin, 9*, 220-231.
Globerson, A., Globerson, S. & Frampton, J. (1991). *You can't manage what you don't measure.* Aldershot, England: Avebury.

Hackman, J.R. & Oldham, G. (1975). Development of the Job Diagnostic Survey. *Journal of Applied Psychology, 60*, 159-170.
Häder, M. & Nowossadeck, S. (1993). *Die Delphi-Methode: Grundlagen und Anwendungen.* Unveröffentlicher Arbeitsbericht. ZUMA, Mannheim.
Harrison, M.I. (1987). *Diagnosing organizations.* Newburg Park, CA: Sage.
Heckelmann, G. (1992). Juristische Aspekte von Leistungs- und Produktivitätsmanagement. Vortragspapier für die Konferenz "Leistungs- und Produktivitätsmanagement". Bad Homburg: Institute for International Research.
Heeg, F.J. (1993). *Projektmanagement.* München: Hanser.
Hellriegel, D., Slocum, J.W.Jr. & Woodman, R.W. (1992). *Organizational behavior.* St. Paul, MN: West Publishing Co.
Herzberg, F.H., Mausner, B.M. & Snyderman, B.B. (1959). *The motivation to work.* New York: Wiley.
Hill, C.W. & Jones, G.R. (1992). *Strategic management.* Boston, Mass.: Houghton Mifflin.
Hinrichs, J.R. (1989). Employee surveys as a catalyst for productivity. Vortrag bei der American Society for Personnel Administration National Conference and Exposition. Boston, Mass.
Hippler, H.J. (1988). Methodische Aspekte schriftlicher Befragungen: Probleme und Forschungsperspektiven. *Planung und Analyse, 6*, 244-248.
Hippler, H.J., Schwarz, N. & Singer, E. (1990). Der Einfluß von Datenschutzzusagen auf die Teilnahmebereitschaft an Umfragen. *ZUMA-Nachrichten, 27*, 54-67.
Hippler, H.J., Schwarz, N., Noelle-Neumann, E. Knäuper, B. & Clark, L. (1991). Der Einfluß numerischer Werte auf die Bedeutung verbaler Skalenendpunkte. *ZUMA-Nachrichten, 28*, 54-64.
Hofstätter, P.R. (1986). *Bedingungen der Zufriedenheit.* Zürich: Interfrom.
Hofer, M. (1985). Subjektive Persönlichkeitstheorien. In T. Herrmann & E.D. Lantermann (Hrsg.), *Persönlicheitspsychologie: Ein Handbuch in Schlüsselbegriffen* (pp. 130-138). München: Urban & Schwarzenberg.
Hunsdiek, D. (1991). Mitarbeiterbefragungen als Element der partnerschaftlichen Unternehmenskonzeption bei BERTELSMANN. In M. Domsch & A. Schneble (Hrsg.), *Mitarbeiterbefragungen* (pp. 33-61). Heidelberg: Physica.
Kanungo, R.N. & Mendonca, M. (1992). Employee alienation, empowerment, and work design. In *Proceedings of the Fourth International Congress on Work and Organizational Values.* Karlsbad, CR.
Katz, D. & Kahn, R. (1978). *The social psychology of organizations.* New York: Wiley.
Katzell, R.A., Thompson, D.E. & Guzzo, R.A. (1992). How job satisfaction and job performance are and are not linked. In C.J. Cranny, P.C. Smith & E.F. Stone (Hrsg.), *Job satisfaction* (pp. 195-217). New York: Lexington.
Kellner, H., Lange, V. & Töpfer, A. (1985). Mitarbeiterbefragung in der öffentlichen Verwaltung - Konzeption und Konsequenzen. In A. Töpfer & E. Zander (Hrsg.), *Mitarbeiter-Befragungen* (pp. 344-385). Frankfurt: Campus.
Kilman, R.H. & Saxton, M.J. (1983). *The Kilman-Saxton culture-gap survey.* Pittsburg, Pa.: Organizational Design Consultants Inc.

Kobi, J.M. & Wüthrich, H.A. (1986). *Unternehmenskultur verstehen, erfassen und gestalten*. Landsberg: Moderne Industrie.
Kupper, H. (1993). *Zur Kunst der Projektsteuerung*. München: Oldenbourg.
Lazarsfeld, P.F. (1949). The American soldier - an expository review. *Public Opinion Quarterly, 13*, 373-404.
Lewin, K. (1958). Group decision and social change. In E.E. Macoby, T.M. Newcomb & E. Hartley (Hrsg.), *Readings in social psychology* (pp.197-211). New York: Holt, Rinehart & Winston.
Linstone, H.A. & Turoff, M. (Hrsg.), *The Delphi method*. London: Addison-Wesley.
Locke, E.A. (1976). The nature and causes of job satisfaction. In M.D. Dunnette (Hrsg.), *Handbook of industrial and organizational psychology* (pp. 1297-1349). Chicago, Ill: Rand-MacNally.
Locke, E.A. & Taylor, M.S. (1990). Stress, coping, and the meaning of work. In A.P. Brief & W.R. Nord (Hrsg.), *Meanings of occupational work* (pp. 135-170). Lexington, Mass.: Lexington.
Love, A.J. (1991). *Internal evaluation: building organizations from within*. Newbury Park, CA: Sage.
Martin, W. (1981). What management can expect from an employee attitude survey. *Personnel Administrator*, Juli, 75-87.
Maslow, A. (1954). *Motivation and personality*. New York: Harper & Row.
Matthies, R. (1992). Mitarbeiterbefragungen und Qualità Totale bei FIAT. Vortragspapier zur Konferenz "Mitarbeiterbefragungen". Frankfurt/Main: Institute for International Research.
McGregor, D. (1960). *The human side of enterprise*. New York: MacGraw-Hill.
Miller, G.A. (1956). The magical number seven, plus minus one: some limits on our capacity for processing information. *Psychological Review, 63*, 81-97.
Mirvis, P.H. (1990). Persönliche Mitteilung. München: Human Resources Consulting.
Mirvis, P.H. & Lawler, E.E. III. (1977). Measuring the financial impact of employee attitudes. *Journal of Applied Psychology, 62*, 1-8.
Mobley, W.H. & Locke, E.A. (1970). The relationship of value importance to satisfaction. *Organizational Behavior and Human Performance, 5*, 463-483.
Moorehead, G. & Griffin, R.W. (1989). *Organizational behavior*. Boston: Houghton Mifflin.
Morgan, D.L. (Hrsg.). (1993), *Successful focus groups*. Newbury Park, CA: Sage.
MOW International Research Team (1987). *The meaning of working*. London: Academic Press.
Nadler, D.A. (1977). *Feedback and organization development: using data-based methods*. Reading, Mass.: Addison-Wesley.
Nelson, D.L. & Sutton, C. (1990). Chronic work stress and coping: a longitudinal study and suggested new directions. *Academy of Management Journal, 33*, 859-869.
Neuberger, O. (1974). *Messung der Arbeitszufriedenheit*. Stuttgart: Kohlhammer.
Neuberger, O. & Allerbeck, M. (1978). *Messung und Analyse von Arbeitszufriedenheit*. Bern: Huber.
Neuberger, O. & Kompa, A. (1987). *Wir, die Firma*. Weinheim: Beltz.

Noelle-Neumann, E. (1970). Wanted: rules for wording questions. *Public Opinion Quarterly, 34*, 191-201.
O'Brien, K. (1993). Improving survey questionnaires through focus groups. In D.L. Morgan (Hrsg.), *Successful focus groups* (pp.105-117). London: Sage.
Opgenoorth, W.P. (1985). Informationsbedarf in der Personalführung - Die Mitarbeiterbefragung als Instrument in unterschiedlichen Problemfeldern. In A. Töpfer & E. Zander (Hrsg.), *Mitarbeiter-Befragungen* (pp. 169-231). Frankfurt: Campus.
Opinion Research Corporation (1986). *Organizational research survey programs and consulting services.* Princeton, NJ: ORC.
Organ, D.W. (1984). *Organizational citizenship behavior: the good soldier syndrome.* Lexington, Mass.: Lexington.
Oswald, M. & Wendt, D. (1993). The concept of trust in psychology: a facet approach. *Proceedings 4th International Facet Theory Conference* (pp. 351-360). Prag, CR.
Pacific Gas and Electric Company (1991). *Survey-guided development.* San Francisco, CA: PG & E.
Pauli, O. (1992). *Mitarbeiterbefragung - ohne den Betriebsrat geht garnichts.* Vortragspapier zur Konferenz "Mitarbeiterbefragung". Darmstadt: Institute for International Research.
Pawlowsky, P. & Flodell, C. (1984). Schwitzen nur noch in der Freizeit? *Psychologie Heute*, Januar, 39-45.
Pierce, J.L., Gardner, D.G., Cummings, L.L. & Dunham, R.B. (1989). Organization-based self-esteem: construct definition, measurement, and validation. *Academy of Management Journal, 32*, 622-648.
Piwinger, M., Reichelt, C., Niehüser, W. (1991). Grundsatz, Realität und Maßnahme - Mitarbeiterbefragungen bei Vorwerk & Co. In M. Domsch & A. Schneble (Hrsg.), *Mitarbeiterbefragungen* (pp. 147-166). Heidelberg: Physica Verlag.
Plumlee, E.L. (1990). A visit with Raymond E. Miles. *Management Newsletter, 3*, no. 2, 2-7.
Porras, J.I. (1987). *Stream analysis.* Reading, Mass: Addison-Wesley.
Porst, R., Schneid, M. & van Brouwershagen, J.W. (im Druck). Computer assisted interviewing in social and market research. In I. Borg & P.Ph. Mohler (Hrsg.), *Trends and perspectives in empirical social research.* New York: de Gruyter.
Porter, L.W. & Lawler, E.E.III (1968). *Managerial attitudes and performance.* Homewood, Ill: Irwin.
Pritchard, R.D. (1990). *Measuring and improving organizational productivity.* New York: Praeger.
Pritchard, R. D. (1992). Organizational productivity. In M.D. Dunette & L.M. Hough (Hrsg.), *Handbook of industrial and organizational psychology.* Band 3 (pp. 443-471). Palo Alto, CA: Consulting Psychologists Press.
Rea, L.M. & Parker, R.A. (1992). *Designing and conducting survey research.* San Francisco, CA: Jossey-Bass.
Rohrmann, B. (1978). Empirische Studien zur Entwicklung von Antwortskalen für die sozialwissenschaftliche Forschung. *Zeitschrift für Sozialpsychologie, 9*, 222-245.

Rosenstiel, L.v., Falkenberg, T., Hehn, W., Henschel, E. & Warns, I. (1983). *Betriebsklima heute*. München: Bayrisches Staatsministerium für Arbeit und Sozialordnung.

Rossi, P.H. & Freeman, H.E. (1993). *Evaluation: A systematic approach.* Fifth edition. Newbury Park, CA: Sage.

Schein, E.H. (1985). *Organizational culture and leadership: A dynamic view*. San Francisco: Jossey-Bass.

Schein, E.H. (1988). *Process consultation: its role in organization development*. Vol. I. Reading, Mass.: Addison-Wesley.

Schieman, W.H. (1992). Employee surveys in the United States: Tools for change. Vortrag gehalten auf dem Seminar "Mitarbeiterbefragungen" des Institute for International Research. Darmstadt.

Schnelle, W. & Stoltz, I. (1976). *Interaktionelles Lernen*. Quickborn: Metaplan.

Schuman, H. & Presser, S. (1981). *Questions and answers in attitude surveys: experiments on question form, wording, and context*. New York: Academic Press.

Schwarz, N., Hippler, H.J. & Noelle-Neumann, E. (1989). Einflüsse der Reihenfolge von Antwortvorgaben bei geschlossenen Fragen. *ZUMA-Nachrichten*, 25, 24-38.

Smith, P.C. (1992). In pursuit of happiness. In C.J.Cranny, P.C.Smith & E.F.Stone (1992). (Hrsg.), *Job satisfaction* (pp. 1-19). New York: Lexington.

Smith, P.C., Kendall, L.M. & Hulin, C.L. (1969). *The measurement of satisfaction in work and retirement*. Chicago, Ill: Rand-MacNally.

Süssenguth, E. (1991). Erfahrungsbericht über Mitarbeiterbefragungen der BASF. In M. Domsch & A. Schneble (Hrsg.), *Mitarbeiterbefragungen* (pp. 25-32). Würzburg: Physica Verlag.

Sudman, S. & Bradburn, N. (1974). Response effects in surveys: a review and synthesis. Chicago: Aldine.

Taylor, F.W. (1912). The art and science of shoveling. Vortrag vor einem Untersuchungsausschuß des U.S. Repräsentantenhauses. Zitiert nach R.B. Dunham & J.L. Pierce (1989). *Management*. Glenview, Ill: Scott, Forseman & Co.

Taylor, F.W. (1947). *Scientific management*. New York: Harper.

Töpfer, A. & Zander, E. (Hrsg.). (1985), *Mitarbeiter-Befragungen*. Frankfurt: Campus.

Tukey, J.W. (1977). *Exploratory data analysis*. Reading, Mass.: Addison-Wesley.

Weber, M. (1922). *Wirtschaft und Gesellschaft*. Tübingen: Mohr.

Weiss, D.J., Dawis, R.V., England, G.W. & Lofquist, L.H. (1967). *Manual for the Minnesota Satisfaction Questionnaire*. University of Minnesota Press.

Wilkinson, L. (1990). Cognitive science and graphic design. In L.Wilkinson *SYGRAPH: The system for graphics* (pp. 38-60). Evanston, IL: SYSTAT Inc.


Taylor, F.W. (1947). *Scientific management*. New York: Harper.


Torgerson, W.S. (1958). *Theory and methods of scaling*. New York: Wiley.

York, D.R. (1985). Attitude surveying. *Personnel Journal*, Mai, 70-73.

Zultner, R.E. (1993). TQM for technical teams. *Communications of the Association for Computing Machinery*, *36*, No.10, 79-91.

# Namenverzeichnis

**A**
Abell 38
Allerbeck 18; 55; 87; 89; 97
Alper 29
Andersen 149; 178
Ashford 58

**B**
Benkowitz 8
Bennis 28
Bergermaier 5; 8; 53; 138; 156
Bleicher 53
Block 163
Bontje 139
Borg 30; 53; 56; 58; 88; 89; 104; 138; 185
Bortz 63
Bradburn 61
Brief 54
Brinkerhoff 30
Bruennecke 88
Burkhardt 76

**C**
Canisius 88
Cascio 36
Claasen 44
Claassen 79
Converse 58; 63
Cook 52
Coombs 60
Coqui 8
Crockner 123
Czichos 53

**D**
Dalkey 139
Deci 46
DeVellis 56
Dillman 72
Doerner 8; 29
Dolan 53
Domsch 12; 60; 67; 68
Dressler 30
Dunham 29; 79; 80; 81; 96; 108
Dunphy 191

**F**
Fischer 17
Flodell 15
Folger 54
Frame 149; 164
Freeman 187
Fritz 29
Fryxell 54

**G**
Globerson 19; 185
Gordon 54
Gottschall 29
Griffin 9
Guilford 63

**H**
Hackman 20
Häder 139
Harrison 11; 30
Heckelmann 42
Heeg 149
Hellriegel 9; 108
Helmer 139
Herzberg 63
Hill 38
Hinrichs 35
Hippler 43, 46; 72
Hofer 12
Hofstätter 190
Hunsdiek 100

**J**
Jones 38

**K**
Kahn 125
Kanungo 28; 53
Katz 125
Katzell 19
Kellner 87
Kiefer 12
Kilman 21
Kobi 53
Kompa 22
Konovsky 54
Koordinationsteam 108
Kunin 17
Kupper 163; 178; 181

**L**
Lawler 19; 20; 35; 55
Lewin 25
Linstone 139
Locke 14; 54; 58
Love 186; 190
Lück 17

**M**
Maslow 15
Matthies 29
McGregor 13; 14
Mendonca 28; 53
Miles 13
Mirvis 35; 53
Mobley 58
Moorehead 9
Morgan 191
Motowidlo 54

**N**
Nadler 9
Namus 28
Nelson 54
Neuberger 18; 22; 55; 63; 87; 89; 97
Noll 58
Nowossadeck 139

**O**
O'Brien 26
Oldham 20
Opgenoorth 79
Organ 16; 54
Oswald 54

**P**
Parker 58; 76
Pauli 9; 42
Pawlowsky 15
Pierce 54
Piwinger 31
Plumlee 12; 13
Porras 108; 128; 149; 156; 168; 183
Porst 76
Porter 19; 20; 55
Presser 58; 61; 63
Pritchard 30; 53

**R**
Rea 58; 76
Rohrmann 63
Rosenstiel, von 87
Rossi 187

**S**
Saxton 21
Schein 36; 37
Schieman 18
Schneble 12
Schnelle 115
Schuman 58; 61
Smith, F.J. 29; 79; 80; 81; 96; 108
Smith, P.C. 18; 31; 54
Staufenbiel 8; 30; 56
Steder 8
Stoltz 115
Sudman 61
Summers 12
Süssenguth 87
Sutton 54

**T**
Taylor 13; 16, 54
Töpfer 12
Turoff 139

**W**
Weber 13
Wendt 54
Wüthrich 53

**Y**
York 18

**Z**
Zander 12
Zultner 123

# Stichwortverzeichnis


**A**

AE-Management Programm
  Definition 25
AEMP
  Aktionsplanung 27; 148
  Berichte 86
  Beteiligte 48
  Datenanalyse 26; 85
  Datenerfassung 85
  Definition 25
  Evaluation 27; 185
  Feedback und Diskussion 26
  Feedback und Gruppengespräche 102
  Handlungsbedarfsanalyse 27
  in der Praxis 29
  juristische Aspekte 77
  Kontaktkunde des 33
  Kosten 36
  Motiv für 35
  Phasen 25
  Planung und Vorbereitung 26
  Problemanalyse 27
  Problemstromanalyse 123
  Projektplanung 47
  Rolle der Geschäftsleitung 35; 36; 40
  Rolle der Mitarbeiter 27; 43
  Rolle des Betriebsrats 42
  Rolle des externen Beraters 40
  Rolle des Koordinationsteams 41
  Rolle des Managements 27
  Rolle mitt. Führungskräfte 46
  Rollen und Verantwortlichkeiten 48
  Rollendefinitionen 40
  Stichprobe vs. Vollbefragung 78
  Teilnahme am 77
  Umfrage 26
  Umsetzung AP's 27
  Umsetzung der Aktionen 175
  Vermarktung AP's 27
  Vorbereitung- und Planung 33
  Zeitplan 48
  Zielexplikation 37
Ähnlichkeitseffekt 61
Aktion
  komplexe 165
  Politik der 163
  Umwelt der 163
Aktionen
  Revitalisierung von 195
Aktionen, Definition 148
Aktionsblöcke 165
Aktionsitems 22
Aktionsplanung 149
Aktionsplanung auf Abteilungsebene 159
Aktionsplanungsteam 152; 155
Aktionsrahmenplan 151; 160; 172; 173
Aktionsrahmenplan, Monitoring von 179
Aktionsskizze 161
Aktionsverantwortliche 152
Aktionsverantwortlicher 161; 163; 178
Anonymitätsbedenken 43; 65; 67; 197
Anonymitätsschranke 78
Anonymitätsschutz 43
A-Phase 25
Arbeitsbeschreibungsbogen 18
Arbeitszufriedenheit 18; 30

Auftau-Effekte 22
Auftauphase 25
Aufwärtsbeurteilung 30

B
BARS 155; 173
Bedürfnispyramide 15
behavioral accounting 36
Belegschaftsbefragungen 23
Benchmarks 30
Berichte
  Abteilungs- 87; 94
  Bereichs- 87; 91
  Global- 87; 88
  Informationspolitik für 102
  Kommentarband 87; 95
  Kreuztabellenband 87; 96
  Spezial- 87; 94
Bertelsmann-Gruppe 52; 60; 67; 68
Betriebsbefragungen 23
Betriebsrat 9; 26; 31; 42; 81; 101
Blitz-Markierung 117
Boxplot 93
Briefwahl 26; 84
Burnout 54

C
cause-and-effect Diagramm 123
Controlling von Aktionsplänen 180
Culture-Gap Survey 21

D
Datenanalyse
  grafische 99
  multivariate 91
  Software 96
Datenerfassung 85
Datenschutz 42
Delphi-Methode 139
Dezentralisierung 27
diagnostische Funktion 29
3SA 138
3SA-Matrix 144
Dummstell-Technik 117

E
Einbindungsphase 25
Einstellung
  kristallisierte 56
Einzelinterviews 190
Empowerment 27; 53
Entflechtung 134
Entlohnungssysteme 54
Enttrivialisierung 74
E-Phase 25
Erfolgstheorie 39
Ergebnispfade 168
Erst-Information 43
Erstmitteilung für Mitarbeiter 100
Evaluation
  ad-hoc 187
  Fragebogen für 192
  Fragen bei 189
  interne 186
  mit Interviews 190
  Ziele der 185
Evaluation durch Befragungen 188
Evaluationen in der Praxis 188
Evaluationsformen 187
Evaluationsumfrage 191
  Auswertung 195
Evaluator 186

F
Feedback
  Abwehrreaktionen im 104
  Definition 102
Feinplanung 151
Firmenzusammenschlüsse 53
Fischgräten-Diagramm 123
Fokusgruppen 191
Folgeproblem 124
Fragebogen 51
  Blockbildung im 66
  neue psychol. Themen 53
  neue Standardthemen 53
  off-the-shelf 52
  Standard- 52
  Standardthemen 51
  ungeeignete Themen 54
  Zusammenstellung 66

Fragebogenzusendung per Post 84
Fragen zur Person 65

G
Gantt-Chart 155
Gerechtigkeit 54
Gesetz des Effektes 14
Gruppengespräche 107
  Ablauf der 108; 114
  Anonymität und 116
  Vorbereitung der 112
  Vorgesetzte und 112; 117
Gruppengespräche für mittl.
  Führungskr. 121

H
Handlungsbedarfsermittlung 144
hidden agenda 164
Humanisierung 18

I
Implementierungsplan 169
Index 91
Interview
  face-to-face 76
  telefonisch 76
Ishikawa-Diagramm 123
Item
  Aktions- 22
Items
  Aktions- 56; 98
  Antwortkategorien von 59
  Auffang- 66
  bipolare 64
  demographische 64; 91
  demographisches 88; 90
  Fazit- 66
  Formulierung von 58
  Informations- 56
  Likert- 62
  Lügen- 66
  mehrstufige 63
  Mittelkategorie von 63; 70
  offene 86
  pick-n 59
  Rating- 61
  trojanische Pferde- 58; 98
  unipolare 62
  Zufriedenheits- 91

J
JDI 18
JDS 20
job descriptive index 18
Job Diagnostic Survey 20
Job Enrichment 27

K
Kerndimensionen der Tätigkeit 20
key informants 191
Kommentare 66; 86; 105
Kommunikation
  hierarchiefreie 22
Kontrasteffekt 61
Koordinationsteam 26; 36; 41; 42; 80;
  81; 84; 97; 101; 103; 114; 118; 132;
  149; 151; 159; 162; 183; 191; 197
KT 41
Kundenorientierung 53
Kundenzufriedenheitsumfragen 188
Kunin-Skala 18

L
Leistungsbeurteilung 54
Linienmanager 171
Linien-Manager 168
Linking Pin 183
Lösungsvorschläge 108

M
Makroproblem 128
Management
  Interventions- 22
  partizipatives 22
Manntag 171
Maschinen-Modell 13
Mayflower-Group 52
Meilenstein 156
Meilensteine
  Planung der 167
Meilensteinnetzplan 166; 169; 171;
  173

Meilensteinplan 166; 167; 178
Meilensteinpläne, Monitoring von 179
Meilensteinrollenplan 168; 171; 173; 179
Metaplan-Technik 26
Minnesota Satisfaction Questionnaire 18
Mission 38; 137
Mitarbeiter
Modelle 12
Rolle des 18
Mitarbeiterbefragung
Begriff 10
Mitarbeiterbefragungen
allg. Effekte 30
Aufgaben 24
Funktionen 23
in der Praxis 29
Interviews 10
Kosten 9
Kosten-Nutzen 9
schriftliche 11
Stichproben 11
Voraussetzungen 32
Ziele 10
Mitarbeiterbefragungen und MA-Modelle 24
Mitbestimmungsrecht 42
Modell
Geschäftspartner- 16; 21
Individuum- 15; 20
Kind- 14; 17
Maschinen- 13; 17
Roboter- 14; 19
Modelle 28
Modelle des Mitarbeiters 24
Moderationstechnik 108
Monitoring 175
Monitoringsystem 175
MSQ 18
MOW 97

N
Nachfaßaktionen 85
Need Satisfaction and Role Perception Questionnaire 20
Normen 104
Normen, interne 105
Normwerte 89

O
OCB 54
Organisationsdiagnostik 30
organizational citizen 16
ownership 21

P
Planung
hierarchische 165
Positionseffekte 61
postmaterielle Werte 15
Präsentationen 97; 105
Pretest 72
primacy Effekt 61
Problembrei 123; 132
Problemgeschichte 131; 136
Problemknoten 130
Problemnetzwerk 124
Problemstromanalyse 123
Problemströme 125
Problem-Ströme 129; 136
Problemstrukturierung 123
Problemthema 128; 132; 152
Problemthemen 115
Produktivität 53
Produktivitätsmessung 30
Projekt
Rollen im 168
Projekte 165
Projektstart 171
Projektstatus 172
Projektverantwortlicher 165
Projektziel 167
ProMES 30
Protokolle (aus GG) 152
Prozeßconsulting 36; 41
PSA 124
PSA-Diagramm 125; 126; 128; 136; 145
PSO-Projekte 149
psychologischer Kontrakt 36

**Q**
Qualitätszirkel 27; 124
Quellproblem 124; 128; 136

**R**
recency Effekt 61
Reorganisation 53
Report 96
Reporting-by-Exception 178
Rolle des Managements 28
Rolle des Mitarbeiters 28
Rücklaufcontrolling 84
Rücklaufquote 43; 46; 79; 85

**S**
Sandwiching 46
SAS 96
SAZ 17; 18
Schlüsselinformanten 191
Selbstverwirklichung 15
Selbstwertgefühl 54
Selbstwirksamkeitsüberzeugung 28
sensing interviews 191
Skala zur Messung der
  Arbeitszufriedenheit 17
SPSS 96
Standardfragebogen 67
Statistiken
  Korrelationen 91
  Mittelwerte 87; 93
  Perzentile 93
  Vergleichswerte 94
  Zustimmungsprozente 88; 93
Stichprobe
  repräsentative 191
Stichprobenbefragung 30; 188
Strain 54
strategische Stärken- u.
  Schwächenanalyse 137
strategische Stärken- und Schwächen-
  Analyse 30
strategischer Rahmenplan 158
Stream Analysis 123; 125
Stress 54
SWOT-Analyse 137
SYSTAT 96

**T**
TDM 72
Telefoninterviews 190
Temperaturmessung 18; 78
Theorie des Erfolges 38
Theorie X-Y 13
Theorien
  naive 12
Total Design Methode 72
TQM 22; 29; 53; 97; 123

**U**
Überbegründung 46
Überbrückungslösung 154
Umfrage
  elektronische 76
  schriftliche 76; 79
Umfragedurchführung 76
Unternehmenskultur 22; 53
Unternehmensphilosophie 38; 137
Unternehmensziele 38; 137

**V**
Veränderungsbereitschaft 31
Veränderungsmanagement 9; 53
Vermarktungsteam 181; 186
Verschleifungen 128
Vertrauen 54
Vollbefragung 30; 188
Vorgänge 167; 172
Vorgängepläne 173; 176
Vorgängepläne, Monitoring von 176

**W**
Wachstumsmotiv 20
Wahlbeobachter 84
Wahllokal-Methode 80
Wahlveranstaltung 26
weiß-nicht Antwort 70
weiß-nicht Antworten 59
Werte 20
Wertewandel 15
Wichtigkeit 20; 55; 58; 91
workaround 154

**Z**
Zeitpuffer 178
Ziele
  intrinsische 15
Zielsystem 154
Zufriedenheit 58; 91
Zweit-Information 44
Zwischenziele 166